작은 선물

40년 교직 돌아보기

작은 선물

이원오 지음

국내외를 넘나들며
배움을 뒷받침하고
학교를 짓고 세운
이야기!

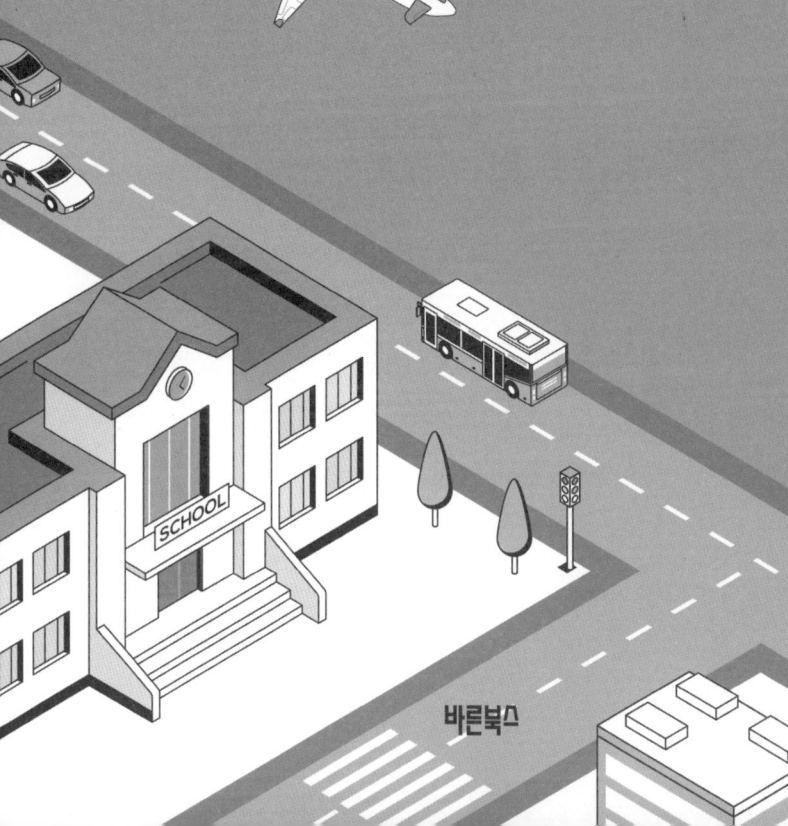

바른북스

책
을
쓰
며

서울시 중암중학교 교사로 85년 3월 발령받아 열흘 근무하고 카투사로 군에 입대했다. 87년 6월 제대하고 7월 복직하여 학생들을 가르치다가 99년 9월 교육부 교육연구사로 전직했다. 이후 교육행정가, 학교 관리자로 일하다가 정년 퇴임 직전 6개월간 원로교사로 재직 중이다.

원로교사로 있으면서 조금은 시간과 마음의 여유가 있어 교직 생활을 돌아보며, 정리하고 싶어 이 책을 쓰게 되었다. 학문적인 이론을 정립하거나 정책 대안을 제시하는 것이 아닌 교사, 교육전문직원, 관리자로서 중고등학교 현장 경험을 남기고 싶었다.

교사 시절 아이들을 가르치면서 숱한 시행착오를 겪었다. 교육부에 근무하면서 지금까지 학교 현장에 적용되고 있는 계기교육 지침을 만들었다. 7차 교육과정 시행을 앞두고 과원 교사 해소를 위한 임시 교원양성소를 2년간 운영하여 400여 명의 교사를 다른 과목 교사로 임용하게 하여 학생의 과목 선택권을 확대하였다.

국가의 혜택을 입어 세 차례에 걸쳐 중국 근무를 할 수 있었다. 첫 번째는 상해영사관에서 교육영사로, 이후 두 번은 북경과 위해의 한국학교 교장으로 전부 합쳐서 10년간 해외 근무를 했다. 이 기간 중국이 경제·사회 발전을 위해 노력하는 모습을 가까이에서 지켜볼 수 있었다. 중국에 거주하는 유학생들과 교민 2세들의 희망찬 꿈과 미래 설계를 지원하고 그 기초를 닦았다. 상해에서는 상해한국학교 교사를 신축하여 학교를 이전하는 데 주도적인 역할을 했다. 북경에서는 별관을 매입하여 과밀 환경을 해소하고 특색있는 교육과정을 운영하여 명품학교로 우뚝 서게 하였다.

2017년 5월 9일 산동성 위해에서 유치원 통학버스 기사의 방화로 원아 11명이 희생당한 끔찍한 사고가 발생했다. 이를 계기로 한국학교 설립이 급속히 추진되어 12월 웨이하이 한국학교 초대 교장으로 부임했다. 각고의 노력과 준비 끝에 2018년 3월 5일 초·중·고 12개 학급 169명 학생이 입학했다. 교장으로서 가장 보람 있는 순간이었다.

교육은 시설 환경을 바탕으로 교원이 교육과정을 편성·운영하여 학생의 발전과 변화를 이끌어 내는 것이다. 여기에는 국가의 교육정책, 학부모의 요구, 교직원의 가치와 열정이 녹아들어 있다. 동서를 막론하고 인류의 역사를 일관하는 교육목표이자 최고의 가치는 인성 함양과 창의력 신장이다. 자신을 헤아려 남을 생각하는 마음가짐과 태도, 논리적 사고력, 문제 해결 능력은 인공지능(AI) 시대를 맞이한 오늘날 더욱 중요한 교육목표가 되고 있다. 지금도 학교 현장에서 이러한 목표를 향해 매진하고 있는 선생님들의 열정과 노력에 경의를 표한다. 나의 경험이 하나의 참고가 되었으면 좋겠다.

이 책은 40년 6개월 동안 교직에 몸담은 나의 이야기이다. 누구나 경험하고 감당했을 법한 소소한 얘기들이다. 남들이 내 삶을 알아주었으면 하는 생각은 별로 없다. 명승과 절경 그림을 벽에 걸어두고 누워서 감상했던 선인들처럼 기억이 희미해졌을 때 이 책을 통해 스스로를 기억하고 싶은 마음이다. 아울러 퇴직하면서 나에게 작은 선물을 주고 싶었다.

끝으로 긴 교직 생활을 뒷받침해 준 평생의 동반자인 아내의 헌신과 내조에 진심으로 감사하게 생각한다. 사랑하는 두 아들, 교직을 함께한 학생들과 동료 및 선후배들에게도 고마움을 전한다. 그리고 거친 원고를 잘 다듬어 준 바른북스 김재영님의 수고에 감사드린다.

차례

책을 쓰며

I 교사와 교육전문직원

1. 교사 임용과 카투사 군 생활 · 14
중암중 발령, 카투사 취사병
민주화 시위와 6.29 선언, 직선제 개헌

2. 중학교 교사: 중암중, 덕산중, 성서중 · · · · · · · · · · · · · · · · · 25
첫 담임, 도움이 필요한 아이들, 발음 문제로 학생들 피해
어머니와의 이별과 교육민주화
무모한 방학과제, 1급 정교사 연수, 대학원 진학
미국 서부 답사, 강화도 연구
연구부 기획, 교지『德山』창간, 성적표 도난 사고
교육연구사 시험, 교원 정년 단축, 학교교육계획서 공모

3. 교육부 교육전문직원 · 52
후원 명칭, 보충수업, 자율학습
감사원 감사, 총선 공동수업과 계기교육 지침
과원 교사 해소를 위한 교원양성소 운영
학교 모형 연구학교, 독도와 시드니 방문
학술원 근무, 교육주재관 파견

II 중국 지역 재외국민교육

1. 상해영사관 교육영사 · 78

    상해의 첫인상, 업무 인수, 학교폭력 사건
    상해한국학교 신축 이전, 시험지 유출
    한글 주말학교, 유학생 사고와 군 입대 휴학
    한국어 보급과 인적 교류, 무석한국학교 개교
    가흥 · 항주, 대출받아 유럽 여행

2. 북경한국국제학교 교장 · 113

    신종플루 휴업, 학급 증설, SAT 테스트 센터
    초등 합창단 창단, 안전공제회 가입, 스쿨뱅킹
    교원평가, 교지 『아우름』 창간, 진로집중과정
    별관 매입과 리모델링, 자금난, 유치원 이전
    석차등급 표기 갈등, 정년 규정과 수업료 인상
    외상이 통하지 않는 중국, 빙등제와 구채구
    북경학교를 떠나면서, 학생 추모

3. 산동성 웨이하이한국학교 개교 · 155

    59 참사, 학교 설립 승인과 개교 준비
    철제 담장 철거와 학교 운영 허가
    입학생 모집, 교훈 · 교가, 학교 로고
    입학식, 민판비기업 등기와 교직원 비자
    개교식, 통학 차량과 급식 운영, Neis 개통
    교육활동, 자판기 설치, 소득세 · 주방공적금
    코로나, 학교 이전 논의, 학교 3년사 발간
    3만리 중국 여행: 계림 · 귀주, 난주 · 돈황

III 국내 학교 관리자

1. 수도여고, 영등포여고 교감 ································ 216
    꽃동네 봉사활동, 재시험, 연중무휴 자율학습실
    종합장학 · 종합감사, 성과상여금 지급 개선
    PAPS 연구학교, 영재학급, 방송통신고 애환
    대외 활동, 광우병 수입 쇠고기 파동
    영등포여고 교감, 홍세화의 조언

2. 진관중, 신관중 교장 ································ 242
    소프트웨어(SW) 연구학교, 오케스트라 창단
    학교교육계획서 개편, 결혼식 주례
    이달의 스승상 심사, 대통령 탄핵과 경주 · 포항 강진
    코로나 확산과 신관중 부임, 폭우 · 산사태

3. 언남고등학교 교장 ································ 259
    교복, 고교학점제, 시험 부정행위 행정소송
    공유캠퍼스 운영, 교육감 기관 표창

4. 마무리 및 제언 ································ 271
    친구들과 100대 명산
    학교교육 발전 제언

I
교사와 교육전문직원

1. 교사 임용과 카투사 군 생활
2. 중학교 교사: 중암중, 덕산중, 성서중
3. 교육부 교육전문직원

1. 교사 임용과 카투사 군 생활

81년 3월 서울대학교 사범대학 인문사회계열에 입학해 2학년 올라가면서 지리교육과로 학과 배정을 받았다. 학점순이었는데, 적성이 아닌 예비고사 점수에 맞춰 대학에 들어오다 보니* 재수를 생각하는 등 방황하다가 제대로 공부를 하지 않았던 탓이다. 85년 2월 26일 대학 졸업과 함께 사회(지리)과 2급 정교사 자격증을 받았다. 당시는 교사 임용시험이 없던 때라 국립 사범대학을 졸업하면 정부에서 임용 희망 지역의 중등 교사로 발령을 냈다.

---

* 나는 예비고사 마지막 세대이다. 지금의 대입 수능시험은 예비고사, 학력고사에 이어 시행된 것이다. 80년 7월 30일 당시 전두환 신군부는 소위 7.30 교육개혁 조치를 발표했다. 재학생의 학원 수강과 과외 전면 금지, 본고사 폐지 및 예비고사 성적으로 학생 선발, 정원의 130%를 선발하여 진급 시 30%를 중도 탈락시키는 졸업정원제 도입 등 세 가지가 핵심이었다. 예비고사 성적만으로 학생을 선발하는 것은 그해 대학입시부터 바로 적용했다. 아울러 대입 원서를 무제한으로 낼 수 있되, 면접은 한 군데서만 보도록 함으로써 주요 대학이 미달되는 극심한 혼란을 야기했다. 예비고사 184점을 받은 학생이 서울대 법대에 배짱 지원 하여 합격하기도 했다.

중암중 발령, 카투사 취사병

  85년 2월 27일 서울시 서부교육지원청에 가서 중암중학교 교사 발령장을 받았다. 여러 명이 같은 학교로 발령받았다. 교감선생님이 우리를 데리고 학교로 갔다. 교장선생님과 선생님들을 뵈었다. 중암중학교는 마포구 성산동에 85년 3월 개교한 신설학교로 1학년만 15학급 876명의 학생이 입학했다. 교장, 교감, 부장교사(당시는 주임교사) 몇 분이 1월부터 개교 준비를 하고 있었다. 나는 수업계를 맡았다. 3월 14일 군에 입대한다고 교무부장께 얘기하니 그때까지 수업시간표를 잘 짜라고 했다. 20여 명 교사의 수업시간표를 작성하는 것인데, 할 줄을 몰라 교무기획을 맡은 수학교사에게 방법을 물었다. 다행히 이 분이 전에 수업계를 한 적이 있어 방법을 알려줬다. 가로세로 녹색 선으로 된 전지의 칸 안에 교사별로 일주일 수업시수만큼 요일별로 압정을 놓고 압정을 튕겨내면서 학급 표시를 하라는 것이었다. 이런 다음 같은 요일, 같은 교시에 수업이 겹치는 것을 다른 데로 옮겨 재배치하여 중복이 없도록 했다. 끝으로 3시간 이상 연속 수업이나 점심시간을 전후하여 수업이 계속되는 것을 분산하는 보완 작업을 거쳤다. 어려운 것이 있을 때마다 수학 교사가 도와줘 시간표를 완성하여 교무부장께 보여드리고 교장 결재를 맡았다. 교장선생님이 수고했다며 금일봉을 주었다. 3월 10일까지 근무하고 시골로 내려갔다. 동네 어른들과 친지들께 인사하고 3월 14일 논산훈련소에 입소했다.

회식할 때 남자들의 군대 얘기가 나오면 모임이 끝날 때가 된 거라고 흔히 얘기한다. 할 얘기가 떨어졌고 허풍이 많기 때문이다. 카투사는 KATUSA, Korean Augmentation To the United States Army, 즉 미국 육군에 배속된 한국지원군이다. 논산훈련소에서 6주간 훈련을 받았다. 카투사는 자대 배치 후 유격훈련을 받지 않는다고 일주일 유격훈련을 받았다. 훈련소의 기초 유격 후에 대둔산 유격훈련장에서 종합 유격훈련을 받았다. 왕복 100km 행군은 덤이었다. 훈련소장 방침으로 퇴소 직전 훈련소장 참관하에 중대별 분열을 통과해야 했다. 3주 차부터 저녁 먹기 전에 연병장에서 몇 차례나 분열 연습을 했다. 이 무렵 경찰대학 1기 졸업생이 기초군사훈련을 받으러 입소했는데, 하필 우리 옆 중대였다. 이 친구들은 학교 다닐 때부터 제식 훈련을 받아 분열을 잘했다. 우리 중대장과 조교들은 너희도 머리 좋은 친구들인데 왜 저만큼 못하냐고 매번 구박을 줬다. 퇴소 후에 연무대역에서 기차를 타고 다음 날 새벽 평택에 있는 카투사 교육대에 입소했다. 미군들과 같이 근무할 때 생기는 문화 갈등 해소, 양식의 식사법과 식사 예절, 미군 지휘체계, 기본 운전교육, 안전과 위생 등에 대해 3주간 교육을 받았다. 퇴소 일주일 전 마지막 영어 테스트를 했고, 이를 기준으로 자대 배치를 했다. 성적 최우수자는 용산 미 8군, 성적 불량자는 동두천 미 2사단으로 배치받았다.

나는 동기들과 함께 동두천 미 2사단으로 배속되어 캠프 호비 (Camp Hovey)의 2여단 본부중대로 자대 배치를 받았다. 본부중대니

까 행정병이나 힘들지 않은 일을 하겠다는 생각이 순진했다는 것을 깨닫는 데 얼마 걸리지 않았다. 선임을 따라 자대에 오니 야외훈련을 나가 군인들이 별로 없었다. 2여단 한국군 지원단 인사과에서 3박 4일 휴가증을 주면서 고향에 다녀오라고 했다. 입대하고 두 달 보름 만에 가는 고향이라 설레고 기쁜 마음으로 한달음에 갔다. 저녁 무렵 어머니 하고 부르니 형님, 형수가 뛰어나오고 걸음이 불편한 어머니는 날 보며 눈물을 글썽였다. 자대 복귀하여 미군 중대장께 신고하고 시니어(Senior) 카투사로부터 내 보직이 메스 홀(Mess Hall, Dining Facility의 속어) 쿡(Cook), 즉 취사병이라는 것을 전달받았다. 군기가 바짝 든 탓에 처음에는 좋은지 나쁜지 몰랐다.

　본부중대 식당이어서 배식 인원은 150명 내외였다. 미군 2명, 카투사 2명의 취사병에 관리하는 미군 하사관이 있고 한국인 근로자가 3명 있었다. 한국인 근로자는 KP(Kitchen Police)라 불리며, 설거지와 청소를 담당했다. 이 중 50대의 반장 아저씨는 영어를 잘했고, 능숙한 일 처리로 미군들의 신뢰를 받았다. 식당에 근무한 카투사들도 모르는 것이 있으면 이분에게 물어보았다는데 나 역시 그러했다. 취사병 근무는 미군과 카투사 2명씩 1일 2교대로 운영되었다. 아침과 점심 식사를 담당하는 아침 조는 4시 반에 출근해서 오후 2시 반에 퇴근하고 다음 날 11시에 출근했다. 저녁 조는 11시에 출근해서 저녁 식사까지 근무하고 다음 날 아침 4시 반에 출근했다. 주말은 인근의 다른 부대 식당과 교대로 식당을 열고 각기 휴무했다. 식당 근무의 좋은 점은 점호가 없다는 것이다. 좋지 않은 점은 남들 쉬는 주말과 공휴일에 일해야 한다는 것이었다. 제대로 칼 한번 잡은 적이 없던 내가 오이, 당근, 양파를 썰고 양상추를 다듬어 샐러드 바 만드는 것이 어색했지만 차츰 익숙해져 갔다. 카투사들한테는 처음 몇 개월은 메인 요리를 만들지 못하게 한다. 식재료인 고기가 상대적으로 비싸 요리를 망칠 경우 손실이 크기 때문이었다.

취사병을 하면서 정신적으로 많이 힘들었다. 고향에서는 남자가 부엌에 들어가면 혼이 났었고 짧은 기간이지만 학생들을 가르친 교사로서 취사병을 하는 것이 퍽이나 자존심 상하는 일이었다. 어느 날 점심 식사 전인데 여단 기회균등 사병[*]인 미군 중사가 식당에 왔다. 한가할 때 하사관들은 식당에서 커피를 마시곤 했다. 기회균등 사병에게 내 처지를 얘기하고 취사병에서 다른 보직으로 갈 수 있는 방법을 좀 알려달라고 부탁했다. 며칠 후에 내게 와서 두 가지 방법이 있다고 했다. 한국군으로 원대 복귀, 휴전선에 있는 미군 9보병 1대대로 전출인데 나로서는 도저히 받아들일 수가 없었다. 9보병 1대대는 철책을 지키는 부대로서 훈련 강도가 엄청 센 부대였고, 한국군으로 원대 복귀는 카투사 근무하다가 사고 치면 징계 받아 가는 것이었다. 결국 취사병으로 계속 근무하기로 결심했다. 6개월 후 재미교포 미군 취사병이 왔다. 이분은

---

[*] 흔히 E.O.사병이라고 부른다. Equal Opportunity의 약자로 다인종, 다문화사회 출신으로 구성된 미군에서 사병들의 차별 해소, 공정한 기회 부여를 위한 고충 해소 등을 업무로 하는 하사관으로 주로 대대 단위로 선임된다.

한국군 해병대로 월남전 참전 경험까지 있었다. 미국에서 식당을 운영할 생각으로 취사병으로 자원입대하여 한국에 왔다. 든든한 힘이 되었다. 아울러 나도 이왕 취사병을 할 바에야 제대로 서양 요리를 배워보자고 마음을 바꿨다. 레시피 카드를 보고 양념류 등을 정확히 계측해 순서대로 조리하면 웬만큼 요리가 되었다. 미군들도 먹어보고 맛있다고 칭찬해 주면 나도 모르게 기분이 좋았다. 제대 후에 한동안 레스토랑이나 양식집 운영을 계획하기도 했다. 교직에 있으면서 퇴직 후 아메리칸 스타일로 아침만 제공하는 식당을 해볼 생각도 했다. 점심과 저녁은 식당 주인이 운영하던 대로 하고 나는 아침에 베이컨, 크림수프, 핫케이크, 계란, 샐러드, 커피 등을 회사에 일찍 출근하는 직원들을 대상으로 제공하는 것이다. 친구와 지인들은 찬성하고 애들과 아내는 완강히 반대해서 지금은 그 꿈을 접었다.

  2사단은 전투사단으로 야외훈련을 자주 나갔다. 특히 3월 팀스피릿 훈련을 앞두고 1월 말, 2월 하순에 프리팀(Pre-team Spirit)이라 불리는 훈련을 나간다. 텐트를 치고 숙영하는 곳은 주로 남한강, 홍천강, 섬강 등 강가 넓은 모래사장이다. 1월 말 남한강 주변은 영하 25도까지 내려갈 정도로 춥다. 하절기 훈련을 포함해 연간 열 번 정도 야외훈련을 나갔다. 식당은 야외훈련을 나가면 모터 풀(Motor Pool)에 주차되어 있는 식당차를 끌고 와서 조리장비와 배식 도구, 식재료를 미리 실어놓는다. 다른 훈련 차량과 함께 훈련 장소로 이동해 위장망을 치고 그 아래 식당차를 열어 음식을 준비한다. 야외훈련에서 점심은 전투식량(MRE)으로 대신하고 아침과 저녁을 서빙한다. 서빙하는 음식 종류도 단순해서 취사병으로서 힘들 것은 별로 없다.

17개월 반 정도 식당에서 일했다. 모범 사병으로 선정되어 두 달 먼저 병장으로 진급하고 후임 취사병을 식당에 배치하고 시니어 카투사로 6개월 근무하고 제대했다. 시니어 카투사는 카투사들 휴가나 외박, 외출 등 복무를 관리하고 중대장을 보필하여 미군과 카투사 간의 소통과 협력을 유지하는 업무를 담당한다. 시니어 카투사 시절 2사단 예하 공병대대의 카투사가 극단적 선택을 한 사건이 있었다. 이를 계기로 사단 한국군 지원단 주관으로 카투사 장기자랑대회를 개최했다. 수상하면 포상휴가의 특전이 있었다. 우리 중대는 단막극 콩트를 준비하기로 했다. 영어를 잘 못하는 카투사가 겪는 고충을 익살스럽게 풍자하여 영어 실력을 길러 당당히 근무하는 것을 강조하는 내용이었다. 우승을 아깝게 놓치고 준우승을 차지했다. 콩트에 출연한 6명 모두 일주일 포상휴가를 다녀왔다.

제대를 앞둔 5월, 2년 전 자대로 배치되었을 때 중대장이었던 우드워드(Woodworth) 대위에게 편지를 받았다. 3월 내가 보낸 안부편지에 대한 답장이었다. 그는 웨스트포인트 육군사관학교를 졸업한 유능한 지휘관이었다. 한국을 좋아하고 이해하려고 노력했다. 영내의 한국 식당에서 불고기, 김치찌개를 먹으면서 카투사들과도 자주 대화하고 좋은 관계를 맺으려 했다. 당시 영어가 서툴

렀던 내가 엉터리로 말하면 또박또박 같은 내용을 말해줘서 영어 실력이 늘기도 했다. 그는 한국의 분단 현실을 안타까워했고, 민주화를 위한 노력을 성원했다. 편지에서도 당시 야당의 분열이 한국의 민주주의 발전에 좋지 않다고 말했다. 같이 근무했던 카투사 선후배들과 함께 보고 싶은 얼굴 중의 1명이다.

2여단은 예하에 2개의 보병대대를 관할하고 있었다. 미군 부대에 근무하면서 느낀 점은 장교들이 상대적으로 우수하다는 점이다. 일반 사병은 지원병으로 다양한 인종에 학력과 성장 배경이 천차만별이고 사기도 그리 높지 않았다. 사병들 대부분은 담배를 피웠고, 종종 마약을 하는 친구들도 있었다. 몇 달에 한 번씩 불시에 헌병들이 와서 소변검사를 하게 해서 양성반응을 보인 병사는 바로 체포해 갔다. 반면 장교 중 흡연자는 없었고, 영내나 야외훈련을 가서도 매뉴얼대로 근무했다. 원칙 그 자체였다. 추수 감사절에 10km 단축마라톤 시합을 하는데 우승과 상위권은 늘 장교들 차지였다. 사병 관리와 진급 심사 및 결정은 대대급 이상에 있는 주임원사의 몫이다. 군 경력 20년 이상의 노련한 부사관들로 자긍심이 대단하다. 주임원사 앞으로는 운전병이 딸린 차량도 제공된다. 이들은 사병들을 찾아 그들의 애로사항을 듣고 고충을 처리하며 사기를 진작시키는 일을 한다.

> Dear SGT Lee,
>
> Thank you for your letter. I received it three weeks ago. Since the 30th of March I have been attending a Staff Officer school at Fort Leavenworth, Kansas. I will graduate from this school on 2 June.
>
> It seems like only yesterday when I left Korea to teach ROTC in Mississippi. At that time you had just arrived at HHC. Now you are a seasoned veteran and about to begin your civilian career. I know you will be a very good teacher. I will continue to teach ROTC at Mississippi State University for
>
> want to thank you for your contribu to the defense of your country. Your job has been important.
>
> Summer is almost here. The weather here in Kansas has bee very nice for the past two mont The days have been warm and sunny. I like the summer weather but think I like spring and autumn weather the best.
>
> Well, I shall close now. I loo ward to hearing from you again.
>
> Your Friend,
>
> Michael J Woodw

| 마이클 우드워드 대위의 편지

민주화 시위와 6.29 선언, 직선제 개헌

87년 봄이 되면서 국내 정치 상황이 심각하게 전개되었다. 야당과 학생들을 중심으로 직선제 개헌 요구가 빗발쳤다. 전두환 정부는 경찰력으로 간신히 시위대를 막아내고 있었고, 언제든 군을 동원할 수 있다고 위협했다. 의원내각제 개헌을 수용할 수 있다는 야당 당수의 발언에 반발해 새로운 야당이 창당되어 대통령 직선제 개헌 쟁취를 선명하게 부각했다. 4월 13일 대통령은 개헌 논의를 중단하고 현행 헌법에 따라 정부를 이양하겠다고 선언했지만, 직선제 개헌 쟁취라는 민주화 요구는 수그러들지 않았다. 서울을 비롯한 전국에서 대학생, 시민이 합세하여 연일 시위가 계속되었다. 6월 중순으로 예정된 제대를 앞두고 계엄령 등 비상조치가 내려져 제대가 연기되지 않을까 걱정했다. 다행히 그런 일 없이 6월 11일 제대 명령을 받고 후배들의 따뜻한 환송 속에 캠프 호비를 떠났다.

제대하던 날 군 입대 전 근무하던 중암중학교를 방문했다. 3학년까지 전 학년이 완성되어 학생들이 많아져 학교가 시끌벅적했다. 입대 전에 계셨던 교사들은 모두 그대로 있었고, 새로운 교사들도 많이 보였다. 개교부터 계셨던 김정협 교장선생님께 인사드리고 교무부장을 뵈었다. 교무부장은 일주일 후 바로 복직하라고 얘기했다. 나는 고향에 가서 어른들께 인사드리고 좀 쉬다가 7월 1일 복직하면 좋겠다고 말씀드렸다. 나를 대신해 근무한 기간제 교사와 행정실에서는 월 단위로 근무하는 것이 더 좋은 일이었다. 그렇게 해도 좋다고 허락받은 후 진주 형님 집으로 갔다. 어머니와 형님, 형수를 뵙고 동네 어른들한테도 인사를 드렸다. 며칠 동안 진주 시내에 나가 학교 동창들을 만나 술 마시면서 회포를 풀었다. 대학 재학 중 군대 갔던 중고등학교 친구들은 진주에 거의 없어 전화 통화로 안부를 묻고 방학 때 보기로 했다.

6월 하순까지 진주 시내는 대학생과 시민들의 민주화 요구 시위로 거리가 연일 메워졌다. 대형 태극기를 펼쳐 들고 행진하면서 구호를 외치고 연도의 시민들은 박수로 호응했다. 서울이나 부산, 광주 등 전국 어디서든 이런 민주화 시위는 연일 계속됐고 방송, 신문은 매일 시위와 정치권의 움직임을 보도했다. 마침내 6월

29일 집권당인 민주정의당의 대통령 후보인 노태우가 민주화 요구 수용을 선언했다. 주된 내용은 국민들의 열망인 대통령 직선제 개헌, 김대중 등 주요 정치인 사면 복권, 언론자유 보장 등이었다. 그날 시민, 대학생 모두 환호했고 전국적으로 축제 분위기였다. 일부 음식점, 다방, 주점에서는 밥, 커피, 술값을 받지 않기도 했다. 국제사회도 평화적으로 정치발전과 민주화를 이룩한 한국에 경의를 표했다. 이후 여야의 정치권은 개헌특위를 구성하여 대통령 직선, 임기 5년 단임제를 주요 내용으로 하는 개헌안에 합의하고 국회 의결을 거쳐 10월 국민투표로 새 헌법이 확정되었다.

2. 중학교 교사
: 중암중, 덕산중, 성서중

첫 담임, 도움이 필요한 아이들, 발음 문제로 학생들 피해

7월 1일 중암중학교에 복직했다. 비담임에 업무는 연구부 장학연수계였다. 특별히 힘든 일은 아니었고 연구부장이 잘 챙겨주고 돌봐줬다. 동료 교사들도 수업과 평가, 학생지도 등을 도와줬다. 숙소는 학교에서 도보로 10분 거리에 있는 연립주택에 방을 하나 구해 자취를 했다. 아침은 간단히 때우고 점심은 교직원 식당에서 먹었다. 당시는 지금처럼 학교 급식이 없었던 때라 학생들은 도시락을 먹었다. 다수의 교직원은 학교의 창고나 일부 시설을 개조해 만든 식당에서 점심을 먹었다. 아줌마 한 분이 조리를 하고 배식 등 식당을 운영했다.

복직 후 학사일정대로 수업·평가와 일상적인 업무처리를 했다. 수업은 주로 강의식으로 했다. 중학교는 사회교과가 통합되어 지리 외에 일반사회, 세계사 부문을 다 가르쳤다. 처음에는 교재 연구가 부족해 내용 전달이 매끄럽지 못하고 방법도 서툴렀다. 학생들의 이해 정도를 중간에 파악하면서 수업을 진행해야 했는데, 나 혼자 떠들다가 나오는 경우도 흔했다. 여름방학과 겨울방학 때는 주로 진주의 형님 집에 가 있었다. 서울에서 딱히 할 일도 없었고 방학 중 보충수업도 신참인 내게 기회가 없었다.

  88년 새 학년을 맞이하여 처음으로 2학년 남자 학급 담임을 맡았고, 업무는 그대로 장학연수였는데 교생지도가 추가되었다. 당시는 남녀공학인 중학교도 학급을 남학생, 여학생으로 따로 편성했다. 사립 중학교가 대부분 남자 학교여서 공립학교 중 여자 중학교도 많았다. 학급 담임을 하면서 비로소 교사가 된 기분이었다. 학급 학생 수는 50명이 넘었다. 마포구 중동과 상암동에서 한 글자씩 따서 붙인 학교 이름에서 알 수 있듯이 상암동 학생들이 많이 있었다. 특히 상암동 한편에 있는 난지도 쓰레기 매립장에서 생활하는 주민 자녀가 학급에 있었다. 그 외에도 생활보호 대상자로 국가의 지원을 받던 학생들이 학급당 8~10명 있었다. 학교 옆 철길 건너 모래내에도 저소득층이 다수 살았다. 반면 새로 입주를 시작한 성산동 아파트 단지나 단독주택에 거주하는 학생도 있는 등 가정환경의 차이가 컸다. 담임으로서 아이들을 차별하지 않고 똑같이 대하겠다는 생각으로 지도했다. 3월 한 달 아이들과 개별 상담을 하면서 가정환경, 장래 희망, 고충과 고민거리 등을 파악하고 학습방법이나 진로 등에 대해 얘기했다. 큰 문제를 일으키거나 사고를 친 학생은 다행히 없었다.

일부 학생들은 수업을 마치고 집에 가도 부모가 일을 나간 터라 자기들끼리 있는 시간이 많았다. 쓰레기 매립장에서 주운 포르노 비디오, 음란 책자를 돌려보고 음주, 흡연 등 다양한 문제행동이 많았다. 환각제로 부탄가스나 본드를 흡입하는 심각한 일도 있었다. 비닐봉지 안에 부탄가스나 본드를 주입한 후에 머리를 그 속에 넣어 가스나 향을 맡아 몽롱한 환각 상태에 빠지는 것이었다. 한 번은 부탄가스를 흡입하던 학생이 차가운 가스로 기도가 얼어 사망한 사건도 있었다. 학생부장교사는 매주 열리는 직원회의에서 부적응 학생들의 생활지도 방안을 말하고 담임의 적극적 역할을 늘 강조했다. 교감 책상을 중심으로 교무, 연구, 학생부, 학년부 등 대다수가 같은 교무실에서 근무했다. 학생부 쪽은 늘 교사들 호통소리와 종아리 맞는 아이들 신음과 비명이 끊이지 않았다. 나도 중암중 근무 마지막 2년은 학생부에서 생활지도를 담당했다. 동시에 청소년 단체인 누리단 운영과 지도를 맡아 단원 모집, 선서식에 이어 방학을 이용해 야영활동과 전주 제지, 광양 제철공장 등 산업 현장 방문을 주관하였다.

학기 초 큰일 중의 하나가 3월 하순 학부모총회 때의 학부모 상담이었다. 교실에서 참석한 학부모들에게 담임으로 학급 운영 방침과 지도 방향을 안내하고 개별 질문을 받는 식으로 진행했다. 대부분 자기 아이를 잘 부탁한다는 얘기였다. 처음으로 담임을 하는 신참 교사에게 자기 아이를 맡긴 것이 불안한 학부모들의 표정을 읽을 수 있었다. 경험은 없지만 젊은 패기와 열정으로 아이들을 성실히 지도할 테니 부족한 점이나 건의사항이 있으면 언제든지 말씀해 달라고 했다. 학교 측에서 요구한 학부모회 임원을 선출하고 학부모 상담은 끝났다. 교무실에 내려와 있는데, 두어 분의 어머니들이 왔다. 한 분은 부부 가수로 활동하는 분이었는데, 자기 노래를 담은 테이프를 포장해 전해주었다. 또 한 분은 자기 아이 잘 부탁한다며, 책상 위로 작은 봉투 하나를 놓고 황급히 나가셨다. 처음으로 촌지를 받았다. 거절하고 사양할 틈도 없었다. 포장한 노래 테이프를 뜯어 보니 만 원짜리 신권 5개가 들어 있었다. 또 다른 봉투 안에는 5만 원권 구두 티켓이 들어 있었다. 부끄럽지만 돌려주지 못했다. 당시 학교에서 교사들이 촌지를 받는 것은 관공서나 회사와 마찬가지로 종종 있는 일이었다. 서울 강남 8학군 학교나 지방 도시의 부유한 지역에 위치한 학교로 전근 가려는 교사들의 청탁과 움직임이 많을 정도였다. 촌지 수수는 부정 청탁 및 금품 수수의 금지에 관한 법률, 소위 김영란법 시행으로 사라졌다.

| 교직의 첫 출발, 중암중학교 | 중암중학교 교훈

　학생들 반응을 파악하고 중요한 개념을 설명하는 노하우를 터득하면서 수업에도 나름대로 자신감을 갖게 되었다. 사투리가 심한 곳에서 자라 표준어 사용과 발음에 문제가 있었다. 특히 '으'와 '어'의 구분이 안 되어 곤욕을 치렀다. 2학년 사회과 인도의 불교 단원 중 소승, 대승불교의 지역별 전파가 있다. 정기고사 단답형 문제로 대승불교가 답이 되게 출제했는데, 학급당 3~4명의 학생들이 '대성불교'로 답을 썼다. 틀리게 채점하고 그 결과를 알려주니 아이들이 선생님께서 수업시간에 분명히 '대성불교'라고 했다면서 맞게 해달라고 했다. 내 발음에 문제가 있음을 직감했지만, 교과서와 필기에는 분명히 대승불교로 되어 있어 안 된다고 돌려보냈다. 이 사건 이후 나는 발음으로 인해 문제가 될 수 있는 단답형 문항은 절대 출제하지 않았다. 2년 차에는 연구수업을 처음으로 했다. 미국의 농업지역을 대상으로 지역별 농업지역 분포를 자연환경, 도시와 인구 등 인문지리 배경을 종합하여 학생들이 이해하도록 교수학습 과정안을 구성했다. 수업은 개념을 설명하는 강

의와 문답을 기본으로 학습지를 푸는 과정이었다. OHP 필름에 미국의 기후대와 도시 분포를 바탕으로 농업지대를 농작물별로 표시해 중첩해 나가면서 제시했다. 학생들은 자연환경 외에 인문적 배경이 농업에 영향을 준다는 사실을 이해하게 되었다. 학생들의 참여도가 낮았다고 평가회 때 동료 교사들이 많이 지적했고 공감하는 부분이었다.

 3학년 담임을 하면서 고등학교 입학을 위한 입시 및 진로지도를 했다. 당시 고등학교 체제는 인문계고, 특목고, 실업계고로 구분되었다. 특목고는 과학, 어학에 소질과 적성을 갖춘 학생을 선발했는데 과학고와 외국어고가 대표적이다. 실업계고는 농업, 공업, 상업, 수산업 계열의 고등학교가 있었고 졸업 후 취업이 주된 목적이었다. 서울시교육청 관내 인문계고는 연합 선발고사를 실시하여 서울시 전체 정원만큼 선발하여 거주지 등을 기준으로 학교를 배정하는 방식이었다. 선발고사 점수는 체력장 점수 20점에 교과목 점수 180점을 합해 200점이 만점이었다. 경생률은 1.5대 1 정도였고 커트라인은 140점 내외였다. 특목고는 학교 자체 방식으로, 실업계고는 내신 성적으로 학생을 선발했다. 여학생들이 가는 서울여상은 상위권 학생들이 주로 진학할 정도로 인기가 있었는데, 졸업 후 은행, 증권회사 등 인기 직종에 취업했다. 남학생들은 공업계열로는 서울기계공고, 용산공고, 한양공고가 인기가 있었고, 자동차과가 전문이었던 신진공고도 선호했다. 상업계열로는 덕수상고, 선린상고, 경기상고 등 공립학교와 사립인 대동상고를 선호했다. 학생들과 상담하면서 성적 때문에 실업계고에 가더라도 대학 진학의 길이 열려 있으니 희망을 잃지 말라고 격려했다. 학부모들 일부는 재수를 시키더라도 인문계고를 고집하는 사람들이 있었다. 끝까지 인문계고를 고집하는 학부모는 원하는 대로 원서를 써줬다. 당시는 입학 원서를 담임이 작성하여 학교장 직인을 찍었다. 학교의 허가가 없으면 원하는 학교에 원서를 낼 수 없었다.

　복직 이후 젊은 교사들과 잘 어울렸다. 신설학교로서 처음 교사 발령을 받은 교사가 10명이 넘었고 모두 결혼하지 않은 상태였다. 이미 처녀 총각 교사들의 모임인 '처총회'가 결성되어 있었다. 토요일 오후나 시험 기간 중의 오후에 신촌역에서 교외선을 타고 송추, 일영, 장흥 유원지 등을 다녔다. 같이 걸으면서 봄, 가을의 정취를 만끽하고 레스토랑이나 식당에서 맛있는 밥을 먹고 커피나 맥주를 마시면서 깔깔댔다. 꼰대 선배 교사 흉도 보고 진상 학부모의 행태에 같이 분노했다. 그러다가 대화의 최종 주제는 학생들 동향과 수업, 학생지도를 어떻게 하면 잘할까로 수렴됐다. 우리는 어쩔 수 없는 교사였다. 나는 나중에 관리자를 하면서 교사들의 모임을 적극 후원했다. 교사들은 모이면 자연스럽게 학생 교육이나 진로지도 방안을 공유하므로 이보다 더 좋은 연수는 없다고 생각했다.

어머니와의 이별과 교육민주화

88년은 9월에 서울 올림픽이 동서 화합의 장으로 열린 뜻깊은 해이지만, 나에게는 커다란 슬픔의 해였다. 6월 사직동에 있는 서울시교육청 교육연수원에서 복직교사 연수를 받고 있었다. 3일차에 담당 연구사가 어머니가 별세했다는 소식을 학교로부터 전달받았다고 알려줬다. 진주에 저녁 늦게 도착했다. 중1 때 여읜 아버지와 달리 어머니는 중3부터 고3까지 자취하면서 나를 뒷바라지해 줬고 당신이 내게 어떤 힘도 되어주지 못함을 늘 안타깝게 생각한 분이었다. 설움이 복받쳤다. 아버지와 같이 합장으로 모셨다. 칠십 평생을 농사일과 집안일로 고생만 하다가 돌아가신 어머니였다. 아버지와 함께 여행을 다닌 적도 없다. 가끔 친정인 부산의 외삼촌이 오거나 같은 연배의 의령 고모님이 오시면 그렇게 좋아하셨다. 10년 이상 뇌졸중과 그 후유증으로 고생하셨다. 또 많은 시간을 누나의 건강과 결혼 후 문제로 마음앓이를 했다. 고등학교 1학년 가을에 시집간 누나는 이후 생활이 평탄하지 않았다. 직장도 홍성에서 산청에 있는 사립학교로 옮겼다. 누나의 좋지 않은 소식을 들을 때마다 어머니는 우셨다. 가엾은 내 어머니! 글을 쓰는 지금도 어머니 생각을 하면 목이 멘다. 이후 꽤 오랫동안 아버지와 어머니를 빼앗아 간 봄을 싫어했다. 나보다 13살 많은 형은 형수와 함께 부모님을 모시고 힘들게 농사지으면서 나를 뒷바라지했다. 항상 고맙게 생각하고 두 분을 존경한다.

중암중 시절 당시 분출하기 시작한 교육민주화 운동을 빼놓을 수 없다. 70년대를 거쳐 80년대 중반 무렵 우리나라의 일부 사학은 부패했다. 설립자가 2세 교육보다 자신과 가족들의 부귀와 영달을 위해 사학을 운영한 경우 그 정도는 더욱 심했다. 교사 채용 시 기부금 명목의 금품 수수, 가족이나 친척을 학교 직원으로 위장 등록 하고 월급 빼돌리기, 이중장부를 통한 교비 횡령을 일삼았다. 이런 학교일수록 교사들을 권위적으로 대하고 교사나 학생들의 정당한 요구를 무시하고 탄압했다. 당시의 한국교원단체총연합, 즉 한국교총은 사학의 문제를 시정하고 올바른 교육을 실천할 의지가 부족했다. 86년 5월 10일 교사들의 교육민주화선언이 있었다. 6.29 선언 이후 사회 전반의 민주화로 87년 9월 전국교사협의회, 즉 전교협이 결성되었다. 이윽고 교사도 노동자임을 인식하고 교육민주화, 학교 개혁을 위해 89년 5월 전국교직원노동조합(전교조)이 결성되었다. 학교별로 공사립을 불문하고 노조 가입 운동이 전개되었다. 아울러 노조원인 교사들이 가두에서 전교조가 지향하는 '참교육'에 관한 홍보물을 배포하는 등 대국민 홍보를 전개했다. 전교조 중앙본부, 시도 지부, 학교별 지회가 결성되어 다양한 교육민주화 운동이 추진되었다. 처음에는 학교의 비민주적 행태 개혁에 초점을 맞춰 교장실 점거, 학사일정과 수업 거부, 직원회의 시 입장 발표 등으로 교사 간 갈등이나 학부모와의 충돌이 빚어지기도 했다. 하지만 촌지를 거부하고 부조리를 해소하여 참교육을 하자는 것은 학부모와 국민들의 지지를 받았다.

나도 전교조에 가입했다. 학교의 젊은 교사들이 많이 가입했다. 주말에는 동료 교사와 함께 가두 캠페인을 나가기도 했다. 고생한다며 성원하는 시민도 있었고, 선생님들이 이런 거 하는 것은 안 된다고 반대하는 사람들도 있었다. 노태우 정부는 전교조를 불법 단체로 규정하고 탈퇴하지 않으면 교사 지위에서 해직시키겠다고 선언했다. 학교에서 관리자들이 탈퇴를 설득하거나 종용했다. 교사의 부모를 동원하기도 하고 결혼한 여교사의 경우 시댁까지 나서서 탈퇴를 종용했다. 고민 끝에 탈퇴각서를 쓰고 탈퇴했다. 하지만 대학 동창 3명을 포함해 1,600여 명의 교사가 탈퇴각서를 쓰지 않고 89년 8월 해직됐다. 94년 1월 김영삼 정부 때 해직교사들은 신규 채용 형식으로 학교로 돌아왔다. 해직 전의 교육경력을 교사 경력으로 인정받은 것 외의 어떤 보상도 주어지지 않았다.

90년 1월 14일 평생의 반려자와 결혼했다. 처가는 함양읍으로 장인은 주유소를 운영하셨다. 아내는 2남 3녀 중 넷째로 딸들 중 막내였다. 전년도 여름, 장인께서 절을 지어서 시주한 대운사 주지 스님의 소개로 처음 만났다. 91년 4월 목동 집 근처의 산부인과에서 첫아들을 낳았다. 당시 3학년 담임이었는데, 학급 학생들이 내 입이 귀에 걸릴 정도로 좋아했다고 한다.

무모한 방학과제, 1급 정교사 연수, 대학원 진학

92년 3월 은평구 덕산중학교로 전보되었다. 4년 단위로 중학교 교사는 교육지원청 내에서 전보가 이뤄졌다. 첫해 2학년 담임을 했고 교무부 수업계 업무를 3년간 맡았다. 중암중 첫 발령 때도 수업계를 했는데, 또 맡으니 조금은 얄궂다는 생각이 들었다. 수업계는 수업시간표 작성, 정기고사 시험감독표 작성, 결·보강 처리 등의 일로 교사들과 신경전을 벌이는 경우가 많아 기피 업무였다. 서로 맡지 않으려다 보니 나한테까지 왔나 보다 하고 체념했다. 큰 마찰 없이 일을 처리했다. 수업시간표가 마음에 들지 않는다는 작은 불만과 수정을 요구하는 목소리는 있었다. 결강 발생 시 수업 보결을 담당하는 순서는 원칙에 따라 처리했고 융통성을 발휘했다. 시험감독 시간표 작성도 수업계의 몫이었다. 어떤 여교사가 자기는 왜 4층 교실만 계속 감독으로 들어가냐는 불만을 제기해서 다음부터 이 부분도 고려했다.

학생들은 전임 학교 때보다 가정환경이 안정되고 공부 잘하는 학생들이 많았다. 수업시간에 집중하고 흥미를 보이는 학생이 많아 교재 연구를 충실히 하고 열심히 가르쳤다. 가르치는 것이 재미있었다. 당시는 방학 때 교과별로 과제를 내주었다. 나도 몇 가지 과제를 내줬는데, 지금도 기억나는 것이 두 가지다. 하나는 서해안 바닷가에 가서 밀물과 썰물의 차이를 관찰하고 높낮이를 비교하여 보고서를 작성하는 것이었다. 또 하나는 영화 「인도차이나』를 보고 동남아시아의 식민지 상황과 고무 등 플랜테이션 농업을 고찰하고 감상문을 작성하는 것이다. 개학 후에 학생들의 이의제기와 불만이 쏟아졌다. 밀물과 썰물이 완전히 교차하는 데 약 12시간이 걸려 시간이 너무 많이 소요되어 힘들었고, 다른 하나는 영화가 15세 이하 관람 불가로 비디오 가게에서 빌리기가 어려웠다는 것이다. 야한 장면들이 있어 보기 민망했다는 불만도 있었다. 열의가 지나쳐 학생들의 처지와 상황을 세심하게 고려하지 못한 것이다. 해당 영화를 나도 TV 프로그램에서 주요 장면들만 본 것이었다. 요즘이었으면 교장실로 찾아와 항의할 사안이었는데, 다행히 넘어갔다. 학급별로 학생들에게 사과했다. 보고서를 내지 않은 학생들에게 별다른 벌을 주지 않았고, 잘된 보고서는 수업시간에 발표를 통해 내용을 공유했다.

93년 여름 지리과 1급 정교사 연수를 사직동 서울교육연수원에서 4주간 받았다. 50명 한 개 반 모두 지리교육을 전공한 교사들로 편성되었다. 대학 졸업 후 8년 만에 전공 연수를 받게 되어서 새로운 내용이 많이 있었다. 강사로 온 교수들도 잘 모르는 분들이 많았다. 류제헌 교수의 문화역사지리, 김종욱 교수의 지형학 강의가 기억에 많이 남았다. 류제헌 교수는 한국교원대학교의 계절제 교육대학원을 소개했다. 다음 해 나는 교육대학원에 등록했다. 김종욱 교수는 같은 과 선배로 서울의 중학교에서 교사를 하다가 독일로 유학 가서 학위를 받은 분이었다. 세계와 우리나라 지형의 기초를 이해하고 지형과 인간 삶의 관계를 새롭게 볼 수 있게 해주었다. 김 교수가 주재한 포천, 연천, 철원 야외 답사가 압권이었다. 더운 여름날 아침 8시부터 오후 6시까지 진행된 답사 중 점심 먹는 시간 외에 마이크를 놓지 않았다. 노원역을 출발하면서 추가령 구조곡을 시작으로 한탄강과 영평천이 만나는 곳의 베개 용암(Pillow Lava), 철원평야의 용암대지, 직탕폭포의 두부침식, 한탄강 협곡과 주상절리 등에 대해 그 성인(成因)과 전개 과정을 쉼 없이 설명하고 질문을 던졌다. 답사에서 총무를 맡았던 관계로 좀 더 가까이 접촉했는데, 이분의 열정과 정성에 감탄이 절로 나왔다. 답사에 참여한 모든 교사가 그렇게 느꼈다.

 1정 연수를 받으면서 마른 스펀지가 물을 빨아들이듯이 연수 내용을 공부하고 닥치는 대로 전공 서적을 읽었다. 연수 결과는 100점, 전체 수석이었다. 상금을 30만 원 받았다. 상금의 절반을 학교 식당 아주머니에게 드려 반찬에 보태도록 했다. 전공 공부를 하고 싶어 94년 여름부터 한국교원대학교 교육대학원을 다니기 시작했다. 학기 중에 보고서를 제출하고, 출석 수업은 방학 때 3주를 받았다. 계절제 수업은 신선하고 재미있었다. 입학 동기 교사가 10명이었는데, 9명이 졸업하고 지금도 OB 모임을 하고 있다. 대학원생 교사 모두 전국구였다. 수업시간 외에 자연스럽게 자기 지역의 학교 운영, 수업과 교사 활동 등에 대해 얘기했다. 교육과정, 교육정책 등을 비판하고 대안을 모색하는 등 교사의 열정과 패기가 가득했다. 지리학이나 지리교육에 관한 보고서를 수업 중에 발표하고 토론하면서 전공의 폭과 깊이를 더했다. 3주간 기숙사에 같이 생활하고 수업을 들으면서 정말 친하게 지냈다. 교수분들도 열정적으로 우리를 지도하고 보살펴 주었다.

대학원 과정의 하이라이트는 졸업을 앞두고 여름방학 때 가는 해외답사였다. 일반대학원에 재학하는 학생도 같이 참여했다. 우리는 이민부 교수를 지도 교수로 해서 미국 서부를 답사하기로 했다. 이 교수가 미국 유타주립대에서 호안 지형으로 박사 학위를 받아 답사에 많은 가르침과 도움을 주었다. 96년 8월 8일부터 8월 21일까지 로스앤젤레스(LA)에서 시작해 LA에서 마치고 귀국하는 일정이었다. 경비를 아끼려고 가장 저렴한 브라질 VASP 항공을 이용했다. 이 항공사는 싱가포르-상파울루 노선을 서울과 도쿄, LA를 경유하여 운항하였다. 나는 답사 총무를 맡았다. 교수와 의논해 답사 일정표를 짜고 비용을 산출하여 준비물을 분담하도록 했다.

미국 서부 답사, 강화도 연구

8월 8일 18시 30분 김포를 출발한 비행기가 미국 시간 8월 8일 14시 10분에 LA 공항에 도착했다. 유타대학 박사과정에 재학 중인 이인희 선생의 도움으로 가든 그로브 시티의 모텔에 여장을 풀고 저녁 식사를 했다. 식사 후 교수는 답사 기간 중 이용할 차량을 렌트하러 가고 우리는 근처의 한국 마트에 들러 전기밥솥, 아이스박스, 쌀과 김치를 비롯한 부식을 구입했다. 분담한 대로 멸치볶음 등 밑반찬을 준비했는데, 양식과 한식을 번갈아 먹기로 했다. 무엇보다 아침에 일찍 출발하기 위해서는 숙소에서 간단한 아침 식사를 하는 것이 필요했다. 답사 동안 당번을 정해 아침을 준비하도록 했다. 8월 9일 첫 목적지인 모하비사막과 데스밸리로 향했다. 이후 8월 20일까지 12일 동안 로키산맥의 동서에 걸친 9개 주를 자연지리 중심으로 누볐다. 총이동거리는 대략 8,000km에 달했다. 주요 답사 포인트는 모하비사막, 데스밸리, 라스베이거스, 그랜드·자이언·브라이스 캐니언, 솔트레이크, 빙엄 광산, 미국 최초의 국립공원 옐로우 스톤, 대평원, 빙하지역인 글레이셔 및 레이니어 국립공원, 화산활동을 한 헬레나산(Mt. Helenes)과 분화구, 요세미티 국립공원 등이다. 답사 후에 나는 보고서를 썼는데, 한국교원대학교 지리교육과에서 98년 창간한 『지리과 교육』에 실렸다.

  자연 경관의 규모가 우리와 달랐다. 모하비 사막을 거쳐 밤 10시 멀리서 본 라스베이거스의 야경 불빛은 모든 지평선을 불태우는 것 같아 경이로웠다. 그랜드캐니언의 장대함, 스네이크강의 평화로운 저녁 풍경, 난생처음 본 빙하와 크레바스, 화산지형인 Crator Lake의 이중 분화구, 하루 종일 가도 끝이 없는 대평원의 밀밭이 우리를 압도했다. 옐로우 스톤에서는 영화「늑대와 춤을」에서 본 버펄로 떼들, 30m 높이까지 치솟는 간헐천, 탄산칼슘 결정체로 이루어진 하얀 암석 벽면체 Mammoth Hot Spring

Terrace는 경이로웠다.

   소도시와 농촌 지역의 순박한 인정이 갱 영화로 각인된 미국을 다시 생각하게 했다. 답사 이튿날 그랜드캐니언을 둘러보고 숙박 예정지인 소도시 페이지(Page)에 갔다. 토요일 저녁이어서 모든 숙박업소 현관에 방이 없음을 뜻하는 'No Vacancy' 현판이 걸려 있었다. 또 우리 인원이 12명이다 보니 3개 이상의 방이 필요했는데, 도저히 구할 수가 없었다. 서너 군데 다닌 숙박업소 중 마지막 숙박업소 주인이 우리한테 방이 없을 것이니 도서관 근처 주차장 등 안전한 곳에 가서 노숙할 것을 권하였다. 우리는 그대로 따랐다. 차량 안에서는 교수와 2명의 교사가 잠을 청하고 나머지는 차량 좌우로 수건을 깔고 배낭을 베개 삼아 누웠다. 새벽까지 얘기꽃을 피우다 늦게 잠이 들었는데, 건조 지역 밤하늘의 초롱초롱한 별들이 우리를 더 잠 못 들게 했다. 은하수 별들이 쏟아질 것만 같았다. 아침에 차량 숙박을 하는 사람을 위해 설치한 샤워 부스에 가서 씻었다. 전기 부스에 밥솥을 연결해 밥을 지어 먹고 다음 목적지로 출발했다.

   농촌을 지나면서 중년 농부가 티 없이 맑은 미소로 우리를 환대하고 토마토 등 과일을 푸짐하게 준 순박한 인정에서 초기 청교도 정착민의 전통을 볼 수 있었다. 세계를 이끄는 미국의 힘이 어디에서 나오는지를 느낄 수 있었다. 거주에 적합한 기후의 넓은 땅에 풍부한 자원과 물자, 청교도 정신의 전통, 그리고 민주적 가치를 존중하고 실천하려는 의지라고 생각했다. 싫든 좋든 미국과 밀접한 외교안보, 경제사회적 관계를 맺고 있는 우리 처지에서 미국을 제대로 이해하고 대응하는 것이 우리의 생존과 번영을 위해 필수적이라는 생각이 들었다.

| Mammoth Hot Spring Terrace, 탄산칼슘 결정체 흰색 벽면과 계단 지형

류제헌 교수의 지도로 「강화도 주민의 적응 변화에 관한 연구」라는 석사 논문을 쓰고 97년 2월 졸업했다. 1800년대 이후 강화도 주민들이 환경 변화에 따라 어떤 적응 방식을 선택하여 생활해 왔는가를 연구했다. 간척지의 벼농사 확대에 따라 주민들은 저수지, 보에 물을 저장하는 것 외에 수로나 논에 가두어 두는 등 다양한 방법을 활용했다. 1900년대부터 시작해 해방 후 개성 주민의 이주에 따라 확산한 인삼재배, 80년대 수도권 인구 집중에 따른 근교농업 지역으로 변화 등 강화도 주민들은 다양한 적응 변화

를 보여왔다. 계절제 대학원 수강에 처가의 도움이 컸다. 매년 방학 때 아이들을 데리고 아내가 처가에 내려갔고, 수업을 마친 금요일 밤 처가로 가서 쉬었다. 고인이 되신 장인께서는 대학원 학비를 보태주기도 하셨다.

그해 연말 류 교수의 강력한 권유로 박사과정에 입학했다. 매주 한 번씩 수업을 받으러 오후에 청주를 내려갔다. 하루 두 과목씩 6시간 수업을 받고 저녁 늦게 집에 돌아왔다. 1정 연수, 대학원 수강 등을 통해 전공 공부가 늘어나면서 학생들을 가르치는 열정과 자신감도 올라갔다. 97년에는 공간탐구반이라는 동아리를 조직하여 인간과 자연과의 관계 탐구라는 주제로 학생들을 지도했다. 인간생활의 밑바탕이 되는 기후, 지형 등 자연환경을 이해하고 그 위에 펼쳐지는 다양한 인문지리적 양상을 파악하도록 하는 것이었다. 학생들은 내 열정을 믿고 열심히 따라줬고 이 동아리에 있는 것 자체를 자랑스러워했다. 여름방학 때는 14명의 학생과 함께 내가 연구한 지역인 강화도로 1박 2일 답사를 다녀오기도 했다. 차량 렌트, 숙소 예약 등 모든 준비와 승합차 운전을 직접 했다. 갯벌을 간척지로 만든 후의 벼농사와 다양한 물 확보, 인삼재배, 남쪽의 근교농업 활동 지역을 답사했다.

연구부 기획, 교지『德山』창간, 성적표 도난 사고

　96년 가을 서부교육지원청에서 장학사가 학교를 방문하고 교사들의 수업을 참관했다. 내가 수업하는 교실 뒤에 들어와서 한참 동안 수업을 보고 나갔다. 우리나라에 대해 학습하는 중이었는데, 지도를 갖고 오지 않아 칠판 왼편에 우리나라 지도를 그리고 수업 내용을 지도에 표시해 가면서 학생들에게 설명했다. 장학사가 떠난 후에 교감선생님이 좀 보자고 했다. 장학사가 나를 모범교사로 추천하는 것이 좋겠다고 말했다는 것이었다. 장학사가 내 수업을 보면서 마음에 들 정도로 수업을 잘했는지 얼른 떠오르는 것이 없었는데, 지도를 직접 그려 수업내용을 설명한 것이 좋게 여겨졌다고 생각되었다. 그해 말 우수 교사 교육감 표창을 받았다.

　수업계 3년 후에 연구부로 자리를 옮겨 기획 업무를 했다. 연구부 기획의 주된 일은 학년 초 학교교육계획서를 작성하는 것이었다. 교육청의 연간 업무 계획을 토대로 학교장 경영관, 학교평가 결과를 반영하여 학사일정과 교육과정, 주요 교육활동 계획을 책자로 만드는 일이다. 학교의 특색사업과 중점사업을 학교 여건과 학생·학부모의 요구를 반영하여 수립하는 것이 가장 핵심이다. 다른 학교와 구별되는 우리 학교만의 교육활동이 들어가야 하므로 창의적인 연구와 고민을 해야 한다. 힘들지만 학교가 전체적으로 어떻게 운영되는지, 교육활동이 어떻게 전개되는지를 한눈에 파악할 수 있고 학교의 강점이나 장점, 부족한 점이 무엇인지, 그리고 대응 방안에 대한 전략적 사고를 할 수 있는 좋은 점이 있었다. 나는 학교의 요청으로 2년 더 유임하여 연구부 기획을 3년 동안 했다. 나중에 관리자로 학교 경영을 하면서 이때의 경험이 큰 자산이 되었다.

97년 학교의 교지 창간 아이디어를 냈다. 덕망 있게 학교를 경영하고 교직원들에게 인자한 강창식 교장선생님이 다음 해 여름 정년 퇴임을 하는 점도 고려했다. 연구부 기획으로서 교지 발간 아이디어를 부장과 관리자분들께 말씀드리니 전적으로 밀어주겠다고 하셨다. 국어과 교사와 의논해 발간과 편집 방향을 확정하고 학생과 교직원, 학부모의 원고를 받았다. 8월 말 학교의 이름을 딴 『德山』이라는 교지가 개교 이래 처음으로 발간되었다. 내가 조직한 공간탐구반의 강화도 지역의 답사보고서가 창간호에 실렸다.

덕산중 시절의 에피소드를 소개하고자 한다. 먼저 남교사들의 축구 동호회 활동이다. 80년대 서울시 확장과 인구 증가로 많은 학교가 신설되던 때라 학교에 젊은 남교사들이 많았다. 덕산중에도 30, 40대 남교사로 교사 축구팀이 결성되었다. 나는 축구 실력이 모자라 후보에 그치고 축구공, 물주전자, 수건 준비 등 허드렛일을 주로 했다. 덕산중이 축구를 잘한다는 소문이 퍼져 서부교육지원청 관내 중학교와 자주 친선경기를 했다. 학교 근무와 학생들 지도하느라 받는 스트레스를 날리고 교사 간 친목을 다지는 좋은 자리였다. 10여 년 전부터 급속히 진행된 저출생 여파로 학생 수가 급감하고, 교사 임용시험 때 주어지던 군필 가산점이 없어지면서 남교사가 많이 줄어든 지금과는 너무나 다른 분위기였다.

덕산중 근무 4년 차에 1학년 담임을 맡았을 때다. 계속 3학년 담임을 하다가 오랜만에 1학년을 맡으니 너무 귀여웠다. 1학년 초반에는 학생들이 초등학교를 졸업하고 갓 중학생이 된 터라 미숙한 점이 많았다. 가장 크게 달라진 것은 담임이 대부분의 수업을 하는 초등과 달리 중학교는 교과별로 각기 다른 교사가 수업을 맡는다는 점이다. 그리고 초등학교 때는 담임과 늘 같이 지내다 보니 사소한 것도 질문하고 자기에 대한 관심을 높이려고 일부러 묻는 등 뭔가를 묻는 경우도 많다. 3월 한 달은 이런 초등학생 같은 아이들을 학교에 적응시키는 것이 담임의 큰 과제이다.

학기 초부터 학급에서 도난 사고가 계속 일어났다. 수업 후 남겨서 아이들을 어르기도 하고 닦달하기도 했지만, 범인을 잡을 수가 없었다. 학급 분위기는 점점 나빠졌고, 나도 신경질적으로 반응했다. 급기야 학급에서 공부를 제일 잘하는 학생의 중간고사 성적표가 분실되었다. 잡고 보니 우리 반의 어떤 녀석이 공부 잘하는 학생의 성적표를 훔쳐 부모에게 보여준 다음 쓰레기통에 버린 것이다. 쓰레기통을 다 뒤져 결국 성적표를 찾아냈는데, 학급과 이름이 있는 성적표 상단이 칼로 오려진 상태였다. 중간고사 끝난 이후 자기 성적표의 이름 칸 아랫부분에 공부 잘하는 학생의 성적표를 오려 붙여 엄마에게 보여주고 학교에 와서 버린 것이었다. 평소 이 학생의 말과 행동을 이상하게 여긴 학급 학생들의 제보로 밝혀내게 되었다. 결국 그 학생은 자퇴하고 학교를 떠났다. 너무나 천연

덕스럽게 거짓말을 몇 차례나 내게 하던 표정과 무엇이 아이를 그렇게 만들었는지 이해가 되지 않아 지금도 기억이 생생하다.

덕산중에 부임해서 2·3학년을 2년간 연속해서 가르쳤던 학생들 중 지금도 만나는 제자들이 있다. 그중 2명은 내가 결혼식 주례를 서기도 했다. 모두 40대 후반으로 의사, 변호사로서 우리 사회에서 중추적 역할을 하고 있다. 몇 년 전 연락이 끊긴 한 녀석은 말썽꾸러기에 가정 형편이 좋지 않았다. 잘못된 길로 가지 않을까 걱정했는데, 지혜롭게 처신해 지금은 행복한 가정을 꾸리고 있다.

교육연구사 시험, 교원 정년 단축, 학교교육계획서 공모

98년 3월 마포구청 뒤에 있는 성서중학교로 학교를 옮겼다. 목동 집에서 가까운 곳이고 한 번에 가는 버스가 많았다. 90년 결혼하고 부천 소사역 근처에 집을 얻어 1년간 1호선 전철을 타고 신도림역에서 2호선으로 갈아타고 홍대입구역에서 시내버스를 타고 중암중으로 출근했다. 91년 목동 다세대주택을 사서 이사했고 버스를 타고 덕산중을 다녔다. 성서중에 발령받고 인사를 가니 관리자를 비롯하여 교무부장 등 교사들이 따뜻하게 맞아주었다. 전임 학교에서 여러 가지 학교 일을 잘했다고 들었다면서 기대를 표명했다. 나는 연구부 기획에 1학년 담임을 맡았다. 학생들의 가정 환경은 전임 덕산중과 큰 차이가 없었다. 전근 간 지 첫해라 묵묵히 내 일을 했다. 교직원들과도 잘 지냈는데, 한 달 정도 지나고 보니 교사들 사이에 보이지 않는 갈등과 알력이 있었다. 어떤 교사가 와서 학교운영위원회 교사 위원을 하라고 추천하겠다고 했는데, 전근을 온 첫해인데 부담스럽다고 완곡하게 사양했다. 별로 관심도 없었고 분위기로 봐서 안 하는 것이 더 좋겠다고 생각했다. 당시는 교육감 선거를 학교운영위원들에 의한 간접선거로 하던 때여서 운영위원 선거에 관심이 많았다.

  5월 첫째 주말 일요일 대학 동기들과 강화도 답사를 다녀왔다. 석사 논문을 쓴 지역으로 대학 동창들이 답사지기를 내게 맡겼다. 저녁 무렵 전임 학교에서 같이 근무했던 학년부장이 전화를 했다. 교육부 교육연구사 모집 공고를 봤는데, 내가 전공한 지리과도 있다는 것이었다. 당시만 해도 각급 학교의 부장교사에게 교육신문이 무료로 배송되었는데, 거기에 모집 공고문이 게재된 것이다. 처음으로 그런 제도가 있는 것을 알았다. 교육경력 7년 이상에 만 36세 이하로 전년도 근무평정 '우' 이상이 지원 자격이었다. 동일 과목에 대해 서울시교육청에서 3명을 추천할 수 있었다. 며칠 후 해당 공문이 학교로 와서 좀 더 자세히 알 수 있었다. 1차는 교육감 추천, 2차는 필기시험, 3차는 면접 및 한글 문서 작성이었다. 필기시험 과목은 교육학 100점, 전공과목 100점으로 교육학은 객관식, 전공은 모두 서술형이었다. 필기시험은 6월 첫째 토요일로 잡혔다.

  직전 근무교인 덕산중 심건식 교감선생님께 근무평정을 확인하니 가능하다고 하면서 잘 준비해서 좋은 결과를 얻으라고 격려해 주셨다. 지원서 제출 후 교육감 추천을 통과하고 본격적인 준비에 들어갔다. 4주 동안 교육학 공부에 집중했다. 전공은 대학원 공부를 통해 계속하고 있어서 별로 걱정하지 않고 시험 3일 전 예상 문제 10개를 뽑아 정리하는 것으로 준비했다. 시험을 잘 본 건지 교육학 객관식 50문항 중 2개 정도 헷갈렸고 전공도 그리 어렵지 않게 쓸 수 있었다. 필기시험을 보고 집에 오니 갑자기 오한과 두통이 밀려오기 시작했다. 그동안의 긴장이 풀리면서 나도 모르게 기진맥진한 것이다.

 2차 시험을 통과하고 3차 면접을 봤다. 면접 직전 근무하던 학교의 교장선생님이 본인의 경험을 말해주었다. 면접에서는 모르는 문제를 물어도 그냥 있으면 안 되고 뭐라도 답을 해야 기본 점수라도 주니 차분히 대응하라고 했다. 실제 면접에서 많은 도움이 되었다. 면접 후에는 반 페이지 분량의 보고서를 직접 작성하고 글자체와 크기 수정 등 편집 요구사항을 반영하는 한글 워드프로세서 시험을 봤다. 합격 후에 여름방학 직전부터 2학기 개학 전까지 5주에 걸쳐 삼청동 중앙교육연수원에서 장학사·교육연구사 연수를 받았다. 시도 교육청 장학사 합격자를 포함해서 중등만 150여 명이 연수를 받았다. 일주일은 본인이 선택한 지역교육청에 가서 실무를 익히는 실습을 했다. 지방에서 온 장학사들은 교육부 교육연구사 합격자보다 최소 10살은 더 많았다. 여기서 고등학교 은사님을 만났다. 나도 은사님도 많이 당황했다. 국어를 가르쳤던 선생님으로 나중에 경남교육청 장학사, 교감을 거쳐 고등학교 교장으로 퇴임하셨다. 나는 연수 과정을 전체 수석으로 수료했다. 교육부 전문직 동기들은 모두 12명으로 초등 2명이고 나머지 10명은 중등으로 교과목 별로 1명이다.

98년 2월 말 김대중 정부가 출범하였다. 정부 수립 이후 수평적 정권교체가 처음으로 이뤄졌다. 전년도 11월 외환 부족으로 IMF 긴급 구제금융을 받기로 하면서 IMF에 약속한 대로 환율 인상, 구조조정 등으로 나라 경제가 대혼란에 빠지면서 집권당이 국민의 선택을 받지 못한 것이다. 새 정부와 교육부 수장은 공론의 장이나 교사들에게 진정성 있는 설명이나 양해를 구하지도 않고 고령 교사 1명이면 유능한 젊은 교사 3명을 쓸 수 있다는 논리로 교원의 3년 정년 단축을 밀어붙였다. 당시의 경제 위기 상황에서 대기업, 은행 직원들도 구조조정이라는 명목하에 퇴사를 강요당하는 상황이어서 교원단체도, 정치권도 반대하지 못했다. 3년 단축도 연차적으로 하는 것이 아니고 99년 9월 1일 기준으로 만 62세에 달한 교원은 퇴직하도록 했다. 교원들의 반발을 누그러뜨리기 위해 그전까지 굉장히 까다로웠던 명예퇴직을 20년 이상 근무라는 최소 요건을 충족하면 전부 수용해 주도록 했다. 몇 년 동안 전국의 학교가 교사 부족으로 극심한 혼란을 겪었다. 초등학교가 더 심했다. 나중에 교육부는 교사 부족을 해결하기 위해 대학 졸업자를 교대 3학년에 편입시켜 2년간 공부한 후 초등교사 임용시험에 응시할 수 있도록 했다. 연일 교대생들이 교육부가 있는 광화문 정부청사 앞에서 편입학 반대 시위를 했지만, 달라진 것은 없었다. 교장, 교감, 장학사가 부족해서 교감 1년 하고 교장으로 승진한 경우가 비일비재했다. 대다수 교육청이 장학사를 전년도 대비 2배 이상 많이 선발했다.

초·중등 교육과 관련하여 98년 10월 교육부가 새 학교 문화 창조 정책을 발표했다. 암기 위주의 주입식 교육을 혁신하고 한 줄 세우기 선발에서 특기와 능력 중심의 다양한 입시 제도를 도입하자는 것이 핵심이었다. 강제적인 보충수업, 자율학습을 폐지하고 외부 모의고사 시행을 금지하며 특기 적성교육을 강화하도록 했다. 예체능 외에 영어, 논술 등 한 가지만 잘해도 대학을 갈 수 있다고 강조했다. 새 학교 문화 창조를 위해 학교 현장의 자율적인 교육 혁신이 필수적이라고 교육부는 판단했다. 학교교육의 전면적 혁신을 위해 민주적·자율적으로 학교교육계획서를 수립하도록 하고 공모를 통해 우수학교를 시상함으로써 학교 혁신 분위기를 전파시키려고 했다. 학교교육계획서 공모가 시작되어 99년 4월 마감했다. 교육연구사 발령 대기 중이었던 나는 담임은 하지 않고 연구부 기획을 맡았다. 마침 발표된 공모에 응모할 준비를 했다. 핵심 사업 위주로 교육계획서를 작성하고 부록으로 교육계획 수립을 위해 학생, 교원, 학부모를 대상으로 한 설문조사와 의견 수렴 결과를 첨부하였다. 우수학교로 선정되어 300만 원의 상금을 받아 컴퓨터 등 학교 기자재 구입에 사용했다.

아울러 학교와 사회과 교사를 위한 마지막 봉사로 자율장학 지구별 수업 공개를 맡았다. 같은 지구 학교의 사회과 교사들이 참관하는 공개수업 형태로 진행했다. 1학년 사회과의 향토 조사 단원을 대상으로 수업을 진행했다. 같은 지구의 학교별로 돌아가면서 수업 공개를 하도록 되어 있는 상황에서 내가 희생한다고 생각하고 큰 의미를 두지 않고 가볍게 임했다. 수업 진행이 매끄럽지 못하고 학생들의 반응이 무뎠다. 강평회 시간에 어떤 남교사가 수업 진행 방식의 문제점을 제기하고 수업을 신랄하게 비판했다. 공개수업이라면 평소와 달리 새로운 방법을 적용한 수업 연구를 하고 그 결과를 동료 교사에게 보여주는 것인데, 그런 면이 전혀 없었다는 것이었다. 준비 부족에 따른 오류를 인정하고 몇 가지 변명을 하고 마무리했다. 같은 일상의 반복에 싫증이 났고 곧 교육부로 발령 난다는 생각이 안이함을 더한 결과였다. 이렇게 12년 2개월의 교사 생활은 끝이 났다.

3. 교육부 교육전문직원

후원 명칭, 보충수업, 자율학습

99년 9월 1일 광화문 정부 중앙 청사의 교육부 학교정책실 학교정책과 교육연구사로 발령받았다. 교육부 공채 2기이다. 교육부는 97년 공채 교육전문직원*을 처음으로 선발했다. 이전에는 교육청의 추천을 받거나 특별 채용을 통해 전문직원을 임용했다. 교육부 등 중앙 부처에 5급 공채 행정직원이 늘어나면서 연령대가 높은 전문직원과의 업무 협조가 원활하지 않았다. 아울러, 2~3년 근무하다가 교감(장) 자격증 취득 후 학교로 나가면서 업무의 연속성이나 전문성을 확보하기 어려웠다. 파격적으로 만 36세 이

---

* 교사 출신의 장학사 · 교육연구사, 장학관 · 교육연구관을 합쳐 부르는 명칭이다. 전문직원으로 약칭한다.

하 교사 중 전문직원을 선발하여 7년 이상 근무 후에 학교로 전직할 수 있는 공채 제도가 시행되어 현재에 이르고 있다.

당시 교육부 학교정책실은 유·초·중등 교육을 총괄하는 부서로 교원 출신이 1급 장학관인 정책실장을 맡았다. 이는 30만 교원을 대표하는 상징성 있는 직위인데 2024년 하반기 행정직원이 맡으면서 그 전통이 깨져버렸다. 학교정책실은 유·초·중등학교의 교육과정, 교원 정책, 수업·평가, 안전 등을 담당하는 곳으로 특성화고를 제외한 학교의 정책을 총괄했다. 학교정책과는 학교정책실 선임과로서 교원 출신 과장을 중심으로 일반 행정직원 3명, 전문직원 12명이 근무했다. 99년 상반기 직제 개편 때 초등교육과와 중등교육과가 통합된 학교정책과는 학교교육과정 운영 지원, 학교생활기록부, 수업·평가 개선, 인성교육, 영재교육, 학교폭력, 생활지도 및 안전 등의 업무를 담당했다.

학교정책과에서 맡은 첫 업무는 후원 명칭 승인, 보충수업, 자율학습이었다. 과의 구조는 장학관이나 교육연구관을 팀장으로 교육연구사 1~2명으로 하나의 팀이 구성되었다. 우리 팀은 초등장학관을 팀장으로 초등과 중등 출신 교육연구사 각 1명 등 3명이었다. 교육이나 학예, 학술 관련 행사를 주관하는 단체가 행사의 격을 높이고 대외적으로 행사 내용을 인증받았다는 홍보 수단으로 후원기관에 교육부를 표시할 수 있도록 승인을 요청하는 경우가 많았다. 입상자에 대해 교육부장관상을 요청했다. 글짓기, 예체능, 웅변 등 학생을 대상으로 하는 각종 행사를 각 단체가 많이 개최하였는데, 새 정부의 특기 적성교육 강조와 하나만 잘해도 대학 간다는 인식으로 각종 행사가 폭증하였다. 이들 행사 주최자의 대부분이 교육부 후원 명칭과 장관상 수여를 요청했다. 장관 훈령으로 행사 참가자에게 참가비나 금품을 받지 않아야 하고 참가자가 3개 이상의 시도에 분산되어야 한다는 승인 요건을 규정해 놓고 있었다. 기존의 후원 명칭 사용 단체의 요청은 민원 등 물의가 없으면 대부분 다시 승인한다. 새로운 승인 요청이 있으면 담당자가 서류 검토를 하고 미진한 부분을 파악하여 팀장 및 과장과 상의하여 허용 여부를 판단하고 심의위원회의 심의를 거쳐 정책실장의 결재로 확정한다.

행사가 많은 봄, 가을에는 일주일에 20건 이상 처리한다. 특히 예체능, 웅변 등을 운영하는 학원이나 단체가 급조한 협회를 통해 신청할 때 서류에는 참가비가 없다고 기재하고 실제로 참가비를 걷는 경우가 많았다. 불허하면 사무실로 찾아와 항의하거나 민원을 제기하는데 정치권이나 고위직을 통해 들어오는 청탁도 많았다. 국회의원은 지역구의 민원이므로 보좌진을 통해 요청하거나 실·국장을 통해 승인을 부탁했다. 이들 단체는 교육부 외에 문화관광부에도 후원 명칭과 장관상을 신청하는데, 예체능 행사가 활성화되기를 바라는 입장에서 교육부보다 훨씬 쉽게 승인해 줬다. 이를 빌미로 다른 정부 부처는 해줬는데, 왜 교육부는 해주지 않느냐고 항의했다. 다른 일을 할 수 없을 정도로 민원에 시달렸다. 신청과 승인 요건을 강화하는 방향으로 훈령을 개정했는데, 교묘

한 방법으로 승인을 요청하는 것을 막을 수 없었다. 후원 명칭을 둘러싼 물의가 늘어나고 민원이 계속 제기되었다. 결국 후임 연구사가 정부기관, 시도 교육청이 주최하는 행사에만 교육부 후원 명칭을 사용할 수 있도록 훈령을 개정하였다. 민간단체나 기관의 승인 요청을 원천적으로 차단한, 극약처방을 한 것이다. 후원 명칭을 둘러싼 문제가 해소되고 업무 부담은 경감되었지만, 건전하게 행사를 운영하여 학생들의 창의성, 감수성 향상에 이바지한 단체에게는 안타까운 일이었다.

전년도 발표한 새 학교 문화 창조 정책의 일환으로 99년부터 단계적으로 보충수업을 폐지하고 예체능 중심의 특기 적성교육을 운영하게 되었다. 희망자를 대상으로 학기와 방학 중에 보충수업을 운영하도록 했지만, 학교 현장에서는 여전히 반강제적인 보충수업이 운영되었다. 보충수업에서 교사가 받는 강사수당 외에 교장, 교감 등 관리자가 받는 관리수당이 있었다. 시도 교육청을 통해 파악한 바로는 관리자가 받는 관리수당이 수십만 원에서 백만 원 단위까지 다양했다. 학년별로 받을 수 있어 보충수업을 많이 하는 방학 때는 관리수당이 월급에 버금갔다. 보충수업 때 사용하는 학교의 전기, 수도료 등 공공요금 명목으로 보충수업비 중 일부를 따로 적립해 학교시설 개선 비용으로 사용하는 경우도 허다했다.

학생들이 청와대 인터넷 신문고, 교육부 홈페이지 등을 통해 민원을 가장 많이 내는 것이 강제 자율학습 문제였다. 교육부 지침은 자율학습을 희망하는 학생에 한해 교실이나 시설을 개방하고 안전을 지도하도록 하는 것이었다. 보충수업과 마찬가지로 많은 고등학교가 방과 후 심야시간까지 자율학습 명목으로 학생들을 강제로 남아 있게 했다. 게다가 금지된 자율학습 지도비를 걷는 학교도 있었다. 학생들의 요구는 교육부에서 강제 자율학습을 단속해 달라는 것이었다. 학교를 관리·감독하는 시도 교육청에서 지도하도록 하겠다고 답변하고 민원을 수합해 해당 교육청으로 보내서 확인·지도해 달라고 요청했다. 교육감이 설립·운영하는 공립 고등학교는 교육청의 지도를 수용하지만, 학교 운영과 인사권이 학교법인에 있는 사립고의 경우 교육청의 장학지도가 겉돌았다.

아침에 출근하면 보충수업과 자율학습 관련 교육부 홈페이지에 접수된 민원을 실무사가 출력해 줬는데, 매일 수십 장에 이르렀다. 2001년 1월 우리 과의 인원이 총동원되어 민원이 많이 접수된 지역의 학교를 직접 점검했다. 교육청 담당 장학사와 함께 긴급 장학지도 명목으로 보충수업, 자율학습에 관한 학교계획과 운영 상황을 점검하고, 비용 징수와 회계 처리 등을 확인했다. 일부 학교가 지침에 어긋나게 부당하게 운영하고 있었다. 현장에서 시정 조치하고 심한 경우는 교육청에 통보하여 특별장학을 실시하도록 했다. 학생들이 내는 보충수업비를 학년부장교사 개인 통장으로 관리하는 경우가 있었고, 음성적인 자율학습비 징수도 있었다. 대학입시 결과에 영향을 받을 수밖에 없는 고등학교에서 정부의 정책과 현실의 괴리가 매우 크다는 사실을 실감할 수 있었다. 중학교 교사 경험만 있는 나로서는 더 충격으로 다가왔다. 2월 말 보충수업에 따른 일체의 관리수당을 금지하고 지침에 맞게 보충수업과 자율학습을 운영하도록 재강조한 공문을 교육청에 보냈다.

감사원 감사, 총선 공동수업과 계기교육 지침

2000년 3월 팀장인 장학관과 동료 교육연구사가 서울시교육청으로 전출하면서 업무가 새로 조정되었다. 후원 명칭 사용과 보충수업, 자율학습 업무를 공채 출신의 초등 교육연구사에게 넘겨주고 새로 학교교육과정 운영 지원과 수업 개선 업무를 맡게 되었다. 중앙 정부기관은 매년 상반기 감사원 종합감사를, 하반기에는 국회의 국정감사를 받는다. 4월 감사원 감사에서 감사반의 호출을 받았다. 전임 교육연구사가 정부 시책으로 동절기 3개월간 실행한 보조인력 활용 정책이 문제가 된 것이다. 97년 11월 IMF 긴급 구제금융에 따른 구조조정, 경기 침체 등으로 미취업자와 실업자가 늘어나 계속 사회문제가 되고 있었다. 이에 정부는 99년 하반기 불용 예산을 활용하여 동절기 실업대책을 시행했다. 교육부는 전국의 학교와 교육행정기관에서 1만 5천 명을 3개월 한시적으로 채용하고 150만 원의 수당을 지급하도록 했다. 고졸 및 고졸 예정자를 자격 요건으로 하여 대학생이나 유휴 인력을 채용하여 학기 말과 겨울방학 중 업무보조원으로 활용하도록 했다.

　세부 지침은 교육청이나 학교에서 자율적으로 정했다. 갑작스럽게 시행된 정책으로 읍면동 지역의 소규모 학교에서는 적정 인력을 채용할 수 없었다. 학교별로 최소 1명 이상을 채용하도록 하다 보니 자격을 갖추지 못한 사람이 채용되어 민원이 발생하고 지역 신문에 관련 기사가 나기도 했다. 감사반의 추궁은 문제 발생이 예상되는 정책을 시행하면서 중간 점검이나 확인을 하지 않아 혈세를 낭비하고 정부 정책의 신뢰에 금이 가게 했느냐였다. 내 전임자가 계획을 수립·시행한 것으로 나와 무관하다고 했지만, 업무를 넘겨받은 이상 사후 관리와 점검은 나의 몫이라고 질책했다. 실태 파악을 요구한 자료를 추가로 제출하고 소명했지만, 감사 후의 확인서에 서명했다. 문답서 작성 등 추후 절차가 남아 있음을 알려주고 감사는 끝났다. 문답서 작성은 징계 절차의 첫 단계이므로 어떻게든 피해야 한다고 주위에서 조언했다. 나는 감사반원에게 연락하고 소명자료를 다시 제출했다. 급하게 결정된 정부 방침에 따라 준비할 시간이 부족했고, 현실과 맞지 않게 채용 요건을 정한 잘못을 인정하면서 실제 요건과 맞지 않게 채용한 경우가 극소수였음을 입증했다. 문답서 작성은 하지 않고 징계를 받지 않게 되었다. 정책 수립과 시행에서 효과와 함께 부작용과 문제점을 심층적으로 검토해야 한다는 교훈을 얻었다.

　2000년 봄은 격랑의 연속이었다. 4월 총선을 앞두고 교원단체와 노동자 단체, 시민단체를 중심으로 낙천 낙선운동이 전개되었다. 주로 진보 성향 단체의 움직임이었다. 학교를 비롯한 교육계도 이런 움직임에서 자유롭지 못했다. 전교조는 총선 공동수업을 진행해 민주화 운동에 역행하고 민주적 가치를 부정하는 자들의 국회 진출을 봉쇄하겠다고 공개적으로 천명하였다. 전교조 교사들을 중심으로 전교조 본부가 마련한 총선 공동수업 자료를 활용하여 수업을 하거나 계기교육을 하려고 했다. 학교교육과정과 수업에 관한 것이므로 내가 담당하게 되었다. 과장은 교육연구사 혼자 하기에는 너무 벅차다고 판단하여 총선 공동수업의 위법성과 수업 교사 징계 여부는 다른 팀에서 맡게 했다. 검찰, 법제저 등에 문의한 결과 위법성은 고의나 과실을 따져봐야 하고 그에 따른 징계 가능 여부도 섣불리 판단하기 어렵다는 의견이었다. 숙고와 숙의를 거듭한 끝에 장관 지침을 제정해 교육청을 통해 총선 공동수업 대응을 하기로 했다. 총선 공동수업을 계기교육의 일환으로 정의했다. 수업지도안인 교수·학습 과정안을 담당 교사가 작성하고 교과(학년)협의회를 거쳐 학교장 결재를 받아 시행할 수 있다고 지침을 정했다. 이 지침은 지금까지 학교 현장에 적용되고 있다. 지침 시행 후에 교육청을 통해 총선 공동수업을 확인한 결과 우려했던 상황이나 마찰 없이 학교가 운영되고 있었다.

4월 하순 헌법재판소가 재학생을 대상으로 한 과외금지가 행복추구권과 학습권을 침해하여 위헌이라고 결정했다. 당연히 합헌으로 결정 날 것으로 예상한 우리 과는 당황했다. 담당 교육연구사는 관련 사항을 보고하고 대응책을 마련하느라 경황이 없었다.

정책실장도 너무 안이하게 판단했다고 자책하면서 관련 대응책 마련을 지시했다. 재학생의 과외 수요를 학교에서 수용할 수 있도록 하는 조치가 필요했다. 교과 보충을 금지하고 예체능 등 비교과 지도만을 허용하던 특기 적성교육 지침을 교과 관련 보충학습을 할 수 있도록 수정했다. 급히 장관 결재를 받아 시도 교육청에 보내고 학교에서 과외를 대체할 수 있는 교과지도를 하도록 요청했다. 사실상 보충수업을 부활한 것이다. 당시 문용린 장관은 장관실에서 가까운 학교정책과를 가끔 방문했는데, 학생들의 학업을 장려하고 공부를 열심히 하도록 해야 할 교육부가 오히려 이를 막는 게 아니냐고 한탄하기도 했다. 학부모총회가 열리는 3월 말부터 스승의 날이 있는 5월까지 학부모와 교사의 촌지 수수가 연례행사처럼 언론에 거론되었다. 4월 하순 장관이 교사 경험이 있는 교육연구사들을 회의실로 오게 해서 학교 촌지의 실상을 묻고 해결 방안을 물었다. 돌아가면서 실태와 대응 방안 등을 얘기하는데 뾰족한 해결책이 나올 수 있는 것이 아니었다. 나는 아무런 말을 하지 않았다.

과원 교사 해소를 위한 교원양성소 운영

학교교육과정 운영 지원 업무를 하면서 지속적으로 제기된 민원의 하나가 고등학교 제2외국어 선택 문제였다. 97년 12월 공표

된 제7차 교육과정의 방침 중 하나가 학습자 중심의 과목 선택권 확대였다. 특히 고등학교에 진로와 소질·적성을 고려해 교과목을 선택할 수 있는 기회를 폭넓게 제공하겠다는 것이었다. 고등학교 적용을 앞두고 독일어, 프랑스어, 일본어, 중국어 등 제2외국어 과목 선택이 학생들이 원하는 대로 이루어지지 않았다. 7차 교육과정의 근본 취지와 맞지 않는다며, 자신이 배우고 싶은 제2외국어를 선택할 수 있도록 해달라는 요구가 많았다. 당시 대부분의 일반계고 학생들은 독일어, 프랑스어를 배웠는데 일본어나 중국어는 교사가 없어 개설이 불가능한 상태였다. 김대중 정부의 일본문화 개방 정책으로 일본 만화, 일본 TV 프로를 보기 위해 독학으로 일본어를 공부하는 학생이 늘어나고 있었다. 교육과정과 교원정책을 총괄하고 있는 교육부로서는 난감한 입장이었다. 국가 수준의 교육과정을 수립하고 교과서 편찬과 검정 업무를 맡은 부서는 학교 현장에서 과목 선택 등 교육과정이 어떻게 구현되는지 큰 관심이 없었다. 학교교육과정 운영에 관한 것은 학교정책과 몫이었다. 특정 과목의 교사가 많은 경우 부전공 연수를 통해 부족한 과목 교사 자격증을 취득하게 한 후 과목을 변경하여 임용했다. 연수 시간이 150시간 정도로 부족했고 연수의 질도 낮아 문제가 많았다. 부전공 연수를 통한 제2외국어 교사 자격 취득은 아예 없었다.

  이런 상황에서 2000년 하반기 기획예산처에서 제2외국어 선택 확대에 관한 업무 협의를 교육과정 심의관에게 요청하였다. 기획

예산처 정책 2과로 기억하는데 당시 과장이 현재의 김동연 경기도지사이다. 어떤 배경이나 목적으로 이런 요청을 했는지 몰랐다. 다만 교육부를 도우려는 성의에 고마운 마음으로 담당 사무관을 만나 현황을 설명하고 독일어, 프랑스어 교사가 과원인 상태에서 학생들이 원하는 일본어, 중국어 교사를 늘리는 것은 불가능하다고 얘기했다. 독일어, 프랑스어 교사가 일본어, 중국어 교사 자격을 취득해 해당 과목을 가르치는 것이 해결 방안이며, 관건은 예산과 연수 시간 확보라고 설명했다. 필요한 예산을 지원하겠다고 했다. 2001년 3월부터 2003년 2월까지 2년 동안 1년에 200명씩 총 400명의 독·불어 교사를 연수기관에 파견하여 일본어, 중국어 교사로 양성하는 방안을 수립했다.

 기본계획을 확정하기 전 독·불어 교사 대표, 학부모 모임 대표, 시민단체 대표를 초청하여 간담회를 열었다. 제2외국어 선택 확대를 위해 독·불어 교사의 과목 변경이 불가피성과 추진 방안을 설명하고 의견을 들었다. 교사 대표들은 정부가 해당 과목 교사로 임용했으면, 끝까지 그 과목을 가르칠 수 있도록 지원해야 할 책무가 있다고 주장하면서 강하게 반대했다. 학부모 대표들은 제7차 교육과정이 지향하는 대로 최소한 제2외국어는 배우고 싶은 과목을 선택할 수 있도록 해야 한다고 주장했다. 아울러 선생님의 자녀가 원하는 제2외국어를 배우지 못하면 심정이 어떻겠냐고 직설적으로 얘기했다. 나는 최근 10년간 서울, 경기 지역의 교사 임용시험에서 독일어, 프랑스어 교사를 1명도 선발하지 않았음을 지적하고 후배들을 위해서도 선배 교사들의 용기가 필요하다고 말했다. 교사 대표들은 당초의 강경한 입장에서 물러서서 연수받는 교사들이 해당 제2외국어 전문성을 갖추도록 연수 커리큘럼 등을 충실히 운영해 줄 것을 요청했다.

교육부장관이 임시 교원양성소를 지정할 수 있도록 한 관련 규정에 따라 서울대학교 사범대학과 한국교원대학교를 연수기관으로 지정했다. 서울대학교는 전국의 중국어 교사 희망자 40여 명을 맡았고 교원대는 일본어 교사 희망자 160여 명을 담당했다. 연수 기간은 1년, 1,250시간을 계획했다. 이는 대학 2학년부터 3년 동안 교육학 등 교직과목을 제외한 전공 이수 시간 수와 거의 맞먹는 것으로(85학점 × 15시간 = 1,275시간), 제2외국어 교육의 질을 담보하기 위함이었다. 교사들은 부전공 연수와 달리 임시 교원양성소로 파견되어 연수를 받고 빈자리는 기간제 교사를 채용하도록 했다. 기획예산처가 연수비와 기간제 교사 인건비를 합쳐 연간 200억 원, 총 400억 원을 지원했다. 국회 교육위원회에 보고했을 때 교육위원들은 고등학생 대상 제2외국어 교사 양성을 1년간 해서 가능하겠느냐라고 의문을 제기했다. 해당 교사들이 기존의 독·불어 교사로 기본적으로 어학에 소질과 적성이 있고 1,250시간은 전공 학점 시간 수와 비슷하며 집중이수를 통해 가능하다고 설득했다.

2001년 3월 임시 교원양성소의 연수가 시작되었다. 연초에 200명 모집이 되지 않으면 어떡하나 고민했는데, 어떤 교육청은 할당된 인원을 늘려달라고 요구할 정도였다. 바쁜 업무 중에도 틈을 내어 두 대학을 다니면서 연수 과정을 살펴보고 연수 받는 교사들의 고충과 연수기관의 요구사항을 청취했다. 서울대에서 연수를 받는 서울 지역 교사들 외에는 전원이 월요일부터 금요일까지 기숙사에서 생활했다. 주말에는 연고지로 갔다가 월요일 연수기관으로 왔는데, 왕복 여비를 지원해 달라고 했다. 관련 지침을 들어 불가함을 설명하고 양해를 구했다.

본질적인 문제 제기와 건의가 있었다. 외국어인 만큼 전달 위주의 강의 외에 어학 실습이 필요하므로 일본과 중국 현지의 어학연수를 진행해 달라는 것이었다. 일리 있는 요청으로 판단하고 과장과 협의한 후에 서울 주재 일본과 중국대사 앞으로 어학연수 지원을 요청하는 공한을 발송했다. 왕복 항공료만 우리 측에서 부담하고 체재비를 포함하여 모든 연수 비용을 지원해 달라는 것이었다. 우리 고등학교에서 두 나라의 언어를 가르치는 교사 양성을 요청 명분으로 했다. 5월 하순 중국 대사관에서 4주간 산동성 제남대학에서 어학연수를 하도록 지원하겠다는 회신을 보내왔다. 일본 대사관은 회신은 없었지만, 부정적인 의견을 표명했다. 나는 일본 대사관 교육·문화 담당자를 만나 중국 측의 4주간 무상 연수 제공을 알려주면서 중국보다 몇 배나 잘사는 일본이 협조를 할 수 없다는 것이 이해되지 않는다고 말하면서 지원을 요청했다. 일본 담당자는 매우 정중하게 일본의 상황을 설명했다. 외국인 대상 어학연수는 도쿄와 오사카의 외국인 연수원에서 진행하는데, 매년 상반기에 다음 연도 일정이 확정되어 160명에 달하는 인원을 중간에 끼워 넣기가 불가능하다는 것이었다. 나는 일본의 사정과 처지를 이해하지만, 대승적 견지에서 다시 한번 재고해 달라고 부탁했다. 10월경 일본 측에서 오사카 외국인 연수원에서 세 차례로 나누어 15일간 연수를 할 수 있도록 지원하겠다는 회신을 받았다.

  나는 2002년 1월 처음으로 출발하는 일본 연수단과 동행해 현지 연수 과정을 살펴봤는데, 일본이 선진국임을 실감했다. 지원하기로 약속한 것 이상으로 깔끔하게 어학연수 프로그램을 운영했다. 연수 후반 3일은 도쿄 문화 체험이 있었다. 덕분에 오사카에서 신칸센을 타고 가서 도쿄를 구경하는 기회도 얻을 수 있었다. 중국 산동성 제남대학으로 간 중국어 연수생들도 오전에 수업받고 오후에는 대학 주변의 시장, 관광지를 둘러보고 체험하는 방식으로 진행하여 좋은 평가를 받았다. 체험 비용으로 대학에서 매일 한 사람당 100위안을 지급했다. 다음 해 감사원 감사에서 우수 정책 사례로 거론되어 교원양성 연수의 새로운 방향을 제시했다는 평가를 받았다. 이 지면을 빌려 당시의 기획예산처 관계자와 임시 교원양성소를 운영하느라 애써 주신 서울대학교 사범대학, 한국교원대학교 교직원분들께 감사드린다.

학교 모형 연구학교, 독도와 시드니 방문

2001년 1월 교육부는 교육인적자원부로 개편되고 부총리를 겸

하는 부서로 격상되었다. 정부 각 부처의 인적자원 개발을 총괄한다는 명분이었다. 작년 8월 문용린 장관이 물러난 이후 2명의 장관이 단명하고 1월 한완상 장관이 취임했다.

2001년 중반 학교정책실장을 통해 장관실의 업무 지시를 전달받았다. 장관께서 아이들이 학업과 놀이를 병행할 수 있는, 즉 인터넷이나 컴퓨터 게임을 하듯이 학습하는 방안을 마련해 보라는 것이었다. 닷컴 열풍이 불 정도로 온통 정보화 물결이 몰아치던 때였고, ICT(지식정보 기술) 활용 교육이 강조되던 시기였다. 이 업무가 내게 주어졌다. 과장, 연구관 등과 협의한 결과 가칭 지식정보화사회 학교 모형 연구학교를 운영하여 학교교육과정, 다양한 수업평가 방안을 연구·검증한 다음 일선 학교에 운영 방안을 제시하는 것으로 방침을 정했다. 3개월간의 짧은 기간 연구 용역을 의뢰해 학교 모형을 연구하도록 했다. 이를 토대로 수십 쪽에 달하는 지식정보화사회 학교 모형 연구학교 운영계획을 입안하여 장관 결재를 받고 11월 연구학교 공모를 했다. 기본계획에서 밝힌 연구학교의 주된 목적은 학교 정보화를 구축하고 이를 토대로 교육과정의 탄력적인 적용과 다양한 수업·평가 방안을 마련하는 것이었다. 여기에 학교 도서관의 접근성을 높이고 방과 후나 주말에도 도서관을 이용하도록 하는 것이 포함되었다. 연구학교 운영 기간은 3년으로 하고 시설 개선을 포함하여 운영비를 교당 최대 2억 원까지 지원하는 것으로 했다. 농촌, 소도시, 대도시 3개 유형으로 초등 10교, 중학교 10교 등 20교를 공모하였다. 연구학교 전 교사에게 승진 가산점을 부여하는 파격적인 조건도 추가되었다.

연구학교는 2002년 3월부터 운영되었다. 효율적인 운영을 위해 교사 워크숍을 개최하고 인터넷을 통해 운영방안을 공유하고 문제 해결과 정보 교환을 위한 소통을 원활하게 하도록 했다. 결과물은 나중에 학교 도서관 개선 계획에 반영되었고 인터넷과 컴퓨터를 활용한 다양한 수업 모델이 제시되어 학교 현장의 수업평가 방법 개선에 기여하였다. 이 일을 하면서 2001년 9월 팀장으로 온 신호근 교육연구관의 역할이 컸다. 신 연구관은 서울시교육청 장학사를 거쳐 중학교 교감을 역임한 후 교육부로 전직해 학교 교육과정 운영, 수업·평가, 학교생활기록부 업무 등을 총괄했다. 스마트하게 일을 처리했고, 학교교육의 지향점과 교육부·교육청의 노력과 지원 방향, 전문직원의 역할 등에 대해 탁월한 식견을 갖고 있었다. 또 교육부 정책이나 지침이 교육청과 학교 현장에 어떻게 전달되고 받아들여지는지에 대해 교육연구사들에게 많은 조언을 했다. 그와의 인연은 그가 2010년 3월 지병으로 사망할 때까지 계속되었다.

교육부 본부에서 근무하면서 다녀온 연수 중 기억에 남는 것이 APEC 공무원 교환연수와 해양수산부 주관 연수였다. 2000년 10월 하순 호주 시드니로 5박 6일간 APEC 국가 공무원 교환연수를 단독으로 다녀왔다. 시드니 한국 교육원에 근무하는 파견 교사의 세심한 일정 준비와 배려로 오전에는 사우스웨일스 교육청, 고등학교, 지역 도서관 등 기관 방문을 했다. 고등학교 방문 때는 마침

학생들이 우리나라의 수능과 같은 대학 입학 시험을 보고 있었다. 호주의 대학입시는 선택과목이 많아 거의 3주 이상 진행된다. 시험이 끝나면 바로 방학에 들어가서 우리나라와 같은 수능 이후 교육과정과 학사일정의 파행 운영과 같은 문제점이 없다고 했다. 업무 담당자인 나로서는 부러웠다. 고등학교 교사들 회의를 참관했다. 반바지 등 모두가 편안한 복장에 앉거나 서서 교장 얘기를 듣고 전달사항을 메모하는 등 매우 자유로운 분위기였다. 오후에는 현지 문화 체험으로 오페라하우스, 시드니 항구와 시가지, 시립 동물원을 둘러봤다. 주말에는 3시간 반 정도 버스를 타고 블루마운틴 공원을 둘러보고 왔다. 밀 농사, 목축업을 하는 넓고 여유 있는 공간이 펼쳐졌다. 도시 내에 소공원이 많았는데, 맑은 공기와 투명한 하늘로 눈이 시릴 정도로 청정한 풍광이었다. 정말 살기 좋은 지상낙원으로 여겨졌다. 안내해 준 선생님은 서울의 현직 고등학교 교사였다. 어떻게 시드니 한국 교육원에 근무하게 되었는지를 물어봤다. 이것이 내가 외국 근무에 관심을 갖게 된 첫 계기였다.

해양수산부 주관 연수는 수산 교과서 연구자와 집필자를 초대하여 진행한 연수였는데, 사회과 출신인 나도 참가할 기회가 주어졌다. 2001년 10월 하순 3박 4일 일정으로 부산항과 진해 해군사관학교, 저도의 대통령 휴양지를 둘러보고 울릉도, 독도를 탐방했다. 포항에서 1박 후 울릉도에 도착해 울릉도를 관광하고 다음 날 새벽 여객선을 타고 도동항 남쪽 10km 해상에서 군함에 승선했다. 여객선과 군함을 최대한 붙여 임시 다리로 건너가는데, 두 선박이 파도로 솟아오를 때는 부딪힐 정도로 가까웠고 파도가 내려갈 때는 그 간격이 몇 미터 정도로 넓어졌다. 아슬아슬하게 군함에 승선하여 독도 부근에서 소형 경비함으로 갈아탔다. 날씨가 좋고 바람이 없어 파도가 잔잔해 독도의 동쪽 섬에 오를 수 있었다. 바닷가의 계단과 오르막을 따라 올라갔다. 수평선 너머로 끝없이 펼쳐지는 동해 바다를 보노라니 가슴 깊은 곳에서 뜨거운 감동이 솟아나 한없는 희열을 느꼈다. 갈매기들이 우리를 맞아주었고, 한자로 쓴 한국령(韓國領) 표지판도 볼 수 있었다. 경찰 경비대가 있는 회의실로 가서 설명을 듣고 주변 바다를 조망했다. 경찰 간부가 우리를 환영하면서 한 인사말 중 지금까지 기억하는 말이 있다. "여러분은 정말로 복받은 분들이다. 여기 독도는 돈이 있고 뒷배가 있다고 해서 올 수 있는 곳이 아니다. 하늘의 날씨가 도와주지 않으면 절대 발을 들여놓을 수 없는 곳이다." 100% 공감했다. 우리나라 영토의 동쪽 끝에 발을 딛고 서 있으면서 뭐라 말할 수 없는 가슴 벅찬 감동이 밀려왔다. 모두들 비슷한 감정인 것 같았다. 50분 정도 체류하고 접안 장소로 내려와 동해항으로 입항했다. 다시 버스에 몸을 싣고 서울에 도착하면서 해양연수는 끝났다.

  2001년 5월부터 6월까지 사직동 서울시교육청 교육연수원에서 서울시 교감 연수 대상자들과 함께 자격연수를 받았다. 150여 명 중 차석으로 수료했다.

학술원 근무, 교육주재관 파견

2002년 9월 광화문의 교육부를 떠나 직속기관인 대한민국 학술원으로 전보되었다. 학술원은 서초동 국립 중앙도서관 뒤편의 조그마한 야산 아래에 위치해 예술원과 같은 건물을 쓰고 있었다. 학술원과 예술원은 원로 학자와 예술가의 업적과 노고를 기리고 예우하려고 5공 때 만든 기관이다. 내가 부임했을 때는 서울대와 고려대 의과대학 교수를 지냈고 한탄강의 유행성 출혈열 바이러스를 발견하고 예방 백신인 한타바이러스를 발명한 이호왕 박사가 학술원 회장이셨다. 유명한 철학자인 김태길 서울대 명예교수가 부회장이셨다. 학술원 정원은 150명이었고, 135명 내외가 회원으로 위촉되어 활동하셨다. 인문사회계열 5개, 자연과학계열 5개 등 총 10개의 분과가 있었다. 평소 신문이나 TV를 통해서만 볼 수 있었던 분들을 뵐 수 있었다. 두 달에 한 번 분과별로 정기회의를 개최하여 신입 회원 추천과 심사, 학술 연구 동향에 대한 정보와 의견을 나눴다. 분과 회의에는 학술원 직원들이 진행과 기록 등의 업무 지원을 한다. 9월 하순 열리는 학술원 정기총회 때 수여하는 학술원상 심사와 세미나 관련 준비를 했다.

직원은 학술원 사무총장을 포함하여 모두 20명 정도였다. 이중 연구사는 나 혼자였고, 외국 학술원과의 교류 협력 업무, 학술 행사 준비를 담당했다. 회장 명의의 서신을 영문으로 발송하고 외국 학술원 임원 방문 시 공항 영접과 안내 등을 지원했다. 9월 하순 정기총회 시 발표하는 논문들을 사전에 취합하여 책자로 제작하고 안내 팸플릿, 보도자료를 배포하는 일을 했다. 간혹 질병이나 노환으로 별세하는 학술원 회원의 부고 기사와 관련 자료를 언론사에 보내는 일도 했다. 영어 전공자인 전임 연구사가 잘 작성해 놓은 영문 편지를 참고해서 서한을 작성했다. 카투사로 근무하면서 익힌 영어로는 부족한 게 많았다. 근무하면서 대학 때 지리학사를 강의하셨던 이찬 선생님을 뵈었다. 지리학 분야의 원로로서 퇴직 후에 학술원 회원으로 선임되셨다.

정기총회를 끝내고 10월 하순 학술원 회원들의 중국 방문이 시작되었다. SK그룹의 협찬을 받아 중국 고대문화의 중심지인 서안(西安)을 거쳐 돈황(敦煌)을 다녀오는 일정이었다. 희망하는 회원 중심으로 두 팀으로 나눠 3박 4일 일정으로 다녀왔다. 나는 처음으로 중국을 방문했다. 당나라 시기 만들어진 장안성, 양귀비의 목욕탕이었던 화청지, 대자은사, 진시황 병마용을 둘러봤다. 진시황 병마용은 생동감 있게 흙으로 빚은 병사와 말, 전차 모습에 경이로움을 느꼈다. 규모도 엄청나게 컸다. 병마용 오는 황토 구릉은 온통 밀밭과 석류 농원이었다. 구릉의 절벽에는 아직도 혈거 생활을 하는 주민들의 모습을 볼 수 있었다. 서안 공항에서 작은 프로펠러기로 돈황에 도착했다. 승무원들이 운동복을 입고 있는 것이 생경하게 느껴졌다.

돈황은 하서주랑(河西走廊) 서쪽 끝의 사막에 위치한 도시로 한나라부터 중국이 서역과 교류할 때 관문 구실을 하던 곳이었다. 돈황에서 북서쪽으로 더 가면 투르판이 나오는데, 여기서 초원의 길인 천산북로(天山北路)와 비단길인 천산남로가 갈라진다. 다음 날 새벽 깜깜한데도 불구하고 주변이 시끄러웠다. 시민들이 출근하고 학생들이 학교에 가고 있었다. 북경 표준시로 8시 무렵이었는데 날이 밝을 생각을 안 했다. 중국은 동서로 5,000km가 넘는 나라임에도 불구하고 나라의 통일성을 유지할 목적으로 북경 표준시(우리나라보다 1시간 늦음) 하나를 사용하고 있다. 분열을 막고 체제 유지를 위한 노력의 일환이라 이해하지만, 일반 시민들의 생활은 아주 불편할 거라는 생각이 떠나지를 않았다. 돈황에서 우리나라 신라의 고승인 혜초가 인도를 방문하고 돌아와서 쓴 왕오천축국전이 보관되어 있던 장경동이 있는 막고굴(莫高窟)을 방문했다. 한국말이 유창한 중국 안내원의 설명을 듣고 장경동과 몇 개의 석굴을 둘러보고 사막 오아시스인 월아천(月牙泉)을 방문했다. 월아천 부근 모래산은 명사산(鳴沙山)으로 모래가 바람에 서로 부딪혀 소리가 난다는 산이다. 월아천 입구의 누대에 올라 월아천 전체를 조망하고 한 바퀴 둘러보고 나왔다. 오아시스 호수 주변으로는 갈대가 자라고 있었다. 시장에서 돈황의 특산물인 건포도와 건살구를 샀다. 당도가 정말 높았다. 지하수를 이용해 포도, 살구 등 과수 재배를 하는데, 청정한 공기와 강렬한 햇살이 천연의 단맛을 선사한 것이다.

2003년 5월에는 학술원 회장, 부회장을 모시고 인도네시아 발리의 SCA 학술행사를 다녀왔다. SCA는 Scientific Conference of

Asia, 즉 아시아학술회의를 뜻하는 말이다. 이 행사는 일본 학술원의 재정 지원으로 SCA 회원인 아시아 국가를 순회하면서 매년 개최되는 학술행사이다. 2004년 5월 차기 학술회의가 우리 학술원 주관으로 개최될 예정이어서 실무 준비를 위해 참석하게 된 것이다. 발리의 바닷가를 낀 쾌적한 호텔에 머물면서 일본 학술원 관계자와 인사하고 행사 준비를 위한 예산, 일정 등의 협의를 했다. 발리는 힌두문화 유적이 많이 남아 있는 곳이다. 바닷가 고급 호텔, 상류층 거주지와 더불어 저소득층이나 빈민들의 생활공간이 같이 있는 이중 사회(Dual Society)의 전형을 볼 수 있었다. 대체로 아시아, 아프리카, 중남미의 식민지 지배를 받은 사회에서 잘 나타나는 모습들이었다. 2박 3일간의 학술행사를 마치고 다음 행사 준비를 어떻게 하나라는 생각에 조금은 무거운 마음으로 귀국했다.

   6월 말 교육부 본부로부터 중국 상해영사관[*]에서 영사로 근무할 교육주재관 공모를 안내하는 공문이 왔다. 당시 교육부 출신 교육주재관은 전 세계 공관에 12명이 있었다. 미국 2명, 일본 5명, 중국 1명, 독일 1명, 프랑스 2명, 러시아 1명 등으로 일반 행정직원 6명, 전문직원 6명이었다. 대사관이나 영사관에 근무하는 우리 외교관 중 외교부가 아닌 일반 부서 출신이 상당수 있다. 중국 지역과의 경제사회 교류가 늘어나고 유학생이 급증하면서 외교부는 독일 대사관의 교육주재관을 상해영사관으로 임지 변경을

---

*   정식 명칭은 주상해대한민국총영사관이나 상해영사관으로 약칭한다.

했다. 여기는 전문직원이 나가는 자리여서 총무과에서 중국어 전공자를 대상으로 모집 공고를 냈다. 지원자가 아무도 없어 7월 초 영어 전공자도 가능하다고 공문이 다시 왔다. 공문을 읽어보기만 하고 관심을 두지 않았다.

며칠 후에 교육부 인사 담당자가 전화를 했다. 나는 교육연구관이 아니므로 해당 사항이 없지 않으냐고 하니 승진 후보자도 가능하다고 했다. 기대하지 않는 심정으로 지원서를 내고 기획관리실장, 학교정책실장, 총무과장 등이 참석한 가운데 면접을 봤다. 면접 대기실에는 나를 포함하여 교장, 장학관 등 5명이 있었는데, 나보다 연배가 최소 10살은 더 위로 보였다. 별로 어렵지 않게 면접을 치렀고 합격했다는 연락을 받았다. 외교부 면접을 봐야 하는데, 토플(TOEFL)이나 텝스(TEPS) 등 영어 공인 점수가 있는지 인사 담당자가 물어왔다. 전에 시드니를 다녀온 이후 영어권 한국 교육원에 관심이 있었고 박사논문 제출 자격시험을 위해 틈나는 대로 영어를 공부하고 텝스 시험을 봤었다. 텝스 성적표를 제출하고 외교부 영어 테스트를 면제받았다. 외교부의 면접도 그리 어렵지 않게 통과했다.

학술원 회장과 사무국장께 결과를 말씀드리고 8월 말 후임자가 올 것이라고 얘기했다. 환송 만찬을 베풀어 주시면서 못내 서운해하셨다. 내년 봄 SCA 학술행사를 준비해야 할 실무자가 중간에 교체되었으니 아쉬울 만했다. 외국 파견 근무를 하게 된다는 사실을 안 회원들이 그동안 수고 많았다며 자신의 책을 주거나 열심히 하라고 격려해 주었다. 9월 3일 교육연구관으로 승진하고 노무현 대통령 명의의 임명장을 받았다. 9월 말까지 학술원에 소속되어 중국어 학원을 다니면서 비자 신청 등 부임 준비를 했다.

II
중국 지역 재외국민교육

1. 상해영사관 교육영사
2. 북경한국국제학교 교장
3. 산동성 웨이하이한국학교 개교

1. 상해영사관 교육영사

상해의 첫인상, 업무 인수, 학교폭력 사건

2003년 10월 1일 인천공항을 출발해 약 2시간 후 상해 포동(浦東)공항에 도착했다. 가족들은 서울 집을 정리하고 한 달 후에 오기로 하고 혼자 부임했다. 외교부를 통해 신청한 외교관 복수비자가 늦게 나와 9월 29일 중국 국경절 만찬장에서 중국대사관 교육처 직원을 만나 비자가 나온 여권을 받았다. 공항에 마중 나온 총무영사의 안내를 받아 숙소인 상해 홍교반점(Rainbow Hotel)에 여장을 풀었다. 공항에서 호텔까지 약 1시간 정도 영사관 차량인 밴을 타고 오는데 왕복 12차선에 달하는 외부 순환도로가 인상적이었다. 시내로 접어드니 높은 건물들과 번화한 거리로 활력이 넘쳤다. 중국의 경제 중심지다웠다.

중국은 등소평의 개혁개방정책으로 죽의 장막을 걷어내고 외국과 활발한 경제사회 교류와 협력을 통해 경제발전에 매진해 왔다. 그 중심이 '용의 머리'라 불린 상해였다. 중국 중부를 동서로 횡단하는 장강이 용처럼 생겼고 바다에 인접한 상해가 그 머리에 해당된다. 상해의 한자어인 上海도 바다에 올라 나가자는 의미다. 상해는 등소평의 개방정책과 선부론(先富論)에 힘입어 외국인과 외국기업의 투자를 유치해 각종 제조업, 금융과 물류, 무역의 중심지로 성장했다. 황포강 동쪽의 포동 지구는 뉴욕, 도쿄의 첨단 비즈니스 지구의 경관과 다를 바가 없었다. 또 상해는 대한민국임시정부가 1919년 수립되어 윤봉길 의사의 홍구공원 의거 때까지 독립운동가들이 활동했던 독립운동의 터전이었다. 일제 강점기 이전부터 프랑스 등 주요 국가의 공동 조계지를 중심으로 우리 교민들이 거주했고 활동했다. 당시 교민 자녀 교육을 위해 상해교회를 중심으로 여운형, 선우혁 등이 상해 기독교 소학교를 1916년 개교했다. 다음 해 인성학교(仁成學校)로 개명하고 임시정부 산하의 교민 교육기관으로 1936년까지 운영했다. 일제 패망 후 다시 문을 열어 1981년 학생 수가 줄어 폐교할 때까지 운영하였다. 여운형 선생이 교장을 맡았고, 김규식 선생이 영어를 가르쳤다. 상해는 이처럼 우리나라의 현대사와 떼려야 뗄 수 없는 곳이다.

중국과 우리나라는 6.25 전쟁 3년 동안 적대국으로 전쟁을 한 나라이다. 지금도 중국은 6.25 참전을 항미(抗美) 보가위국(保家衛國) 전쟁이라 부른다. 88년 서울올림픽 참가 전에는 우리와 특별한 교류가 없었다. 서울올림픽 이후 동서냉전이 완화되면서 추진된 노태우 정부의 북방정책에 따라 헝가리와의 수교를 시작으로 공산주의 종주국 소련과도 외교관계를 수립하게 되었다. 마침내 92년 8월 중국과 외교관계를 수립해 북경에 대사관이 설치되고 이듬해 상해에 교민 보호와 경제사회 교류를 위한 영사관이 개설되었다. 상해영사관은 1시 3성, 즉 상해시, 강소성, 절강성, 안휘성을 관할한다. 값싼 노동력을 활용하고 거대 시장을 선점하기 위해 우리나라 기업의 투자가 폭발적으로 늘어나면서 2000년대 중반 상해에는 유학생을 포함하여 5만 명 이상의 우리 교민들이 거주하였다. 연변 지역에 있던 조선족의 이주도 늘어나서 상해 곳곳에는 한국 상점과 한국인 주거지가 많이 생겨났다. 교민과 유학생이 급증하면서 교육 관련 업무도 크게 늘었다. 99년 9월 상해한국학교가 개교했고, 어학연수생을 포함하여 학부와 대학원에 다니는 유학생이 상해에만 4천 명이 넘었다. 이 상황에서 외교부는 교육주재관을 증원할 수 없어 독일 대사관의 교육주재관 임지를 상해영사관으로 변경했다. 내가 초대 교육주재관으로 부임한 것이다.

총무영사는 10월 1일부터 7일까지 국경절 연휴이므로 영사관도 휴무여서 부동산 중개인을 소개해 줄 테니 집을 구하라고 말했다. 호텔 안에 한국 식당이 있어 큰 불편이 없었다. 다음 날부터 부동산 중개인과 이틀 정도 집을 보러 다닌 끝에 영사들이 거주하는 아파트 단지의 1층으로 정했다. 비교적 큰 규모의 쾌적한 아파트였는데, 전기 제품, 가구와 주방 용품이 갖춰진 임대 전용 집이었다. 난방은 온돌이나 보일러가 아닌 공조기로 하도록 되어 있었다. 당시 상해에는 한국식 보일러가 일부 보급되기 시작했지만, 대부분의 집들이 북방과 달리 난방시설이 없었다. 첫 겨울 상해의 흐리고 부슬비 내리는 으스스한 추위에 고생했다. 기온이 영하로 떨어지지 않는데도, 뼛속까지 스며드는 냉기로 젊은 사람들도 3월 말까지 내복을 입어야 했다. 집 안에 들어와 난방기를 가동해도 집 전체를 따뜻하게 하는데 한계가 있었다.

호텔에서 묵다가 10월 8일 영사관으로 출근해 박상기 총영사께 신고하고 다른 영사들 방을 다니면서 서로 인사를 나눴다. 외교부 출신인 전임자로부터 업무 인계를 받았다. 교육에 대해 문외한이어서 고생했다고 하면서 한시름 놓았다는 표정과 말투였다. 가장 시급하고 중요한 일은 상해한국학교 부지 확보 및 교사(校舍) 신축이었다. 이미 2002년 교육부로부터 총공사비 700만 달러(정부 지원금 490만 달러, 교민 모금 210만 달러)의 교사 신축 및 이전 계획을 승인받았다. 정부 지원금 490만 달러를 2002년부터 3년에 걸쳐 교부될 예정으로 2002년분은 이미 영사관 계좌로 입금되었다. 재외한국학교 운영 규정은 학교 건물을 임대할 경우 임대료의 70%를 정부가 지원하고 신축은 총비용의 50%를 지원하도록 하고 있다. 나머지는 학교 부담이다. 현지 사정에 따라 정부 지원 비율이 상향될 수 있다. 앞으로 2년 내에 학교 신축이 진행되지 않으면 정부 지원금을 반환해야 되었다. 학교 측 부담은 학교법인, 상해한국상회가 중심이 되어 모금 활동을 하고 있었다. 학교법인 이사장을 상해한국상회 회장이 겸직하고 있었다. 대기업, 중소기업, 교민들을 상대로 한 모금 운동이 지속되었고, 상해를 방문한 주요 정치인, 공무원 등도 모금에 참여했다. 그 외 유학생 관리, 한글주말학교, 교육계 교류 협력 등이 내가 해야 할 일이었다.

재외한국학교 설립과 운영은 국내의 사학처럼 학교법인이 하도록 하고 있다. 다만, 설립 시 교육부가 승인한 법인 정관에 따라 학교장은 교육부가 선발하여 파견한다. 교사 선발이 어려운 학교는 교사도 교육부에서 파견한다. 학교장은 법인 이사회의 당연직 이사를 맡도록 되어 있다. 교육부가 교과서를 무상으로 전부 공급하고 학교 운영비의 30~50% 정도를 예산으로 지원한다. 대다수 학교법인의 재정이 열악하여 학교 운영비, 즉 교비로 전출되는 법인 지원금은 거의 없다. 설립 시에 필요한 자금을 마련한 이후에는 수업료, 정부 지원금에 의존해 학교를 운영하는 실정이다.

대략적인 업무 파악 후에 나는 민행구(閔行區) 칠신로(七莘路)에 있는 상해한국학교를 방문했다. 개교 4년 차의 학교는 초등 1학년부터 고3까지 운영하고 있었다. 교장선생님이 반갑게 맞아주었다. 교장의 안내로 학교를 둘러보고 교직원들께 인사했다. 학교 운영의 어려움을 토로하는 교장의 말을 듣지 않아도 학교의 낡은 시설과 초라한 모습에 적잖이 실망했다. 중국학교가 다른 곳으로 옮겨가면서 그 교사와 운동장을 사용하고 있었다. 나는 학교법인 이사, 학교운영위원회의 운영위원을 맡도록 되어 있었다. 운영위원은 다음 해 3월까지만 했다. 학교를 지원하고 감독하는 교육영사가 운영위원을 맡는다는 것이 적절하지 않아서다. 법인 이사회는 이사장이 운영하는 회사의 회의실에서 열렸는데, 학교 예결산 승인, 교직원 채용 승인 등을 처리했다. 가장 중요한 일은 학교 신축을 위한 부지 확보와 모금이었다. 부임 이후 첫 번째 열린 이사회에 전임자와 같이 참석했다. 전임자가 그때까지 진행된 부지 확보 상황을 설명했다. 학부모와 교민이 다수 거주하는 민행구에 부지 제공을 요청한 결과 외부 순환로[外環線]에 인접한 녹지를 제공할 수 있다는 것이다. 다만, 녹지에 학교 건물을 지을 수 없으므로 민행구(閔行區)와 영사관이 협력하여 해당 녹지의 용도 변경을 추진하자고 제안했다는 것이다.

이후 상해유학생총연합회(상총련으로 약칭) 임원진을 만나고 상해, 의오(義烏), 합비(合肥)시에 있는 한글 주말학교를 방문하거나 전화로 실태 파악을 했다. 12월 하순 상총련 주관으로 유학생 송년의 밤 행사에 초대를 받아 참석했다. 행사장은 상해의 복단대학 근처 클럽이었다. 우리말 간판으로 식당, 당구장, 오락실, 주점, 숙박시설 등이 즐비했다. 유학생들이 중국어를 못해도 얼마든지 지낼 수 있을 것으로 여겨졌다.

11월 초순 가족이 상해에 도착했다. 새로 구한 아파트에 도착하니 아내와 애들이 환호성을 질렀다. 서울의 작은 아파트에서 생활하다가 넓은 집에 오니 좋았던 것이다. 마침 11월은 상해 기후가 맑고 온화한 날씨에 습도가 낮아 생활하기 가장 좋을 때여서 더 그랬다. 저녁은 관리사무소가 운영하는 단지 안의 식당에서 중식으로 했다. 단지 안의 편의시설을 같이 둘러봤는데, 나도 처음이었다. 식당 외에 수영장, 헬스장, 사우나 시설, 이발소까지 있었다. 다음 날 바로 상해한국학교로 가서 전입학 수속을 마치고 다음 날부터 등교했다. 큰애는 초등 6학년, 작은애는 3학년으로 전입했다. 다른 영사들이 내가 왜 자녀를 국제학교에 보내지 않고 한국학교에 보내는지 의아해했다. 상해한국학교를 지원하고 관리하는 교육영사가 자녀를 국제학교에 보내서는 안 되지 않느냐고 말하면서 이해를 구했다.

아파트 단지 안으로 등하교 시 국제학교 스쿨버스가 들어와 학생들을 태우고 내려주었다. 관리사무소 직원이 우리 애들의 학교를 묻길래 상해한국학교라고 얘기하니 처음 듣는 학교로 스쿨버스가 들어오지 않는다고 했다. 승하차 지점을 학교에 문의하니 아파트 근처 상해 동물원 앞이라고 했다. 둘이 같이 하교하는 날이 많아 애 엄마가 처음 몇 번은 마중을 나가다가 나중에는 애들 스스로 왔다. 어느 날 3학년에 다니는 작은애 혼자 집에 오다가 내려달라는 중국 말을 못 해 버스에서 못 내리고 당황해 울먹였던 모양이다. 기사와 안내원 모두 중국인이어서 우리 말이 전혀 통하지 않은 것이다. 하차 지점이 종점이어서 학생들이 없어 도움을 받지 못하고 겨우 집으로 왔다. 기초 생활 중국어 습득을 서둘렀다. 중국어 개인 교습을 맡아 줄 과외 선생을 수소문 끝에 소개받아 12월 집에서 애들부터 중국어 공부를 시작했다.

부임한 지 얼마 안 되어 학부모 두 분이 찾아왔다. 2003년 하반기 상해중학* 국제부에 다니던 한국 여학생 간에 폭력 사건이 발생하였다. 후배 학생이 선배 학생에게 인사를 하지 않고 건방지게 군다고 집단으로 선배 학생들이 후배 학생을 때린 것이다. 학교 측에서는 처음에 학생들 간의 사소한 다툼으로 여겨 넘어갔는데, 피해 학생 학부모가 학교 측의 불성실한 대응에 불만을 품고 교장실로 찾아가 항의를 한 것이다. 교장은 전혀 모르고 있던 사실이었다. 상해중학은 상해의 최고 명문 고등학교이다. 학교의 위신을 실추시켰다고 판단한 교장이 가해 학생들을 퇴학시키려고 해서 영사관에서 문제를 좀 해결해 달라고 찾아온 것이었다. 졸업을 한 학기 앞둔 상태로 어디 다른 학교로 전학 가기도 쉽지 않았다. 상해중학을 방문하여 교장을 면담하고 한국에서 선후배 간의 관계와 양국의 문화적 차이 등을 설명하고 학생들의 장래를 고려하여 선처를 요청했다. 다행히 받아들여져 무사히 졸업하고 대학 진학을 하게 되었다.

  2004년 1월 5일부터 1월 말까지 연수를 받으러 일시 귀국 했다. 매년 초 외국 공관에 나가는 주재관들에 대한 연수를 하는데 나는 중간에 나가게 되어서 연수를 받지 못한 것이다. 외교안보연수원에서 외교관 소양과 역할, 업무처리, 주재국과의 관계 설정과 협력 증진 등 다양한 내용으로 진행되었다. 국가정보원에 가서 안

---

* 중국의 보통교육 학제는 우리나라의 초등학교인 소학교 6년, 중학교인 초급 중학 3년, 고등학교인 고급 중학 3년으로 이루어져 있다. 중국에서 중학 또는 중학교는 통상적으로 우리의 고등학교를 말하는 것이다.

보교육을 이수했다.

상해한국학교 신축 이전, 시험지 유출

　상해로 귀임하여 밀렸던 업무를 처리하고 학교 신축을 위한 부지 확보 방안을 궁리하였다. 상해시 도시계획국 담당 처장을 면담하여 협조를 요청하고 총영사의 도시계획국장 면담을 수행했다. 3월 초 학교가 개학을 하고 학부모총회 등이 열리면서 학부모 대표들이 학교 신축 현황에 관해 설명을 요청했다. 민행구와의 협의 등 그때까지의 진행 상황을 설명했다. 이때 어떤 학부모가 교육영사 자제는 어느 학교에 다니냐고 물었다. 둘 다 상해한국학교에 다닌다고 하니 학부모들의 표정이 신뢰하는 모습으로 바뀌었다.
　모금 활동이 다양하게 진행되었다. 대기업인 LG, POSCO, SK는 10만 달러를, 대한항공, 까사미아 등은 1만 달러 이상을 기부했고 중소기업, 교민, 학생들이 십시일반 동참했다. 대학 동문회, 해병대 전우회 등도 5만 위안 이상을 기부했다. 기부자 명단은 교민이 발행하는 상하이 저널에 실어 동참 분위기를 높여나갔다. 민행구 장진 부구청장을 두 차례 만나 부지 문제 해결을 요청했지만, 진전이 없었다. 민행구가 소개한 외환선 부근의 부지는 중국 국무원에서 상해시 환경보호를 위해 수년 전 녹지로 묶었기 때문에 영사관이 나서도 해결할 수 없다고 부동산 관계자가 전해주었다. 5월경 상해에 주재하는 연합뉴스 특파원이 「상해한국학교 신축 지지부진, 부지 확보도 못 해」라는 제목의 기사를 실으면서 영사관 입장이 더욱 난처하게 되었다. 총영사도 애가 탔다.

이 무렵 최기선 인천시장이 상해시를 방문하여 양웅(楊雄) 부시장을 면담하게 되었다. 총영사와 내가 배석했다. 1시간의 면담 시간 중 우리에게 10분 정도 시간이 할애되어 박상기 총영사가 부시장에게 상해한국학교 신축 필요성과 추진 경과를 설명했다. 부지 확보를 못 해 여러 가지 곤란한 상황이니 도와달라고 강력히 요청했다. 며칠 후 상해시 도시계획국에서 만나자고 해서 가니 민행구 도시계획국 처장도 와 있었다. 상해시 도시계획국장이 그동안의 진행 경과에 대한 설명을 듣고 민행구 처장에게 언성을 높였다. 민행구가 제공하려는 녹지는 용도 변경이 되지 않는 것으로 영사관을 이용해 땅을 팔아먹으려 했던 의도가 드러난 것이다. 도시계획국장은 민행구가 학교를 지을 수 있는 부지를 내놓으라고 요구했다. 총영사를 면담한 상해시 부시장은 도시계획 담당 부시장으로 총영사가 여러 차례 학교 부지를 거론하자 담당 국장에게 알아보고 협조하라고 지시한 것이었다. 민행구에서 화조진(華漕鎭) 연우로(聯友路)에 있는 부지 45무(畝)를 제시했다. 1무는 약 660㎡이다. 근처에는 미국 국제학교, 대만학교 등이 있었다. 법인 이사, 학부모 대표, 교직원이 부지를 답사하고 교민 거주지와 좀 떨어져 있다는 점 외에는 별다른 의견 없이 만족감을 표명했다.

부지 후보지로 확정하고 화조진 진장, 실무자와 토지 가격 협상에 들어갔다. 중국은 개인이나 기업의 토지 소유가 금지되어 있으며, 토지의 용도에 따라 지상권을 거래한다. 주택과 교육 부지는 50년, 공장 용지는 70년간 지상권을 행사할 수 있다. 집단 농장 소유의 토지는 정부기관이 국유로 전환한 다음 수요자에게 지상권을 매각하고 일정 금액을 농민들에게 보상한다. 중국 경제가 90년대 이후 급성장하면서 공장, 상가, 주택 등의 토지 수요가 급증하였다. 이를 틈 타 많은 지방정부가 땅장사를 했다. 이 과정에서 지방정부가 자기들이 매각한 금액보다 농민들에게 보상금을 적게 지급함으로써 불만을 가진 농민들 시위가 종종 발생하기도 했다.

2004년 12월 말 학교법인 이사장과 화조진 진장이 50년간 토지를 개발하고 사용할 수 있는 토지 거래 계약서에 서명했다. 부총영사와 민행구 부구청장이 연대하여 보증인으로 참여했다. 마침내 그토록 원하던 학교 부지를 확보한 것이다. 정부 지원금이 490만 달러에 달하고 교민 모금으로 진행되는 사업인 만큼 영사관 중심으로 사업을 진행하는 것이 좋겠다고 총영사가 지침을 주었다. 상해한국학교법인 산하에 학교건축위원회를 설치했다. 상해농심 김승희 총경리가 위원장, 극동건설 정태상 상해법인장이 부위원장을 맡아 수고를 해주었다. 학교장, 건축업에 종사하는 기업인, 부동산 중개인 등이 위원으로 참여했고 내가 간사를 맡았다. 일주일에 한 번 이상 회의를 하면서 신축 규모, 설계와 건설사 선정, 기성금 지불 등 주요 안건을 처리했다.

학교건축위원회 위원인 건축 전문가들의 의견에 따라 CM(Constructon Management)을 두어 건축 실무와 감리를 맡도록 했다. 학교 건축은 설계, 시공, 감리로 이뤄지고 단계마다 정부기관의 인허가 등 대관업무와 설계 및 시공사 관리를 잘해야 한다. 건축위원회 위원들은 소속 직장이 있어 전적으로 일을 맡기가 어렵고, 또 구체적인 실무는 자신들도 쉽지 않다는 것이다. 교육영사가 설계나 시공 등을 관리한다는 것도 불가능했다. CM은 건축주를 대신하여 설계와 시공업자 선정, 감리 업무를 총괄한다. 당시 상해에 갓 진출한 한국계 회사인 한미파슨스가 CM으로 선정됐다. 학생 수 1,500명 규모로 4층 교사, 기숙사, 체육관 겸 강당을 건축하기로 했다. 부지가 45무, 약 30,000㎡에 달해 운동장, 소규모 놀이터, 주차장 등 여유 있는 부대시설을 갖추도록 했다. 기숙사 건축 여부를 두고 논란이 있었다. 모금할 때 소주 곤산 지역의 교민 자녀들이 상해한국학교에 다닐 수 있도록 숙소를 제공하겠다고 처음에 약속한 것을 지켜야 한다는 의견이 우세해 짓기로 했다. 소주 곤산 지역 교민들이 모금에 많이 참여했다. 하지만 2006년 9월 완공 이후 기숙사 이용을 신청한 학생이 극소수여서 소회의실, 동아리실 등으로 이용했다.

    CM이 활동하면서 학교 신축은 본격적인 궤도에 오르기 시작했다. 토지 사용 허가증, 학교 건축 허가증을 상해시로부터 교부받았다. 그 외 무수히 많은 복잡한 인허가 과정이 있었다. CM이 처리하기 어려운 상해시 정부 상대의 대관 일은 내가 나서서 해결했다. 학교 신축 규모를 확정하고 설계 공모를 했다. 교직원, 학부모를 상대로 교실 배치, 회의실, 도서관, 체육관 등 각종 요구사항을 받아 설계에 반영했다. 당시 상해에 우리나라 설계회사가 없어 중국 설계회사가 참여했다. 선정된 설계도에는 E 자형의 서로 연결된 3개 동의 교사에 기숙사, 체육관이 담장을 따라 선형으로 배치되는 형태였다. 도서관과 관리동은 중정과 함께 반달 모양으로 자리 잡았다. 운동장은 중앙에 위치했고, 정문으로 들어와 교사 뒤편과 기숙사, 체육관을 따라 일방통행 도로를 만들도록 했다. 등하교 시 삼십 대 이상의 스쿨버스 정차를 위한 공간이었다. 확정된 설계에 따라 시공사 공모 입찰에 들어가 중건 7국을 시공사로 선정했다. 중건은 중국건설집단유한공사로 국영기업이다. 7국은 절강성 항주에 본부를 두고 있었다.

마침내 2005년 5월 12일 신축 기공식을 가졌다. 시공사는 제일 먼저 근로자 숙소로 이용하려고 기숙사 건물을 완공했다. CM사 직원이 현장에 상주하면서 시공 현장과 과정을 관리했고, 나는 한 달에 두세 번 현장을 방문해 공정을 확인했다. 건축위원회 심의를 거쳐 시공 단계마다 기성금을 학교에서 지불하도록 했다. 영사관이 보관하던 정부 지원금을 학교 계좌로 입금토록 조치했다. 몇 가지 행운이 있었다. 2002년 교육부가 학교 신축 및 이전 계획을 승인할 때 정부 지원금 490만 달러를 원화로 예산에 반영했다. 그런데 원화 환율이 2004년까지 내려가 최종적으로 정부 지원금 540만 달러를 받게 되었다. 하나은행 회장이 상해를 방문하면서 학교 신축에 대한 얘기를 듣고 모금에 관심을 가졌다. 30만 달러를 기부하는 조건으로 학교 체육관 이름을 '하나 으뜸 체육관'으로 하고 하나은행 로고를 붙이도록 하는 것이었다. 건축위원회에 보고하고 법인 이사장의 동의를 얻어 30만 달러를 받았다. 이 소식이 전해지자 이번에는 금호 아시아나에서 그룹 회장이 음악에 관심이 많아 음악당 입구에 '금호 아시아나 음악당' 현판을 붙이는 조건으로 15만 달러를 기부하겠다는 것이었다. 이번에는 논란이 되었다. 이미 SK, LG, POSCO 등 주요 대기업들이 아무런 조건 없이 10만 달러를 기부했는데, 15만 달러를 내고 금호그룹이 들어간 현판을 건다는 것은 형평에 맞지 않다는 것이다. 현판의 크기와 위치를 조정하고 해당 금액을 받기로 했다. 3년 이상 모금운동이 진행된 피로감으로 모금 실적이 둔화되고 건축비가 예상보다 많이 늘어난 상황이었다.

가슴 철렁한 사건도 있었다. 2005년 하반기부터 국제 구리 값이 급등하기 시작했다. 전선을 학교에 보관하고 있었는데, 구리 도둑이 들어와 훔쳐 가고 심지어 이미 가설한 전선도 잘라가는 일이 발생했다. 경비 인력을 늘려 감시를 강화했지만, 도난 사건은 끊이지 않았다. 시공사에서는 구리 가격이 인상된 만큼 시공비를 추가로 요구했지만, 이미 계약한 금액 이상은 불가하다고 수용하지 않았다.

| 상해한국학교 전경(출처: 나무위키(namuwiki))

2006년 8월 교사와 부속 건물, 운동장 등의 학교 신축 공정이 완료되었다. 준공검사를 신청하고 임시로 건물 사용승인을 얻어 새 교사에서 2학기 개학과 수업을 시작하게 되었다. 교직원, 학부모 모두 쾌적한 학교시설에서 학생들이 공부하고 셋방살이에서 벗어나게 되었다고 좋아했다. 임무를 완수했다는 생각에 감개무량했다. 11월 2일 교육부 국제교육정보화국장과 총영사, 민행구 관계자가 참석한 가운데 학교 신축 준공식이 열렸다. 유공자에 대한 교육부장관 표창과 감사장이 수여되었다. 4년간의 대역사가 마무리되었다. 2007년 1월 열린 졸업식에 참석한 김양 총영사가 축사를 끝내면서 나를 학생과 학부모들에게 "학교를 신축하고 이전하는 데 주도적인 역할을 한 분이다."라고 소개했다. 2월 이임하기 직전 학교를 방문하여 백송 한 그루를 심으면서 학교의 무궁한 발전을 기원하고 또 기원했다.

이 자리를 빌려 상해한국학교 신축 이전을 위해 도움과 지원을 아끼지 않은 분들에게 진심으로 감사드린다. 대한항공 김종훈 상해본부장, 상하이 세정 국제무역유한공사 강동한 사장, 한국타이어 韓泰輪胎有限公司 한영길 동사장, LG상사 전성진 부사장 겸 중국본부 본부장, LG생활건강 김재천 중국법인장, POSCO 장가항 이태환 법인장, SKC 이종산 중국본부 본부장, Spirax Sarco 중국유한공사 장욱 총경리, 대한무역진흥공사(KOTRA) 이효수 상해본부장, 대한무역협회(KITA) 송창의 상해지부장 등등. 이분들과 지금도 교류하고 있다. 박상기 총영사도 2005년 8월 이임할 때까지 학교 신축을 위해 지원을 아끼지 않았다. 박 총영사의 제안으로 경제 분야 영사들이 중심이 되어 상해에서 기업 운영과 투자를 계획하고 있는 사람들을 위한 안내서인 『메갈로 폴리스 상하이』를 발간했다. 책을 만들면서 염두에 둔 목적대로 판매 수익금과 인지대를 합쳐 한화 약 700만 원을 학교 신축 기금으로 기부했다.

상해한국학교는 개교 이후 학생 수가 지속적으로 증가하고 교직원도 늘어났다. 우리나라와의 경제사회 교류 협력 증대로 교민이 늘어났기 때문이다. 입학 조건은 여행 등 일시 방문이 아닌 현지에서 생활하고 취업비자(Z비자)를 가진 교민 자녀로 한정했다. 학사일정은 국내 학교와 같이 3월 입학, 2월 졸업이다. 교육과정은 우리나라 교육과정을 준용하여 국내 학교와 큰 차이가 없었는데, 영어, 중국어 등 외국어 수업 시수가 많은 것이 특징이다. 대부분 특례입학 형태로 국내 대학에 진학했다. 부모와 함께 고등학교 1

년 과정을 포함하여 2년 이상 해외 학교에서 수학해야 하는 것이 특례입학 기본 요건이다. 지금도 재외국민 대학 특례입학 제도가 유지되고 있는데, 입학 정원의 2%를 선발하고 있다. 12년 초·중·고 과정을 한국학교 등 해외 학교에서 이수하면 외국인 전형과 같은 방식인 정원 외로 선발하고 있다. 미국 국제학교 등 상해에 있는 국제학교를 다니다가 고등학교 1학년이나 2학년 때 상해한국학교로 전학을 오는 학생도 상당수 있다.

청소, 급식, 차량 등 시설관리 직원들은 조선족을 포함하여 모두 중국인이다. 행정실 회계 직원과 교원 대부분은 한국인이다. 교원은 파견과 현지 채용으로 구분된다. 학교장을 포함하여 5명의 교원이 정부 파견 공무원이었다. 상해 현지에서 채용되는 교원은 소수이고 국내 학교에서 고용휴직을 하고 임용되는 현지 채용이 대부분이다. 파견 교원과 현지 채용 교원은 임용 방식 외에도 급여에서 차이가 많았다. 파견 교원은 국내에서 받던 급여 외에 파견수당을 받았고, 주택임대료도 정부에서 지원받아 비교적 풍족하게 생활했다. 반면 현지 채용 교원은 상해한국학교에서 주는 봉급과 주택임대료로 생활해야 했다. 수업과 업무에서 비슷한 일을 하는데, 봉급은 차이가 커 갈등이 생길 수밖에 없었다. 또 현지 채용 교원은 최초 계약 기간인 2년 후에는 1년 단위로 재계약을 하는데, 학교장의 평가가 법인 이사회의 승인을 받는 데 절대적인 영향을 끼쳤다. 매년 하반기 재계약을 둘러싸고 말들이 많았다.

2005년 10월경 상해한국학교에서 시험지 유출 문제가 발생했다. 현지 채용 교사가 문제를 제기했는데, 이에 동조한 학부모 일부가 가세해 '상해한국학교를 사랑하는 학부모 모임'이라는 명의로 교육부에 민원을 제기했다. 영사관에도 당연히 민원이 제기됐다. 민원 내용은 학교장이 자녀의 학교 성적을 올리기 위해 시험 문제를 유출했다는 것이다. 전년도 성적과 금년도 성적 추이를 비교 분석한 내용도 곁들였다. 학교장을 비롯해 학교 교사들을 면담하고 학생, 학부모를 만나는 등 실태 파악에 들어갔다. 의심 가는 정황은 있었지만, 단정 지을 수는 없었다. 이러는 사이에 교사 간, 학교와 학부모 간 갈등의 골이 더 깊어졌다. 학교장은 결백을 호소했지만, 상당수 교직원, 학부모는 믿으려 하지 않았다. 영사관에서 총영사 주재로 교사, 학부모 간담회를 갖고 자녀 교육이라는 대승적 차원에서 자제와 문제해결을 촉구했지만 소용이 없었다.

학교장은 교육부 감사를 자청하고 나섰다. 영사관도 교육부 재외동포교육담당관실에 감사 필요성을 제기했다. 12월 초 일주일 일정으로 교육부 감사가 시작되었다. 시험지와 성적표 등 문건 확인 외에 교사, 학생과 학부모 면담을 진행했다. 감사 결과 학교장의 시험지 유출은 없었던 것으로 결론 났다. 고등부 교사의 성적 조작이 드러났고 부적정한 회계 지출이 일부 지적되었다. 감사가 끝나고 결과를 총영사께 간략히 보고할 때 감사팀은 학교장에 대한 총영사의 의견을 물었다. 총영사는 시험지 유출은 없었지만, 교장으로서의 리더십을 상실한 것 같다는 의견을 피력했다. 2006년 1월 말 학교 관리 소홀에 따른 물의 야기로 학교장은 소환되고 성적을 조작한 교사는 소속 교육청에 통보하여 징계하도록 하는 것으로 감사는 끝났다.

한글 주말학교, 유학생 사고와 군 입대 휴학

한국학교 외에 영사관이 관리하는 재외국민교육기관으로 주말학교가 있다. 한글 주말학교는 운영을 희망하는 자가 신청서를 영사관에 제출하고 심의를 거쳐 허가증을 교부받아 운영할 수 있다. 국제학교나 중국학교에 재학 중인 교민 자녀들의 정체성을 신장하고 인성교육 등을 위해 주로 국어, 국사를 교육한다. 매주 토요일 수업을 하며, 교사는 교민 중에서 지원자를 뽑아 강사료, 교통비 등 실비를 지급한다. 학생들이 부담하는 수업료는 학교 운영자와 교사들이 자율적으로 정한다. 외교부 재외동포재단에서 운영비를 보조하고 교육부는 교과서를 무상으로 지원한다. 당시 상해영사관 관할 지역에는 5개의 한글 주말학교가 있었다. 상해한국주말학교, 남경, 소주, 무석, 의오한글학교이다. 상해한국주말학교는 상해한국학교 시설을 무상으로 사용했고 나머지는 해당 지역의 중국학교, 한국인회나 기업체 시설을 활용했다.

상해한국주말학교와 상해한국학교 간에 갈등이 있었다. 주말에 시설을 사용한 주말학교에서 교실의 각종 교육자료나 집기를 사용 후 제대로 정리 및 원상 복구를 하지 않아 상해한국학교 학생들 수업에 지장을 준다는 것이다. 주말학교는 이를 부인했다. 여기에는 주말학교 교사를 선발할 때 한국학교 교사를 배제하고 있는 데 따른 불만도 내포되어 있었다. 주말학교는 99년 9월 상해 한국학교 설립 자금을 일부 부담했기 때문에 시설을 무상으로 사용하는 것은 당연하다고 생각했다. 두 학교의 통합을 시도했다. 우선 상해한국학교 교장이 주말학교 교장을 겸직하도록 하고 학교법인에서 두 학교를 통합 관리하기로 했다. 당분간 학교는 주말학교 교사들이 자율적으로 운영하도록 했다. 시간이 지나면 교사 교류 등을 통해 통합의 시너지 효과가 발휘될 것으로 기대했다. 나중에 들은 바로는 통합 이전과 별로 달라진 것이 없었다.

맡은 업무 중 유학생 관리를 언급하지 않을 수 없다. 유학생은 극소수의 고등학생을 제외하고 대부분 대학생이다. 2005년 영사관 관할 지역의 유학생 총수는 6,700명 정도였다. 상해 4,700명, 강소성 1,200명, 절강성 700명, 안휘성 지역에 100명 정도 재학 중이었다. 1년 이하의 어학연수생이 약 40%를 차지했다. 석·박사과정 재학생은 5% 미만이었다. 중국과의 경제사회 교류가 늘어나면서 중국 관련 비즈니스가 증가했다. 일부 학부모들은 중국어라도 익혀두는 것이 좋겠다는 생각에 자녀를 유학 보냈다. 유학원은 중국 유학을 알선하는 데 열을 올렸다. 중국의 명문 대학인 북경대학, 청화대학, 복단대학에 많은 학생을 입학시켰다고 자랑삼아 홍보했다. 졸업하는 실상은 이와 달랐다.

당시 중국 주요 대학의 외국 유학생 입학 조건은 고등학교 졸업 이상의 학력에 한어수평고시라는 HSK 6급 이상이었다. 11급이 최고 등급이었는데 HSK 6급은 1년 정도 공부하면 누구나 딸 수 있었다. 중국 대학들은 외국 유학생을 유치하는 데 혈안이 되어 있었다. 등록금, 기숙사비를 중국 학생들보다 몇 배로 비싸게 받았다. 외국 유학생의 절반 이상이 한국 학생들이었고, 한마디로 봉인 셈이었다. 명문대학들도 마찬가지였다. 학사 운영에서 중국 학생들과 같은 기준으로 수업과 평가를 거쳐 학점을 부여했다. 학점 이수를 못 하면 일정한 비용을 내고 재수강을 하도록 했다. 학부 기준으로 유학생들이 입학해서 졸업하는 비율이 50%를 넘지 못했다. 어학연수생들의 사정은 더 심각했다. 등록만 하고 수업을 듣지 않아도 거의 제재가 없었다. 다음 학기 수업료만 내면 수업을 받을 수 있었다. 취업비자가 나오지 않은 일부 교민은 연수생으로 등록하고 학생비자를 발급받아 체류하면서 개인사업을 했다.

이러다 보니 면학은커녕 음주, 오락으로 시간을 보내는 유학생이 늘어나면서 사고가 끊이지 않았다. 2005년 1년 동안 음주 후 오토바이를 몰다가 사망하는 사고가 6건이나 발생했다. 대학 교수, 공기업 임원 자녀도 있었다. 총영사 지시로 상해 유학생 대표 간담회를 영사관에서 갖고 주의를 당부하면서 대학별로 안전 캠페인을 벌이도록 했다. 중국 대학 국제교류처장을 만나 우리나라 유학생의 학사관리를 엄격히 해달라고 요청했다. 처음에 이들은 내 뜻을 이해하지 못했다. 영사관은 교민 보호 차원에서 문제를 일으킨 학생들을 선처해 달라고 요청하는데, 그 반대였으니 말이다. 나는 유학생들 간에 사건 사고가 빈발함을 말하고 학사관리를 엄격히 하는 것이 유학생을 보호하고 대학의 위상을 높일 수 있어 장기적으로 대학에 유리하다고 설명했다. 복단대학, 상해교통대학, 동제대학 등 대학별로 담당 영사를 두어 유학생을 집중적으로 관리하도록 했다. 유학생 대표들에게 예산을 지원해서 상해 유학생 가이드북을 만들도록 했다. 주요 대학의 개설 학과, 입학 절차, 학비, 학점 수강, 기숙사 신청, 병원, 식당 이용, 문화유적지 소개 등 유학 생활에 도움이 될 내용을 책에 담도록 했다. 2006년 3월 상총련 명의로 상해 유학 생활 가이드북이 발간되었다. 책에는 '음주 후 오토바이를 타지 맙시다.'라는 안전 캠페인 포스터도 실었다.

   유학생들의 면학 분위기 조성을 위해 영사관 1층 대회의실에서 학술행사로 유학생 세미나를 개최했다. 발제자의 주제 발표, 토론자의 토론이 이어지는 세미나가 진행되었다. 이는 유학생들이 영사관을 좀 더 가깝게 생각하고 영사관을 더 많이 이용하도록 배려한 것이다. 이런 행사가 가능하게 된 것도 2003년부터 시작된 영사관 신축 및 이전 사업이 2004년 4월 결실을 보았기 때문이다. 그전까지 영사관은 국제무역 센터 건물 한 개 층을 임대해 사용해 왔었는데 공관 국유화 사업을 통해 자체 영사관 건물을 보유하게 된 것이다. 일본 영사관에 인접한 곳으로 3층 건물에 1층은 대회의실과 도서실, 접견실을 배치하고 2, 3층은 사무공간과 회의실을 배치했다. 외교부 출신의 총영사를 포함하여 24명의 영사가 근무하였다. 외교부 외에 다른 부처 출신 주재관이 절반을 넘었다. 활발한 경제사회 교류로 기획재정부, 산업자원부, 관세청 등 경제 부처 주재관들이 많았다.

  2004년 하반기 복단대학 한국어과 학생과 우리 유학생들 간 교류행사가 있었다. 공관 국유화 사업으로 남은 예산이 있었는데, 의미 있는 사업에 사용하고자 총영사가 아이디어를 내었다. 복단대학 한국어과 주임교수를 만나 행사 취지를 설명하고 협조를 구했다. 학과 사무실에서 만났는데, 교수 전용 연구실이 없고 공동 연구실을 사용했다. 중국 3대 명문인 복단대학의 당시 사정이 그러했다. 교수들의 급여도 생각보다 낮았다. 대학 현황을 파악할 때 학생 수의 4분의 1에 해당할 정도로 교수 숫자가 많았던 것이 이해되었다. 협조하겠다는 의사 표명이 있었지만, 지지부진했다. 알고 보니 대학 본부 측의 허가를 얻지 못했다. 상해시교육위원회 강언교(姜彦橋) 국제교류처장을 면담하고 행사 배경과 협조를 요청했다. 중국의 교육행정기관은 초중등 교육자치가 이뤄지는 우리와 다르다. 성시(省市) 정부 산하에 교육위원회나 교육국이 성장이나 시장의 지휘를 받아 초중등교육을 관할한다. 국가 직속 대학 외의 일반대학까지 관할하고 있다. 강 처장의 도움으로 행사가 치러지게 되었다. 복단대학 근처의 호텔 대회의실을 빌려 교류행사가 진행되었다. 한중 양측에서 각각 100명, 모두 200명의 학생이 참석한 행사였다. 먼저 학생들의 주제 발표가 있었다. 서로가 바라본 학생의 모습이라는 주제로 양측에서 3명이 발표했다. 다음은 노래와 춤 등 장기자랑이 있었다. 중국 학생은 한국 가요를 우리 유학생은 중국 노래를 불렀다. 같이 식사를 하면서 서로 우의를 다지고 이해를 증진하는 자리가 되었다.

영사관 근무 중 유학생들의 고충 하나를 해결했다. 다름 아닌 유학생의 군 입대 휴학이었다. 중국의 상당수 대학은 그때까지 우리 유학생들의 군 입대 휴학을 허용하지 않는 경우가 많았다. 휴학을 허용하고 있는 일부 대학은 휴학 허가 시 300달러의 학적 관리비를 징수하였다. 유학생들은 졸업 후 군대를 가게 되면 제대 후에 전공과 어학 실력이 무뎌져 취업 등 진로에 어려움이 많다고 군 입대 휴학을 할 수 있도록 요청했다. 이는 우리 영사관 관할 대학만의 문제가 아니라고 판단하고 북경대사관 주재 교육관에게 중국 교육부에 이 문제를 제기하도록 했다. 우리나라 유학생이 중국에서 가장 큰 비중을 차지하고 있던 터라 어렵지 않게 문제가 해결되었다. 중국 교육부가 우리 유학생의 군 입대 휴학 허용 지침을 각 대학에 문건으로 통보했다. 휴학 신청 자격은 대학별로 유학생 신분과 전공에 따라 자체적으로 결정하되, 신청서에 복학 시기, 군 복무 기간, 신청서 제출 시기 등이 포함되도록 했다. 복학 시기는 원칙적으로 학년도 시작인 9월로 하되, 3월 학기 복학 허용 여부는 대학에서 결정하도록 했다. 군 입대 휴학은 6년 내외의 수학 연한에 산입하지 않기로 하고 학적 관리비는 일체 징수를 금했다.

한국어 보급과 인적 교류, 무석한국학교 개교

　영사관 관할 지역의 대학과 전문대학에서 한국어과가 속속 설치되고 한국어 강좌가 개설되었다. 상해외국어대학 한국어과에서 한국어 발표대회를 개최하고 심사위원으로 나를 초빙하기도 했다. 가장 열의를 띈 곳은 양주시의 양주대학이었다. 양주시는 대운하와 장강이 합류하는 교통 요지로 과거 소금 거래 등 상업이 번성했던 곳이다. 항주에 있는 서호를 본떠서 작은 서호, 즉 소서호(小西湖)를 운하 모양으로 만들어 놓았다. 2002년까지 공산당 총서기를 역임한 강택민의 고향으로 90년대 초반 강택민과 김일성이 회담을 한 곳이기도 하다. 소서호의 누각에 기념 표시와 설명이 붙어 있다.

　통일신라시대 최치원 선생이 당나라에 유학해 빈공과에 합격하여 관리 생활을 했던 곳이 양주이다. 양주시는 몇 년 전부터 최치원 기념관을 건립하고 최치원 선생 후손을 초청해서 고유제 등 기념행사를 매년 개최했다. 한번은 영사관과 양주대학 공동으로 한국어 웅변대회를 개최할 것을 제안해서 추진하기도 했다. 양주시의 이런 노력은 최치원 선생과 같은 문중 인사가 회장으로 있는 국내 대기업의 투자를 유치하려는 데 목적이 있었다. 매년 기념행사 때마다 총영사와 문화 담당 영사를 초청했다. 양주시 공무원이 영사관을 여러 차례 방문해 협조를 요청했지만, 대기업의 투자 유치는 실패했다. 양주대학은 한국어 능력시험(TOPIK, Test of Proficiency in Korean) 시행 기관으로 선정되기를 희망했다. 매년 TOPIK 응시자가 급증했다. 당시 상해영사관 관할 지역의 시행 기관은 상해외국어대학 한 곳이어서 강소성이나 절강성 지역 수험생들은 불편이 많았다. 시행 기관 선정은 중국 교육부 몫이다. 나는 북경대사관을 통해 양주대학이 선정되도록 협조를 요청하겠지만, 어떻게 결정될지는 알 수 없다고 했다. TOPIK 추가 시행 기관으로 남경사범대학이 선정됐다.

영사관에 근무하면서 평소 만나기 어려웠던 고위급 인사나 예술계 인사들을 접촉할 수 있었다. 우선 2005년 8월 새로 부임한 김양 총영사는 백범 김구 선생의 손자이다. 부친을 따라 대만에서 학교를 다니고 미국에서 공부했던 터라 영어, 중국어 모두 능통했다. 노무현 정부가 재외공관장 외부 개방을 추진하면서 독립운동의 본거지인 상해총영사로 임시정부 주석을 지낸 김구 선생 손자를 임명한 것이다. 국회의장, 국무총리, 장관, 국회의원과 교육감들이 상해를 방문했다. 이창동 문화관광부장관이 기억난다. 이 장관은 소설가로 등단하여 「초록물고기」, 「박하사탕」 등 사회성 짙은 영화를 찍은 유명 영화감독이다. 상해시 정부가 임시정부 청사 주변 재개발을 하면서 임시정부 청사를 원형대로 보존하도록 하기 위해 몇 차례 상해를 방문했다. 현지 특파원과 국내 언론에서도 관심을 갖던 사안이었다.

국회 교육위원회 위원장과 위원인 국회의원들의 방문이 있었다. 인천 송도지구의 외국학교 유치 방안을 정부가 강구하면서 국회 교육위원회에서 관련 논의가 진행되었다. 교육위원회에서는 국제학교가 활발히 운영되는 상해와 싱가포르에 시찰단을 보내기로 하고 위원장과 5명의 국회의원이 단체로 상해를 방문했다. 중국 국무원이 제정한 외국인학교 관리법에 따라 국제학교는 중국 학생의 입학이 불가능하다는 점을 교육위원들에게 설명하고 상해의 국제학교 현황을 소개했다. 상해 미국국제학교와 상해한국학교를 방문해 시설을 둘러보고 운영 실태를 파악했다. 방문단 중의 어떤 의원은 상당히 오만했고, 교민, 학부모 간담회 겸 만찬을 할 때 자기 부인을 동석시키기도 했다.

교육감은 여러 분이 다녀갔다. 서울시 교육감은 자매결연 도시인 북경을 2년에 한 번씩 방문하는데, 방문할 때마다 상해를 다녀갔다. 유인종 교육감과 공정택 교육감을 수행했다. 부산시교육청은 상해시 교육위원회와 이미 자매결연을 하고 서로 교환방문을 하고 있던 때라 설동근 교육감을 비롯한 교육청 관계자가 자주 내왕했다. 양성언 제주시 교육감은 상해시와 자매결연 협정을 맺고 정기적으로 교류를 시작했다. 2005년 문화관광부에서 상해 한국문화원 개설을 목표로 문화 담당 영사가 부임했다. 문화영사를 통해 유명 가수나 패션쇼 공연을 볼 기회가 많았다.

2006년 1월 무석한국상회 관계자가 영사관으로 나를 찾아왔다. 무석시 정부에서 학교 건물과 시설을 지어줄 테니 한국학교를 운영해 달라고 했다는 것이다. 당시 무석은 현대하이닉스가 대규모 투자를 단행하고 반도체 공장 시설을 이전해 제품 생산을 시작하면서 계열 및 협력회사가 많이 진출했다. 무석에는 기존의 한국 투자 기업들이 자동차 부품, 섬유공장을 운영하고 있었다. 현대하이닉스의 진출로 교민이 늘어나면서 무석한국상회에서는 한국으로의 직항 개설, 한국학교 운영 등을 무석시에 요구했다. 큰 기대를 하지 않았는데, 어느 날 무석시 정부가 학교를 지어줄 테니 한국학교를 운영할 수 있겠느냐고 했다는 것이다. 어떻게 하면 좋을지 영사관에 자문을 구하러 왔다. 상해한국학교 신축의 힘들었던 과정을 설명하면서 무석시 정부의 제안을 받는 것이 좋겠다고 말했다. 총영사께 보고하니 수용하는 것이 좋겠다는 의견이었다.

이후 무석한국상회 주관의 학교설명회에 참석해서 한국학교 설립의 좋은 기회라고 얘기했다. 외교부를 경유하여 교육부에 관련 내용을 보고했다. 서둘러 무석한국학교법인을 결성하여 교육부에 법인 설립 승인을 신청했다. 교육부는 개교 후 5년까지는 학교 임대료를 받지 않는다고 되어 있지만, 그 이후의 임대료를 보장하는 내용이 없어 즉각적인 승인이 곤란하다고 했다. 무석시 정부의 학교 공사는 순조롭게 진행되어 8월 교사가 완공되었다. 아울러 9월 1일 개교를 기정사실화했다. 무석한국상회에서 결성한 학교법인은 교장으로 정년퇴직한 분을 학교장으로 초빙하고 개교 준비에 들어갔다. 학교법인은 초등학교와 중학교를 운영하겠다고 관련 서류를 갖춰 무석시 정부의 외국인학교 운영 승인을 받았다. 9월 1일 개교식에 총영사는 초대를 받았지만, 내가 대신 가서 축사를 했다. 우리나라 정부가 승인하지 않은 한국학교 개교식에 정부를 대표해 참석할 수 없었던 것이다. 무석시 정부의 승인으로 2006년 9월 개교해 운영 중인 무석한국학교의 교육부 인가가 현안으로 남아 있었다. 후임 교육영사가 임차료 문제를 타결하고 무석한국학교법인 설립과 운영 승인을 교육부로부터 받았다. 2008년 교육부가 교장을 파견했고 예산과 교과서를 지원하였다.

가흥 · 항주, 대출받아 유럽 여행

상해 시절 아름다운 추억이 많았다. 아내는 그때가 화양연화였다고 한다. 아이들도 학업 스트레스 없이 농구, 수영 등의 운동을 배웠고 영어, 중국어 등 외국어를 익힐 수 있었다. 주말엔 한국에서 방문객이나 손님이 있는 경우를 제외하고는 가족과 함께 지낼 수 있었다. 가족들이 상해에 오고 얼마 후에 파출부를 구해 오전 4시간 일하도록 했다. 인건비가 저렴해 대다수 주재원과 교민 가정에서 파출부를 고용했다. 2004년 9월 하순 장인 장모님과 큰처형 가족이 상해를 방문했다. 개인 차량과 기사를 데리고 아내가 공항으로 마중을 나갔다. 저녁에 집에 와 어른께 인사드리니, 자네 덕택에 상해를 다 와보네라고 하시면서 흡족해하셨다. 처음 중국 근무를 나간다고 했을 때는 걱정이 많았고, 몸이 별로 좋지 않았던 딸이 고생하지 않을까 염려가 크셨다. 막상 와서 보니 여유 있는 집에서 건강하게 지내는 것을 보고 안심하셨다. 상해와 항주, 소주를 둘러보시고 북경을 방문한 후에 다시 상해로 와서 귀국하셨다.

상해 주변의 우리나라 유적지로는 가흥 임시정부가 있다. 1932년 홍구공원 윤봉길 의사 의거 후에 일제의 발악적인 독립지사 색출을 피해 임시정부는 가흥(嘉興)으로 피신했다. 가흥 남호(藍湖) 변에 독립지사들이 거주했다. 김구 선생은 남호의 배 안에서 중국인 아가씨 주애보(周愛寶)의 도움으로 생활하며 위기를 넘겼다. 지금 남호 변에는 독립운동가들의 피신 당시 유적지를 기념관으로 새로 조성해 놓았다. 가흥 남호는 1921년 7월 중국 공산당 창당 회의가 열렸던 곳이기도 하다. 처음에 상해 신천지(新天地)에서 회의를 하다가 경찰의 단속과 체포를 피해 가흥으로 옮겨 남호의 선상에서 창당 결의문을 채택했다.

중국의 역사 문물로는 강소성 소주의 졸정원(拙政園)을 들 수 있다. 북경의 이화원, 승덕의 피서산장, 소주의 유원과 더불어 중국의 4대 명원으로 유명하다. 명나라 정덕 연간(1506년)에 감찰어사 왕헌신이 은퇴하고 소주에 내려와 대굉사(大宏寺) 유적지를 매입하여 건립했다. 졸정원의 유래는 왕헌신이 자신을 알아주지 않는 조정의 분위기에 좌절하여 우둔한 정치를 한 사람이 거주하는 집이란 뜻의 이름을 붙였다고 한다. 누각을 짓고 그 사이로 인공 연못, 가산(假山), 회랑을 아름답고 정연하게 조성했다.

절강성 항주의 서호(西湖)를 빼놓을 수 없다. 서호는 주위 약 15km, 면적 5.6㎢에 삼면이 산으로 둘러싸인 천연 호수이다. 중국에는 서호라는 이름의 호수가 40여 개 있는데, 항주 서호가 가장 아름답다. 사시사철 다른 경치를 볼 수 있다. 봄에 꽃과 더불어 호숫가에 늘어진 수양버들이 바람에 흔들려 물 위에서 춤추는 모습은 몽환적이다. 가을에는 산과 호숫가의 단풍이, 겨울에는 눈 덮인 서호 풍경에 눈이 시리다고 한다. 호수를 가르는 소제(蘇堤), 백제(白堤)라는 2개의 제방이 아스라이 펼쳐진다. 이 중 소제는 북송 때 항주 자사를 지낸 소동파가 재임 중 수만 명의 인부를 동원하여 쌓았다. 이때 누군가가 돼지고기를 기증했는데, 날이 더워 상할 것을 우려해 소동파는 돼지고기를 삶아 간장에 절여 나눠줬다. 여기서 유래된 음식이 동파육이다. 호수 주변 산책로에 몽골의 남송 공격 때 항거했던 악비를 모함하여 죽게 한 진회의 동상이 있었다. 사람들이 지나면서 손가락질하고 침을 뱉으며 그의 불충을 질타했는데, 어느 날 그 동상을 치웠다. 소수민족인 몽골이 중국을 지배한 원나라의 역사를 중국의 역사에 통합시키려는 역사 공정의 결과물이었다.

 2004년 7월 말부터 8월 초까지 12일간 가족이 유럽을 다녀왔다. 전부터 대학 동기 모임인 지우동에서 가족 동반 유럽 여행을 계획했었다. 당시 교육부에 근무하고 있어 여행이 불가능하다고 생각해 준비를 전혀 하지 않았다. 근무일 기준 최대 10일 동안 여름휴가를 갈 수 있게 되었다. 다시없는 좋은 기회였지만, 문제는 돈이었다. 궁리 끝에 우리은행 상해 지점에서 동료 영사를 보증인으로 세우고 1만 달러를 대출했다. 우리 가족은 친구들보다 하루 먼저 프랑크푸르트를 경유하여 런던에 도착했다. 도심지 숙소에 묵었는데, 낡은 시설에 비해 숙박비가 매우 비쌌다. 다음 날 하이드 파크를 둘러보고 히스로 공항에서 친구들과 합류했다. 지하철로 이동하고 생수를 샀는데, 런던의 물가는 상상 이상이었다. 웨스트민스터 사원, 근위대 교대식, 케임브리지 대학, 트래펄가 광장을 둘러보고 고속철도인 유로스타를 타고 파리로 이동해 에펠탑, 노트르담 성당, 몽마르트르 언덕, 루브르 박물관을 관람했다. 다빈치의 모나리자 등 미술 교과서에서 보았던 명화를 감상할 수 있었다.

  항공편을 이용하여 파리에서 로마로 갔는데, 비행기 아래로 장엄하게 펼쳐진 알프스산맥의 준봉과 만년설은 감동 그 자체였다. 로마부터 여행 끝날 때까지 전세 버스로 이동했다. 영화「로마의 휴일」에서 주인공이 데이트한 트레비 분수, 콜로세움, 바티칸 성당을 보고 피사 사탑을 들러 베네치아로 갔다. 베네치아에서 곤돌라를 타고 도시 전경을 구경하고 비둘기 떼가 운집한 산마르코 성당을 둘러봤다. 스위스로 가면서 평화롭고 목가적인 전원 풍경을 보면서 낙원이 여기인가 하는 생각이 들었다.

| 산마르코 성당, 베네치아

　케이블카를 두 번씩 갈아타고 올라가면서 멋진 알프스 산지를 조망하고 만년설로 만든 산 정상의 썰매장에서 튜브를 이용해 눈썰매를 탔다. 빙하로 형성된 그림 같은 호숫가 빌라에서 멋진 밤을 보냈다. 동계 올림픽 개최지였던 오스트리아의 인스브루크를 둘러보고 독일의 노이슈반스타인 성(城), 하이델베르크 성을 구경하고 상해로 돌아왔다. 노이슈반스타인 성은 동화에 나올 법한 중세의 고풍스러운 분위기를 풍기며, 주변의 산과 계곡과 잘 어울리는 아름다운 성이었다.
　2006년 여름에는 가족과 함께 우리 민족의 영산 백두산에 올랐다. 먼저 연변 조선족 자치주의 연길공항에 도착해 연변한국학교 교장과 김수한 선생님의 도움을 받아 봉오동 전적지를 둘러봤다. 두만강 변에 인접한 도문(圖們)에서 다리로 연결된 북한 남양을 보고 근처의 개산둔(開山屯)이라는 높은 언덕에 올라갔다. 북한의 산하를 보면서 식량 증산을 위해 산지를 개간하여 만든 일명 다락밭을 잘 볼 수 있었다. 다락밭을 만들기 위한 삼림 벌채와 산지 황폐화로 여름 집중 호우 시 막대한 토사 유출과 엄청난 홍수 피해를 불러일으켰다. 여름인데도 두만강 상류는 강폭이 50m 정도였다. 겨울이면 강이 얼고 폭이 더 좁을 테니 쉽게 건널 수 있을 것으로 생각됐다. 용정(龍井)으로 가서 시인 윤동주가 다녔던 대성중학을 방문하고 윤동주 생가, 용정 우물을 보고 일송정을 찾았다. 일송정 아래 펼쳐진 들판을 보면서 선구자 노래 가사가 자연스레 떠올랐다. 독립운동가를 체포하고 고문했던, 지금은 용정시 정부 청사로 사용하는 옛 일본 영사관을 지나갔다.

다음 날 연변한국학교 운영위원장의 도움으로 백두산 여행단 버스를 이용하여 소천지(小天池)에 도착해 장백폭포 방향으로 천지를 보러 갔다. 중간에 비를 맞고 운무가 시야를 가렸지만, 천지 가에 도착했을 때는 날이 환하게 개었다. 천지의 수면은 잔잔한 물결이 이고, 너무나 고요했다. 장엄하고 웅장했다. 말할 수 없는 감동이 밀려왔다. 천지 물을 몇 모금 마시고 기념으로 작은 페트병에 담았다. 이도백하에서 저녁을 먹고 밤 기차로 다음 날 아침 통화역에 도착했다. 이틀 동안 가이드의 도움으로 고구려 첫 도읍지인 오녀산성을 올라가 살펴보고 집안(集安)으로 가서 광개토대왕비, 장군총을 둘러봤다. 높이 6m가 넘는 웅장한 비석이 보호각 안에 갇혀 있는 모습을 보면서 우리의 기상을 드높였던 고구려 역사가 마치 유폐당한 느낌을 받았다. 점심 후에는 압록강에서 관광보트를 탔는데, 북한 쪽 강변까지 접근해 초병과 빨래하는 아낙 얼굴을 볼 수 있었다. 무심한 표정이었다. 오후에는 환도산성과 집안 박물관을 둘러보고 5호분을 관람했는데, 사신도가 있는 곳은 들어가지 못했다. 다시 통화로 와서 밤 기차를 타고 다음 날 새벽 심양역에 도착해서 애들 고모를 만났다. 본계(本溪)의 석회암 수중동굴, 심양의 청나라 궁궐, 서탑 거리를 둘러보고 상해로 돌아왔다.

2. 북경한국국제학교 교장

2007년 2월 하순 상해영사관 근무를 마치고 수도여고 교감으로 2년 반 일하다가 북경한국국제학교(이하 '북경학교'라 한다) 교장으로 부임했다. 2009년 8월 17일 부푼 꿈을 안고 북경 수도공항에 도착했다. 유인후 사무국장과 부장교사가 마중을 나왔다. 학교로 가서 교사를 둘러보고 현안에 대해 간략한 설명을 들었다. 북경학교는 98년 9월 1일 초등 58명으로 개교했다. 영문으로는 Korean School in Beijing(KISB)이다. 2009년 유·초·중·고 41학급에 1천여 명이 재학하는 학교로 발전하였다. 설립 초부터 2006년 3월 현재의 교사로 이전할 때까지 세 차례나 학교를 옮겨 다녔다. 교직원이 합심하여 한국인의 정체성을 갖춘 글로벌 인재를 길러내기 위해 노력한 결과 교민의 성원과 사랑을 받고 있었다. '나라를 사랑하고 부모에게 효도하며 자아를 계발하자.'가 교훈이다.

　북경학교 네 번째 교장으로 취임했다. 교사, 전문직원, 교감을 거쳐 기관장인 학교장이 되었다. 교장으로 승진한 것은 아니지만, 정부 파견교장의 중책을 맡게 되었다. 북경학교는 유치원부터 초·중등까지 4개의 급이 다른 학교로 구성되었는데, 유치원 원감만 있고 교감이 없었다.

　다음 날 주중한국대사관을 방문하여 신정승 대사께 신고를 했다. 8월 20일 공식적으로 교장 임기가 시작되었다. 10시에 부장회의를 하고 11시에 북경한인회가 설치한 김대중 전 대통령 빈소를 찾아 조문했다. 오후에는 대사관 총영사부 이영호 총영사를 예방했다. 다음 날 전체 교직원회의를 통해 당시 유행하던 신종플루 대응 방안을 논의하고 2학기 개학 준비를 했다.

신종플루 휴업, 학급 증설, SAT 테스트 센터

　8월 20일 부임하자마자 부딪힌 문제는 봄부터 중국, 우리나라 등에 유행한 신종플루 대응이었다. 학교는 8월 24일부터 28일까지 신종플루로 단축한 1학기 말 학사일정을 운영했다. 8월 24일 학생이 등교하면서 체온 측정 등 예방 조치를 취했다. 9월 11일 신종플루 유사 증세를 보이는 학생이 1명 생겼고 다음 날 2명의 학생이 추가로 감염되었다. 9월 13일 일요일 오후 긴급 학교운영위원회를 열어 5일간 임시 휴업을 결정하고 학생·학부모에게 알리고 대사관, 교육과학기술부에 보고하였다. 다음 날 SBS, YTN 등 언론과 인터뷰를 하면서 학교의 대응 방침을 밝혔다. 북경 주재 특파원들도 앞다퉈 학교 휴업과 북경의 신종플루 유행 사실을 보도했다. 부임한 지 얼마 안 된 시점에서 참으로 황망했다. 북경시 보건당국도 우리 학교에서 감염자가 발생한 사실을 알고서 관련 자료를 요구했고 대책회의에 학교장이 참석하도록 하였다. 휴업 기간 중 학생 5명과 교사 1명이 감염 및 유사 증세를 보였다. 다행히 추가 감염자가 없어 학사일정을 정상 운영하였다. 2009학년도 종업식과 졸업식이 일주일 늦어지게 되었다. 하반기에 북경시 당국의 지원으로 학생과 교직원이 예방 접종을 했다. 일부 학부모가 중국의 백신 효능을 의심스러워했다. 대사관 보건 주재관의 협조를 얻어 중국 백신의 효능을 설명하고 희망자를 중심으로 접종하도록 했는데, 약 80%가 참여했다.

  신종플루 대응과 함께 직면한 문제는 고2 학부모들이 제기한 2010학년도 고3 학급 증설 반대였다. 2009학년도에 고3 한 개 학급을 증설하였는데, 이를 논의했던 2008년 하반기에도 논란이 많았다고 하였다. 영어권 국제학교에서 우리 학교 고3으로 전입하면, 재학생들의 영어 내신이 불리하다는 것이다. 특례입시로 고3은 실제 한 학기 공부하고 졸업하는데 이렇게 해서는 북경학교 학생이라는 소속감이 생길 수 없다는 것도 이유였다. 국내 대학에 진학하기 위한 일종의 학적 세탁이라고 했다. 2주 정도 전년도 결정 과정을 확인하고 교사들과 학부모들의 의견을 듣고서 9월 29일 열린 학교운영위원회에 관련 안건을 상정했다.

2010학년도 고3 학급 증설을 하지 않고 고1·2학년에 각각 한 개 학급을 늘리기로 했다. 매 학기 말 다음 학기 편입생을 선발하는데, 고등부의 경우 3~5명의 결원 보충에 20명 정도가 지원하고 있었다. 일부 교민들로부터 거센 항의를 받았다. 올해처럼 내년에도 고3 학급 증설이 이루어질 것으로 생각하고 고1·2 때 편입을 하지 않았는데, 갑자기 중단하면 자기들은 어떻게 하느냐는 것이었다. 학교정책의 일관성에 문제가 있다는 지적과 함께 교육과학기술부에 민원을 내고 교장실로 전화해 폭언을 퍼붓기도 하였다. 학교교육과정의 정상 운영을 위해 학급 증설은 고1·2부터 단계적으로 하도록 한 학교 결정을 다수가 지지함으로써 일단락되었다.

그동안 1학기를 3월 1일부터 8월 31일까지, 2학기를 9월 1일부터 다음 해 2월 말까지 학사일정을 운영하고 있었다. 여름방학 종료일을 앞당겨 국내 학교처럼 8월 20일 전후 2학기가 시작되도록 바꾸었다. 종업식과 졸업식도 다음 해 1월 초로 변경했다. 북경의 날씨는 여름에 덥지만, 8월 하순이 지나면 기온이 내려가고 습도가 낮아져 체감 더위는 심한 편이 아니었다. 아울러 학교 구성원들이 학교의 역사를 알고 애교심을 가질 수 있도록 개교일인 9월 1일 기념식을 2010년부터 거행했다. 선후배가 손잡고 걸으며 우의를 다지고 걸개 판에 학교를 사랑하고 응원하는 마음을 적어 중앙 현관에 부착했다.

　학교교육과정은 크게 교과, 특별활동으로 이루어져 있고, 초등은 주당 35시간, 중고등은 주당 40시간의 수업을 운영하고 있었다. 영어, 중국어는 초등 1학년부터 고3까지 수준별로 교육과정을 운영하고 수학은 중3부터 고3까지 수준별로 운영하고 있었다. 교육내용과 평가를 수준별로 달리하고 생활기록부에도 분반별로 기록한다. 초·중등에 따라 약간의 차이는 있지만, 외국어 수업 시수가 12~18시간을 차지하고 있었다. 이러다 보니 고등부 이과 과정에서 과학 수업 시수가 부족했다. 교사들과의 협의를 거쳐 외국어 수업을 줄여 과학을 2단위 늘리고 중등부에 도덕, 컴퓨터 교과를 신설하였다.

　기초학력 향상과 면학 분위기 조성을 위해 중3 학생들이 고1로 진급할 때 진급 시험을 보도록 했다. 이전까지 중등부 졸업생은 고등부에 자동으로 진급할 수 있었다. 중등 교사들이 그 필요성을 제기하여 중3 2학기 때 정기고사와 별도로 국어, 수학, 영어, 사회, 과학 5개 교과의 진급 시험을 치르게 했다. 기준 점수에 미달한 학생은 재시험을 보게 하고 이를 통과하지 못한 학생은 겨울방학 때 30시간의 특별 보충과정을 이수하도록 하였다. 보충과정 이수의 강사료는 학교에서 절반, 학생이 절반을 부담토록 하였다. 평소 수업을 게을리하던 학생들의 태도가 크게 좋아졌고 교사들도 보다 책임감을 갖고 수업을 지도했다. 또 학업성취도를 세분화하여 학교생활기록부('학생부'로 약칭)에 기록하도록 했다. 절대평가 방식을 유지하면서 종전의 수~가의 5단계를 수+, 수, 우+, 우~ 가까지 9단계로 표기하도록 하였다.

학생들의 자기주도학습을 위해 '배움터'라는 자율학습실을 만들어 독서실처럼 칸막이 책상을 설치하였다. 지도교사를 배치하여 자율학습을 지도하였다. 자율학습 참여 학생들의 편의를 위해 학교 급식실에서 저녁 식사를 제공했다. 식비 외의 어떤 비용도 거두지 않았다.

미국의 대학 입학을 위한 학업평가 시험인 SAT 성적을 국내 대학 특례입시에 반영하는 대학이 늘어나면서 북경학교 학생들도 이 시험에 응시하는 학생이 많아졌다. 우리 학생들이 SAT 시험을 치기 위해서는 한국이나 홍콩으로 가야만 했다. 반면 북경의 국제학교인 ISB(International School in Beijing)를 다니는 학생들은 ISB가 SAT 테스트 센터였으므로 학교에서 시험을 볼 수 있었다. 우리 학교 영어 원어민 교사 Daniel의 도움을 받아 미국이 College Board & Educational Test Services에 SAT 테스트 센터 인증 절차를 문의하고 가능성을 타진했다. 가능하다고 판단하여 인증에 필요한 서류를 제출하여 12월 24일 SAT 테스트 센터로 인증을 받았다. 2010년부터 1년에 세 차례 우리 학교에서 SAT 시험을 볼 수 있게 되었다. 이 소식을 들은 상해한국학교도 우리와 같은 방식으로 SAT 테스트 센터 인증을 받았다.

사람은 누구나 자신이 한 일에 상응하는 또는 그 이상의 보수를 받고 싶어 한다. 교사도 마찬가지이다. 재중한국학교 교사들은 중국 물가 등을 이유로 국내 학교보다 적은 보수를 받고 있었다. 우리 학교에서 교사 채용을 할 때 경쟁률이 초등은 40~50대 1, 중등은 교과에 따라 차이가 있지만 10~15대 1이었다. 부임 이후 교직원 보수 체계를 검토하면서 고경력 교사와 저경력 교사의 봉급 차이가 거의 없다는 것을 알 수 있었다. 재중한국학교들은 대체로 기본급은 같고 각종 수당에서 차이를 두는 방식으로 보수 체계를 운용하고 있었다. 기본급 외에 호봉급을 도입하기로 하고 법인 이사장과 이 문제를 협의하였다. 대기업 임원인 법인 이사장은 회사처럼 능력에 따른 연봉제 도입을 얘기했다. 국내 학교 교사가 호봉급제를 실시하는 만큼 호봉급을 도입하여 교사의 처우를 개선하는 것이 현실적이라고 설득했다. 제일 높은 호봉과 가장 낮은 호봉의 차가 한화로 40만 원 정도 나도록 했다. 아울러, 담임수당과 부장수당을 인상해 실제 근무에 상응하는 보수를 받도록 했다. 이렇게 되면서 경력을 갖춘 교사 초빙이 훨씬 용이해졌다. 학부모들을 설득하여 방과후학교 수당도 현실화했다.

초등 합창단 창단, 안전공제회 가입, 스쿨뱅킹

2010년 1월 초 류우익 대사가 학교를 방문했다. 재작년 미국산 수입 쇠고기 파동으로 대통령비서실장에서 물러났다가 주중한국대사로 부임한 것이다. 수업을 참관하고 학교시설을 둘러본 다음 교장실에서 차를 마시면서 담소를 나눴다. 학교에 대한 많은 관심과 지원을 부탁드렸다. 말미에 대학 시절 대사로부터 경제지리학, 유럽 지리, 지역개발 등 세 과목 수업을 들었노라고 얘기했다. 어떻게 이런 일이 있나 하는 놀란 표정을 지으셨다. 대사관 간부회의에서 나와의 인연을 말씀했다고 들었다. 이후 대사관 정무공사 등 직원들이 학교를 찾아와 지원 방안을 문의하고 여러 가지 도움을 주었다.

1월 22일 신종플루로 일주일 연기된 종업식과 졸업식을 거행했다. 교사들도 1월 하순까지 수업과 학사일정을 운영하느라 힘들었던 2학기가 끝났다. 2월 말 교직원 연수 이후 부장교사들과 회의를 하면서 올해 특별히 운영해 보고 싶은 사업이 있으면 얘기하라고 하니 초등 지현숙 교무부장이 초등 합창단 운영을 제안하였다. 학생들의 특기 신장, 각종 행사 참가를 통한 학교 선양 등의 교육적 효과를 기대할 수 있고 예산도 많이 들지 않는다고 말하였다. 좋은 취지라 생각하고 초등 음악교사와 협의해서 꼭 성사될 수 있도록 당부했다. 개학 후 가정통신문을 통해 합창단의 취지, 운영 방안 등을 설명하고 단원 모집에 들어갔다. 많은 초등생들이 지원하여 테스트를 거쳐 40명을 선발하고 연습과 함께 단복 제작 등 운영 준비를 시작했다. 9월 1일 개교기념식에서 멋진 공연을 했고, 덜위치 국제학교 음악회에 초대를 받아 아름다운 우리 가락을 선보였다. 특히 2011년 6월 북경에서 열린 세계한인회 행사에 초대를 받아 공연했다. 담당 교사인 조선경 선생님이 열정을 갖고 점심시간, 방과 후, 방학 중에도 지도하고 열심히 연습한 결과였다. 매년 신입 단원을 보충하고 졸업한 선배들의 유니폼을 물려받아 활동했다. 초등 시절의 아름다운 추억을 쌓아가는 어린이들의 모습이 정말로 사랑스럽고 대견해 보였다.

| 초등 합창단, 덜위치 국제학교 공연 후

부임 직후 학교를 둘러보면서 제일 먼저 눈에 띈 것은 교실 정면 왼편에 자리 잡은 커다란 프로젝션 TV였다. 국내 학교는 4~5년 전 슬림형 LCD 모니터가 설치되었는데, 여기는 한참 늦구나 하는 생각이 들었다. 그나마 고장 난 것이 많아 수업에 별로 활용하지 않고 있었다. 컴퓨터실도 2006년 설치하여 PC와 테이블이 노후한 상태였다. 정부의 재외한국학교 예산 지원이 전년보다 30% 이상 늘어난다는 것을 알고 2010년 학교 예산에 컴퓨터실

개선과 교육정보화 예산을 편성하였다. 4월과 5월 약 2개월에 걸쳐 컴퓨터실을 전면 리모델링하고 레노보 PC를 설치했다. 기존의 PC는 고장 난 것을 수리하여 30대를 북경시 진가패 소학교에 기증하였다. 각 교실의 대형 프로젝션 TV를 철거하고 교실에는 55인치, 분반실에는 42인치 LCD 모니터를 설치하여 수업에 이용하도록 하였다. 초·중등 교사의 업무용 컴퓨터를 교체하였으며, 이동수업이 많은 중등 교사에게는 노트북을 제공하여 수업에 편리하게 활용하도록 하였다.

오래전부터 학교에서 매년 7월 학생들의 중국문화 체험을 위한 테마학습을 실시하고 있었다. 초등 1~3학년은 북경에 있는 과학기술관, 박물관 등을 당일로, 4학년은 1박 2일간 박지원의 『열하일기』 현장이었던 승덕(承德)을 다녀왔다. 5학년은 2박 3일간 태산과 공자의 고향인 곡부(曲阜)를 방문했고, 6학년은 여순(旅順), 국내성 등 독립운동과 역사 유적지를 3박 4일 다녀왔다. 중1은 서안, 낙양, 정주 등 중국 역사 도시를, 중2는 산동성 지역을, 중3은 항주와 황산 일대를 여행했다. 고1과 고2는 20명 내외로 하나의 팀을 짜서 스스로 장소를 선정하고 일정을 짜서 지도교사가 참여하는 방식으로 이루어졌다. 테마학습 후에는 만족도 조사와 함께 개인과 팀별로 보고서를 제출하게 하였다. 고3은 대학입시가 끝난 12월 중순 졸업여행을 3박 4일 일정으로 다녀온다. 부임했던 2009년은 신종플루로 테마학습이 취소되어 2010년 2년 만에 테마학습이 재개되었다. 그런데 상당수 교사들이 2008년까지 7월 초 기말고사가 끝나고 가니 너무 더워 학생들이 힘들어했다고 테마학습 시기 조정을 건의했다. 테마학습 운영 시기를 5월 둘째 주로 변경하였다. 갔다 온 학생, 교사 모두 대만족이었다.

학교 중점과제의 하나로 교사 전문성 신장을 추진하면서 그 방안으로 전 교사 수업 공개 및 교원능력개발평가를 시행하기로 하였다. 이전까지는 학년과 교과별로 교사들이 돌아가면서 공개수업을 하고 교과나 학년 협의회를 통해 수업 개선 방안을 모색하고 있었다. 2010년부터 Open School Day를 정해 초등과 중등 전 교사가 수업을 학부모들에게 공개하고 이를 교원평가 때 활용할 수 있도록 하였다. 교사들은 취지에 찬동하면서도 수업 공개에 대해서는 소극적이었다. 교사에게 있어 수업이 무엇보다 중요하고 학부모들에게 공개함으로써 좀 더 당당하게 교육활동을 할 수 있다고 설득하며 협조를 구하였다. 1학기에는 먼저 외국어 원어민 교사들이 수업을 공개하고, 2학기에는 한국인 교사들이 수업을 공개하였다. 교사와 학부모 모두 긍정적이었으며, 특히 학부모들의 경우 자녀의 수업 장면을 직접 볼 수 있어서 대단히 유익했다는 반응이었다. 초등의 경우 학부모들이 대부분 수업 참관을 와서 교실이 비좁을 정도였다.

2010년 1월 하순 국회 교육과학위원회 임해규 의원 등과 서병재 재외동포교육과장이 학교를 방문하였다. 학교를 돌아보고 난 다음 학부모, 교사 간담회를 통해 몇 가지를 건의하였다. 그중 하나가 재외한국학교 교사, 학생들도 국내 학교 학생들과 같이 학교

안전공제회에 가입할 수 있도록 해달라는 것이었다. 북경은 중국의 수도로서 의료시설과 기술이 가장 앞서 있지만, 병원 이용 시 비용이 많이 들고 언어 소통에 문제가 있어 제대로 된 치료를 받기가 힘들었다. 잘못된 진단과 치료가 많은 편이어서 학생, 교직원 중에는 골절이나 중상을 입은 경우 한국에 가서 치료를 받았다. 학생들의 안전을 위해 현지 중국 보험회사에 가입한 학교 단체보험은 중국 내 병원을 이용한 경우에만 보험 혜택이 있었다. 임해규 의원께서 이 사정을 듣고는 다른 것은 몰라도 이것만큼은 해결해 주겠다고 약속했다. 동석한 재외동포교육과장도 필요성에 공감했다. 5월 재외한국학교의 모든 학생, 교직원이 학교안전공제회에 가입하게 되었다. 비용은 교육과학기술부에서 지원해 주었다. 여러 해 전부터 많은 재외한국학교에서 건의한 숙원사업이 실현되었다. 교내외 교육활동 중 부상을 당해 중국, 한국 어디에서 치료하건 간에 학교안전공제회에서 부상을 해주어 학생, 교직원들이 큰 혜택을 볼 수 있게 되었다.

  학생부에 이름, 생년월일 등 주요 인적 사항과 출결, 교과 학습 발달 상황 등에 관한 주요 항목명을 국문, 영문 이중으로 표기하였다. 이는 북경학교 재학생 중 국제학교나 로컬학교로 전학 가는 학생을 배려하기 위함이었다. 영문 성적증명서나 재학증명서를 발급할 수 있었지만, 학생부를 영문으로 표시함으로써 학생에 대한 파악을 보다 용이하게 하기 위한 조치였다. 아울러, 2010학년도부터 독서활동상황란을 신설하여 학생들의 독서교육 실태를 정확하게 기록하도록 하여 독서를 장려하고 상급학교 진학 시에 참고 자료가 될 수 있도록 하였다.

보다 큰일은 고3 학생들이 국내 대학 진학 시 별도의 학교활동기록부와 영문 성적증명서를 제출하던 것을 학생부로 대체하는 것이었다. 부임하자마자 중등 교무부장이 이런 방식에 대한 문제를 제기하였다. 우리 학교는 학생부를 제출하지 않고 영문 성적증명서와 함께 별도의 학교활동기록부를 고3 담임들이 작성하여 제출하고 있었다. 이 과정에서 학업성취도 '수'는 A로 표기하고 '양' 이하는 D로 표기했다. 또 대입전형의 중요자료 중 하나인 출결 상황은 학교활동기록부에 기록하지 않았다. 학기 초 고3 담임들과 협의를 거쳐 올해 고3부터 학생부를 제출하는 것으로 결정했다. 6월이 되면서 고3 학부모들이 반발하기 시작했다. 학생부에 표시된 출결 상황이 입시에 지장을 줄 수 있고, 종전까지 학생부를 제출하지 않아서 출결에 신경을 쓰지 않았다는 것이었다. 하지만, 재외한국학교 상황과 국내 학교의 대입자료 제출 등을 설명하고 고3 학부모들을 설득하여 관철시켰다. 대학입시 결과가 예년보다 좋아서 큰 문제 없이 넘어가게 되었다. 이후 학생들의 출결이 개선되고 면학 분위기가 좋아졌다.

국내 학교는 정보화 기술을 토대로 스쿨뱅킹을 일찍부터 시행했다. 중국에서는 은행 간 이체 등이 자동으로 이루어지지 않아서 스쿨뱅킹 시행에 어려움이 많았다. 북경에는 우리나라 은행들이 진출해 기업 대출, 개인금융 업무를 하고 있어 특정 은행만을 상대로 스쿨뱅킹을 하는 경우 시빗거리가 될 수 있었다. 북경학교의 주거래 은행도 우리은행, 외환은행 두 군데였다. 수업료, 방과후 학교 수강료, 체험학습비 등을 학부모들이 은행에서 학교 계좌로 이체하거나, 학부모가 직접 학교에 와서 또는 학생들 편으로 납부하는 실정이었다. 학생들이 현금을 갖고 있는 경우 분실의 우려도 컸다. 담당 직원의 업무처리에도 불편이 많았다. 외환은행에 이해를 구하고 내부 협의를 거쳐 북경 우리은행 지점과 학교 간 협약을 2010년 6월에 체결하고 2학기 수업료 징수부터 스쿨뱅킹을 시작하였다. 가정통신문과 학교 홈페이지에 그 취지와 절차를 미리 안내하고 우리은행에 계좌를 개설하고 스쿨뱅킹 인증을 받도록 했다. 스쿨뱅킹을 하려면 우리은행 계좌를 개설해야만 했다. 처음에는 학부모들이 불편해했지만, 점차 가입자가 늘어났다. 특히 신입생들과 전·편입생들은 반드시 스쿨뱅킹에 가입하도록 한 결과 2년 후에는 그 이용자가 95%에 달하게 되었다.

교원평가, 교지 『아우름』 창간, 진로집중과정

부임 초기에 수업 시종의 타종이 제대로 되지 않는 것을 보고 언젠가는 개선해야겠다고 생각했다. 다행히 나아진 예산 사정으로 교내와 운동장의 스피커를 교체하고 방송실을 4층에 설치하였다. 방송 주조정실을 만들고 각종 음향기기를 구입하여 타종은 물론 방송 조회까지 가능하게 되었다. 또 점심시간에는 방송반에서 학생들의 신청을 받아 듣고 싶은 노래나 음악을 제공했다. 강당의 스피커, 사운드 기기, 마이크도 전면적으로 손을 보았다. 겨울방학을 이용하여 중등 과학실을 전면 리모델링했다. 도서실 서가를 수선하고 컴퓨터를 설치하여 학생들이 인터넷을 이용하여 자료나 정보를 검색할 수 있도록 하였다.

학년 초에 계획한 대로 2010년 12월에 교원능력개발평가를 실시하였다. 의무적인 것이 아니었지만, 재외한국학교 중 처음으로 자발적으로 한 것이다. 시간 강사를 제외한 전 교사를 대상으로 학생, 동료 교원, 학부모들이 참여하였다. 초등 저학년은 학생들이 담임교사를 평가하는 것이 적절하지 않아 학부모들만 참여하도록 했다. 평가 문항은 국내 학교에서 시행하는 것을 토대로 학교 여건에 맞게 수정하고 문항 수를 10개 이내로 줄였다. 교장도 교원, 학부모의 평가를 받도록 하였다. 국내와 같은 전산 시스템이 구축되지 않아 학부모 평가는 설문지를 만들어 학생 편으로 전달하고 다시 수합하는 방식으로 이루어졌다. 학생들 평가는 담당 교사가 학급을 달리하여 아침 시간을 이용하여 동시에 진행했다.

통계 처리가 문제였다. 업무 담당 교사가 하게 되면 다른 교사의 평가 결과를 알게 되는 문제가 있어 10여 일에 걸쳐 교장인 내가 통계 처리를 하였다. 통계 처리 후에 결과지를 개별적으로 작성하여 교장이 서명하고 교장의 평가 결과지와 함께 해당 교사에게 전달하였다. 교장의 평가 결과를 교사들이 알 수 있도록 하였다. 학생, 동료 교원, 학부모들의 평가 결과는 객관적이고 합리적이었다고 생각한다. 교장 평가지에는 시설 환경이나 학교에 대한 요구사항을 문항에 포함시켜 학부모들이 원하는 바가 무엇인지를 파악하여 학교교육계획에 반영하였다. 2011년에도 비슷한 방식으로 이루어졌고 2012년에는 인터넷의 설문조사 포털 시스템을 이용하여 좀 더 편리한 방식으로 진행했다. 그런데 학부모들의 참여가 현저히 떨어졌다. 가정통신문으로 포털 시스템 이용 방법을 안내하고 학교 홈페이지에도 설명문을 탑재하고 학생들을 통해 참여를 독려했지만, 학부모 참여율이 50% 이하로 낮았다.

  2010학년도부터 국내 학교의 공모교장 임용이 전년보다 2배 이상 확대되면서 교장 자격연수 인원이 크게 늘어났다. 교장 연수 기관인 한국교원대로서는 해외연수 운영이 큰 과제였다. 교원대 연수원 담당자의 협조 의뢰를 받고 중국으로 해외연수를 오는 교장 연수단의 우리 학교 방문을 수용했다. 연수단을 대상으로 재외 한국학교 등 재외국민교육 현황과 중국의 교육제도에 대해 강의하였다. 2010년 열여섯 차례, 약 1,400명이 다녀갔고, 2011년 여덟 차례 약 800명이 북경학교를 다녀갔다.

  학년말에 1학기부터 준비한 중등 교지 창간호인 『아우름』을 발간했다. 교지 이름은 학생 대상 현상 공모를 거쳐 선정했다. 더불어 소통하고 화합하는 의미였다. 중등 연구부에서 교지 발간 업무를 맡아서 원고 수합, 교정, 인쇄 과정을 거쳐 600부를 찍어 학생, 교직원에게 배부했다. 학교의 주요 교육활동, 학생, 교직원,

학부모 등의 문예 작품, 논설, 기고문, 테마여행기 등을 망라하여 300쪽에 달하는 분량이었다. 힘들고 귀찮은 일이었지만, 한 해 동안의 학교활동을 정리하여 기록으로 남기고 다양한 문예 실력을 선보인 보람 있는 일이었다.

2009년 개정교육과정이 국내 학교에서 2010학년도부터 적용되었다. 북경학교도 학교교육과정을 전면 수정하기로 했다. 2011년 상반기 학교교육과정 개정 준비팀을 발족시켜 4개월에 걸쳐 개정안을 마련하고 하반기에 학교운영위원회의 심의를 거쳐 확정하였다. 초등부는 바른생활을 저학년에 도입하고 고학년에서는 실과 교육을 하도록 하였다.

중등부는 사회과 및 국사 교육을 체계화하고, 고등부에서는 학기별 집중이수제를 도입하고 진로·적성에 따라 교과를 선택하여 이수하도록 하는 학교자율과정을 개설했다. 이 과정은 어문, 인문사회, 이공, SAT·AP 등 4개 과정으로 구성했다. 학생들은 고등부 2·3학년, 2년간 학기별로 4단위씩 총 16단위를 자신의 진로와 관련된 과목을 선택하여 이수할 수 있도록 했다.

영역	구분		과목	이수단위(시간)	고1		고2				고3					
	교과(군)				공통/선택		인문/사회		자연		인문		사회		자연	
					1	2	1	2	1	2	1	2	1	2	1	2
교과 영역	기초	국어	국어	10	5	5										
			문학 I	5			5		5							
			문학 II	5				5		5						
			독서와문법 I	5							5		5		5	
			독서와문법 II	5								5		5		
			화법과작문 I	5							4		4			5
			화법과작문 II	4								4		4		
			논술 I*	1			1	1								
			논술 II*	2							2					
		수학	수학	10	5	5										
			수리논술*	5									5		5	
			수학 I	5			5	5								
			미적분과통계기본	5				5								5
			수학 II	5						5						
			기하와벡터	4					2	2						
			적분과통계	3										3		
			수학의활용	2										2		2
		영어	영어	8	4	4										
			영어독해 I	8			4	4	4	4						
			영어독해 II	10							5	5	5	5	5	5
			영작(C&W) I	10	5	5										
			영작(C&W) II	10			5	5	5	5						
			영작(C&W) III	8							4	4	4	4	4	4
			영문법 I	4			2	2	2	2						
			영문법 II	6							3	3	3	3	3	3
			니사회	4	2	2										
			니과학	4	2	2										
			영어에세이	4			2	2								
		소계			23	23	24	24	23	23	23	21	26	23	25	24
	탐구	과학	과학	6	3	3										
			현대과학과기술	4			2	2								
			생명과학 II	3					3							
			화학 II	3						3						
			지세 ...	4												4
			물리 I	3											3	
		사회	한국사	4	2	2										
			사회	4	2	2										
			도덕	2	1	1										
			사회문화	4			2	2	2	2						
			법과정치	4							2	2	2	2		
			윤리와사상	4							2	2				
			*시사토론	1							1					
		소계			8	8	4	4	5	5	5	4	2	2	3	4
체육·예술	체육		체육	4	2	2										
			스포츠과학	8			2	2	2	2	2	2	2	2	2	2
	예술(음악/미술)		음악/미술	2	1	1										
	소계			14	3	3	2	2	2	2	2	2	2	2	2	2
생활·교양	기술·가정/제2외국어/한문/교양		중국어 I	8	4	4										
			중국어 II	8			4	4	4	4						
			중국어 III	8							4	4	4	4	4	4
			중국의이해	3								3		3		
	소계				4	4	4	4	4	4	4	7	4	7	4	4
	교과 영역 소계			14	38	38	34	34	34	34	34	34	34	34	34	34

구분		과목	계											
학교 자율 과정	어문 집중 과정	문학 심화	4							4		4		
		비문학독해 심화	4				4			4		4		
		영어 에세이 심화	4							4	4	4	4	
		고급 시사 중국어	4							4	4	4	4	
	인문 사회 집중 과정	경제	4			4								
		세계지리	4		4									
		동아시아사	4							4		4		
		ㄴ사회심화	4		4									
		중국문화	4			4								
	이공 집중 과정	지구과학II	4					4					4	
		물리II	4										4	4
		화학II	4										4	4
		생명과학II	4						4					
		*미적분의 이해	4					4						4
		*이산수학	4							4			4	
	SAT, AP 과정	SAT (MATH IIC)	4					4						
		ㄴ과학 심화	4						4					
		AP(Calculus, Statistics)	4						4					
		고급HSK	4			4								
		소계	16	0	0	4	4	4	4	4	4	4	4	4
창의적체험활동		소계	12	2	2	2	2	2	2	2	2	2	2	2
		주당 시수 계	240	40	40	40	40	40	40	40	40	40	40	40

| 고등부 교과 편제 및 학교자율과정

재외한국학교도 국내 학교 못지않게 학생, 학부모들이 대학 진학에 관심이 많다. 교민 자녀들 대다수가 국내 대학에 재외국민특별전형으로 진학한다. 북경학교는 일찍부터 진학지도 시스템이 비교적 잘 갖추어져 있었는데, 진학부장 한 사람에게 의존하는 경향이 있었다. 진로진학지도를 체계화하고 업무의 연속성을 확보하는 것이 필요했다. 진학지도 정보 및 자료를 파일링하는 작업부터 하도록 했다. 내신 성적과 모의고사 결과, 최종 진학 결과를 연계하여 분석하고 종합화하였다. 이런 자료를 학부모 회의나 상담 시에 제공하여 자녀의 현재 위치가 어느 대학에 진학할 수 있는지를 파악하고 자녀의 진로 결정과 진학 준비를 하도록 했다. 그리고 교사들의 제안에 따라 고3 학생, 학부모들을 위한 진학사이트

(www.kisb12.co.kr)를 설치하여 진학 안내, 관련 자료, 입시 후기 등을 탑재하고 활용토록 하였다.

재외국민 특별전형, 즉 특례입시는 지필시험과 함께 면접이 매우 중요하다. 많은 대학이 서류 심사와 면접을 거쳐 학생을 선발한다. 특히 초·중·고 12년 전 과정을 해외에서 이수한 학생을 대상으로 하는 전형은 지필시험이 없다. 2011학년도부터 모의 면접을 실시할 때 학교 교사들의 참여는 최소화했다. 대신 북경에 체재하는 우리나라 교수, 연구원 등을 면접위원으로 초빙하여 실제 면접과 같은 방식으로 진행하여 학생들에게 도움이 되도록 했다. 2011년 5월 모의 면접 때는 퇴임 후 북경 청화대학 대학원에서 강의하고 있던 한상진 전 서울대 교수를 면접위원으로 모셨다. 면접이 끝난 이후 한 교수는 고등부 전체 학생을 대상으로 특강을 해주셨다.

북경학교는 정체성 교육의 일환으로 태권도부가 동아리 활동 형태로 운영되었다. 송주현 태권도 사범이 학교에 상주하면서 헌신적으로 학생을 지도하여 학부모들로부터 좋은 평가를 받고 있었다. 태권도 교육은 학생들이 인내심과 극기심을 기르는 좋은 수단이 되었다. 초등 6학년 2학기와 중 1학년 1학기까지 1년 동안 체육수업 2시간 중 1시간을 할애하여 학생이 태권도를 배우도록 하였다. 태권도 도복을 북경대사관 한국문화원장이 지원해 주었다. 태권도 사범의 열정적인 지도로 태권도 수업은 학생들로부터 가장 사랑받는 수업이 되었다.

별관 매입과 리모델링, 자금난, 유치원 이전

학교 과밀 문제가 날로 심각해졌다. 2010학년부터 고등부 1·2학년에 한 개 학급을 증설하면서 더 과밀해졌다. 2006년 3월 현재 교사로 이전한 이후 학생이 늘어나 2008년 학교 옆 건물 매입을 추진했었다. 인수 직전까지 갔다가 가격 차이로 건물주와의 협상이 결렬되었다. 2010년 상반기 건물주가 건물을 매각한다는 정보를 입수하여 매입 준비를 하고 재외동포교육과에 매입 예산을 신청했다. 건물주가 매각을 취소하는 바람에 예산 신청을 철회하는 해프닝도 있었다.

2010년 12월 학교에서 약 300m 떨어진 곳에 있는 건물 매각 소식을 한국인 부동산 업자로부터 들었다. 건물 시세를 파악하고 상업용 건물을 외국인학교가 매입할 수 있는지에 대한 법률 검토에 착수하였다. 상업용 건물의 교육용 건물로의 용도 변경이 불가능하지 않다는 법률 자문을 받았다. 동시에 북경시 교육위원회 외국인학교 담당자를 만나 학교 과밀을 해소하기 위해 건물을 구입해 유치원을 이전하겠다는 계획을 설명하고 동의를 받았다. 건물주는 북경주공방지산개발유한공사로 건물 주변 아파트 단지를 개발한 회사였다. 건물은 아파트 단지와 독립된 건물로 소유권을 이 회사가 보유하고 있었다. 먼저 한국인 에이전트와 함께 가격 협상에 들어가 m^2당 23,800위안, 연건평 3,794m^2, 총액 90,294,344 위안(한화 약 154억 원)에 양측이 합의했다.

2011년 4월 14일 이사회 의결을 거쳐 4월 15일 매매 계약을 체결하였다. 이보다 앞서 1월과 3월 두 차례에 걸쳐 재외동포교육과를 방문하여 과장, 담당자와 재원 조달에 관한 협의를 거쳐 매입비 일부를 시설비 명목으로 2012년 정부 예산에 반영하기로 합의하였다. 매입 비용은 학교가 적립한 건축기금 3,500만 위안, 외환은행 차입 5,000만 위안, 2011년 학교 적립 예상 700만 위안 등 9,200만 위안으로 계획했다. 은행 차입금은 2011년까지 이자만 부담하고, 2012년부터 원리금을 연차적으로 상환하기로 하였다. 당초 다른 한국계 은행에 문의한 결과 교육기관에 대한 대출은 금지되어 있다고 하여 중국계 은행에 문의하니 이자가 10%에 달하고 절차도 까다로웠다. 평소 이사회 감사로 도움을 받던 북경 외환은행 지점장에게 대출 가능 여부를 문의하니 외환은행 중국본부와 협의해 보겠다고 했다. 크게 기대하지 않았는데, 대출이 가능하다고 연락을 받았다. 이자도 떼를 쓴 끝에 6.31%로 우대를 받았다. 매입 계약 체결 2개월 후 중도금을 지불하고 10월에 잔금 지급을 완료했다. 12월 초 인지세 약 280만 위안을 내고 이전등기를 마치고 등기권리증을 북경학교 명의로 발급받았다.

  건물 리모델링을 거쳐 2012년 2학기에 유치원을 건물 1층으로 이전하는 것은 쉽게 결정했다. 건물 2·3층에 2~3개 학년을 수용할 수 있는 교실을 확보할 수 있는데, 초·중·고 어느 학년이 이전할지 결론을 내리지 못했다. 매입 전 이사회에는 유치원과 초등 1·2학년 이전 방안을 보고했는데, 초등교사들이 강하게 반발했다. 교사, 학부모 대표로 이전 준비팀을 구성해서 이전 방안을 협의하도록 했다. 여러 차례 회의를 했지만, 제자리를 맴돌 뿐이었다. 학교운영위원회에서 논의해도 결론을 못 내리고 교장에게 일임하였다. 2013학년도 1학기 초등 1학년 신입생부터 별관에서 2학년까지 수업을 받고 3학년부터 본관에서 수업을 받는 것으로 결정했다. 초등 1·2학년이 생활하게 된 것이다. 유치원과 가장 근접한 교육과정을 운영하는 학년이 초등 저학년이고 운동장이 없더라도 실내에서 놀이나 운동을 할 수 있다고 판단했다. 아울러 기존 재학생에게는 아무런 영향이 없다는 점도 고려하였다.

한편 별관 매입 비용을 조달하고 학생 복지를 확대하기 위한 목적으로 학교운영위원회 심의를 통해 학교발전기금을 조성하기로 했다. 우수 학생들을 장려하고 가정 형편이 어려운 학생들을 지원하기 위함이었다. 연간 기금 조성계획을 수립하는 한편 기금 운용은 학교운영위원장이 하도록 하였다. 중앙 현관 좌측의 홍보란에 모금 포스터 등을 게시하고 학부모 회의나 학교 홈페이지를 통해 홍보하고 모금에 나섰다. 그 결과 2012년까지 약 46만 위안(한화 7,820만 원)이 적립되었다. 기금 조성을 위해 2011년 10월 28일 학부모회 명의로 바자회를 개최하였다. 북경 주재 기업과 교민, 학부모들이 물품을 기증했다. 의류, 신발, 전자제품 등 생활용품을 판매한 입점 업체도 영업 후에 일정 금액을 기부했다. 학부모회는 먹거리 장터를 열어 수익금 전액을 기금으로 전달했다. 이날 학교 운동장에 수천 명의 교민, 학생, 학부모들이 참여해 교민 한마당

큰잔치가 되었다. 바자회는 2012년 가을에도 열렸다.

새로 매입한 건물의 잔금을 10월에 지급한 후 리모델링 준비에 들어갔다. 설계를 완료하고 11월에 리모델링 공사 업체를 공개경쟁입찰로 선정하는 일에 착수했다. 뜻하지 않은 어려움이 생겼다. 학교가 매입한 건물과 아파트 단지를 관리하는 회사의 사장이 자신이 운영하는 건설업체에 그 공사를 맡겨달라는 청탁이 들어왔다. 학교에서는 관련 법규에 따라 공개입찰을 통해 시공 업체를 선정해야 하므로 공사를 하고 싶으면 입찰에 참여하라고 했다. 관리회사 사장이 운영하는 업체가 참여했는데 예비 심사에서 탈락했다. 그랬더니 학교에서 공사를 제대로 할 수 있을지 두고 보겠다는 식으로 협박하며, 재차 자신이 운영하는 회사에 맡겨달라고 했다. 무시하고 예비 심사를 거쳐 3개 회사를 선정하고 프레젠테이션과 현장 실사를 거쳐 교민이 운영하는 '천해성'이라는 업체를 선정하였다. 나중에 이 업체가 리모델링 공사를 하면서 관리회사의 협조를 제대로 받지 못해 애로를 겪기도 했다. 공사와 관련된 소방, 전기, 수도 공사의 인허가를 받아야 하는데 건물 관리회사의 협조를 받지 못하면 엄청난 곤란을 겪는다.

| 매입 건물(흰색 3층): 리모델링 후 유치원과 초등 1·2학년 사용

별관 리모델링과 관련한 정부 예산도 재외동포교육과 담당자의 협조로 2012년 정부 예산안에 20억 원이 반영되었다. 기획재정부가 심사 과정에서 예산 승인이 나기 전에 미리 건물을 매입한 점을 문제 삼아 시기적으로 불가피했다는 소명자료를 제출하였다. 학교는 40억 원을 반영하는 것이 목표였다. 국회 예산심의 과정에서 증액하는 것이 유일한 방법이었다. 마침 학부모 중 교민단체의 간부를 맡고 있는 분이 김무성 의원과 각별한 관계를 맺고 있다는 소식을 듣고 그분에게 사정을 설명하고 부탁을 드렸다. 예산소위원회 계수 조정 과정에서 재외동포교육과가 반영한 20억 원이 38억 원으로 증액되어 12월 31일 국회에서 통과되었다. 북경학교를 떠나기 직전인 2013년 1월 하순 박근혜 정부의 중국 특사

로 북경을 방문한 김무성 의원에게 감사패를 전달하고 사의를 표했다.

별관 리모델링 공사 업체에게 설계에 반영되지 않은 부분을 보완하도록 한 이후 2011년 12월 30일 총공사비 약 918만 위안(한화 15억 6,000만 원)에 계약을 체결하였다. 계약금 100만 위안 외에 모든 공사비는 후불로 하는 조건이었다.

2012년 1월 소방, 전기 공사 등에 대한 인허가 신청을 하고 2월 시공허가를 받았다. 본격적인 리모델링에 착수하여 설계도에 따라 공사를 진행하였다. 공사를 하면서 제일 심각하게 고려한 것은 아파트 주민의 민원이었다. 가까운 동의 주민들에게는 약간의 선물을 주고 이해를 당부하여 공사 동안 큰 마찰은 없었다. 순조롭게 진행되던 공사가 5월 초 벽체 내부에 넣는 방음·보온재의 재질 문제로 시공사와 마찰이 있어 3주간 공사가 중단되었다. 시공사는 설계사가 확인해 준 방음·보온재는 북경시 소방당국이 한 번도 검수한 재질이 아니기 때문에 준공 후 소방 검수 시 거부당할 가능성이 크다는 이유로 계속 난색을 표하였다. 설계도와 공사 내역서에 방음·보온재의 재질이 명확히 표시되어 있지 않았다. 나중에는 이 보온재를 쓸 경우 준공 소방 검수를 학교가 책임진다는 각서를 요구하였다. 그러면서 시공사는 자신들이 추천한 글라스 울(Glass Wool)을 사용하는 것이 타당하다고 주장하였다. 글라스 울은 석면 재질인데 양면을 코팅처리 하여 안전성에 문제없다고 했다. 나는 석면 재질을 교육용 건물에 사용할 수 없다고 판단하고 시공사의 제안을 거부하였다. 그리고 교육환경건축학회 김선중 박사에게 메일로 자문을 의뢰한 결과 글라스 울은 국내 교육용 건물에 사용이 금지된 제품이라는 것을 알게 되었다. 소방 검수를 학교가 책임지겠다는 각서를 쓰고 천연섬유 소재로 만든 방음·보온재를 시공했다. 갈등의 가장 큰 원인은 가격 차이였다. 천연섬유로 만든 보온재에 비해 글라스 울 가격은 절반 이하였다. 이후 공사는 순조롭게 진행되어 7월 중순 끝나고 준공 소방 검수를 통과했다.

공사는 끝났지만, 공사대금 지불이 막막했다. 당초 4월 말 또는 5월 초로 예정된 정부 예산 배정이 계속 늦어졌다. 건물 이전등기 시 지불했던 인지대와 리모델링 공사 선급금, 교직원 퇴직금을 주고 나니 5월부터 교직원 봉급을 줄 돈이 부족한 실정이었다. 주거래 은행인 우리은행에서 일시 차입을 해서 급한 불을 껐지만, 매일 피가 마를 지경이었다. 두 차례 출장을 가서 재외동포교육과장을 만나 읍소했다. 별관 매입 시 교육과학기술부 승인 없이 외환은행에서 5,000만 위안을 차입한 이유를 들어 면밀한 검토 후 예산 배정 여부를 결정하겠다고 했다. 결국 차입 승인을 받아 우리은행에서 두 번째로 자금을 대출받아 7월 말 공사비 잔금을 지불하였다. 잔금 지불 후에도 추가 공사에 대해 감리사의 검토를 거쳐 지루한 협상을 벌였다. 2012년 12월 시공사가 추가로 요구한 126만 위안 중 인·허가비로 요구한 40만 위안을 인정하지 않고 공사비 86만 위안 중에서 50만 위안을 지불하기로 합의했다. 재외동포교육과의 지도 조사를 받은 후 2012년 8월 38억 원의 정부 예산을 배정받아 추가 공사비와 은행 차입금 변제에 사용했다.

  2012학년도 9월 1일 개교기념식과 유치원 이전 개원식을 같이 하기로 하였다. 이규형 대사가 참석한 가운데 본관에서 기념식을 하고 내빈들이 유치원으로 이동하여 유치원 이전 개원식을 거행하였다. 리모델링 공사가 끝나고 여름방학 동안 유치원 원감과 교직원들은 유치원을 새로 꾸미느라 고생이 많았다. 작년부터 유치원 이전이 결정되고 금년 초 이사회에서 유치원 원비 인상이 의결되었다. 6월경 유치원 학부모 대상 설명회를 개최했는데 상당수 학부모들이 이전을 반대하였다. 새 건물 증후군으로 원아들 건강이 위협받을 수 있고, 안전이 제대로 검증되지 않았다는 것이 표면적 이유였지만 주된 원인은 원비 인상 때문이었다. 2학기 등록을 받는데, 학부모들이 등록을 망설였다. 북경시 환경검측중심(環境檢測中心)에 의뢰하여 유해물질 검출 여부를 조사하였다. 조사 결과 모든 항목에서 기준치 이하로 나왔고 학부모들이 새 유치원 건물을 견학하면서 이전 거부 사태는 마찰 없이 끝났다.

  중등 미술과 최창락 선생님이 새로 이전한 유치원 중앙 현관에 한지 공예 설치물을 부착하고 기증해 주었다. 나도 유치원에 아내가 시집올 때 가져왔던 피아노를 기증했다. 오래되었으니 다른 피아노로 사주겠다고 약속하고 기증하도록 했는데 아직도 약속을 지키지 못했다. 미안하고 고마울 따름이다.

  여름방학 동안 학교 본관도 정비하였다. 식당 내에 있던 초등 음악실과 분반실 세 곳, 5층 복도 분반실을 철거하였다. 초등 미술실, 초등 음악실을 유치원이 있었던 1층 교실로 이전하였다. 식당이 원래 모습을 다시 갖추면서 식탁, 의자를 새로 마련하여 2학기부터 초등 1~4학년을 제외한 전 학년이 식당에서 급식을 함으로써 위생과 청결 문제가 크게 개선되었다. 급식실 안의 교실과 복도의 분반실로 인해 당국으로부터 위생과 소방 안전을 지적받고 과태료를 물던 데서도 벗어날 수 있게 되었다. 재미있는 것은 과태료도 협상을 통해 조정할 수 있고 담당자를 찾아가 사정하면 감경도 해주었다. 법치가 아닌 인치의 현장이었다.

초등부 학생, 교사들의 숙원사업이었던 초등 과학실 공사를 2013년 1월 약 23만 위안의 사업비를 투입하여 2월 초 완료하였다. 2013학년도 초등 신입생인 1학년들이 별관에서 수업하게 됨으로써 학교 공간에 여유가 생겨 2층에 초등 과학실을 새롭게 만들었다. 초등학생들도 다양한 과학 실험·실습을 통해 충실한 과학 수업을 받음으로써 자신의 특기와 적성을 찾고 꿈을 이룰 수 있게 되었다. 또 초등 과학 영재 프로그램을 운영하는 교사도 중등 과학실을 빌려 수업하는 부담에서 벗어날 수 있게 되었다.

석차등급 표기 갈등, 정년 규정과 수업료 인상

북경학교는 개교 이래 성취평가제를 계속 적용하였다. 2010학년부터는 '수~가' 5단계를 '수+, 수 ~ 가' 9단계로 확대했지만, 절대평가 방식은 그대로 유지했다. 2011학년도 상반기 재외한국학교에 대한 감사원 감사에서 우리 학교를 포함한 일부 한국학교의 학생부 입력 오류가 지적되었다. 그해 8월 재외동포교육과에서 공문으로 국내 학교와 같은 방식으로 학생부 기록·관리를 엄격히 하도록 통보했다. 2011년 10월 국내 학교와 같은 방식으로 2012학년도부터 단계적으로 석차를 기록하는 방안의 도입을 시도하였다. 두 차례 학부모 설명회를 거쳐 학교운영위원회에 교과 성적의 석차등급 표기를 골자로 하는 학업성적관리 규정 개정안이 상정되어 심의 통과되었다. 학부모들은 여전히 석차등급을 표기할 경우 자녀들의 대입 진학에 불리하다고 생각하여 쉽게 수긍하지 않았다.

   2011년 12월 초 교육과학기술부에서 학사 선진화 방안의 일환으로 중학교는 2013학년도부터 고등학교는 2014학년도부터 종전의 석차등급 표기제를 성취평가제로 전환하겠다고 발표하였다. 그리고 성취평가제를 시행하는 과정에서 성적 부풀리기 등의 부작용을 막기 위해 '원점수(평균)/편차'를 병기하겠다고 하였다. 이렇게 되자 우리 학교가 이번에 바꾸더라도 2년이 지나면 성취평가제로 바뀔 것인데 지금 석차등급을 기록할 필요가 있느냐는 의견이 대두되었다. 이미 상해한국학교를 비롯한 많은 학교에서 석차등급 기록을 하고 있었고 천진한국학교도 2011학년도 2학기부터 교과부 공문에 의거 석차등급을 기록하고 있었다. 정부의 보완책

대로 '원점수(평균)/편차'를 병기하면 대학이 석차를 계산할 수 있기 때문에 석차등급 표기제와 다르지 않다고 해도 학부모들은 납득하지 않았다.

　이러한 학교의 조치에도 불구하고 일부 학부모들이 절대평가 유지위원회를 결성하여 재외동포교육과에 학교의 성적 처리 방안, 별관 매입 과정과 학교 회계 처리 등에 대한 민원을 제기하고 감사를 요구하였다. 나는 법령 개정이 되지 않는 한 2012학년도부터 석차등급 표기제를 시행할 수밖에 없다는 입장을 고수하였다. 학부모들은 재외한국학교를 지도감독 하는 재외동포교육과가 재외한국학교마다 학생부 교과성적 기록이 서로 다르도록 왜 방치했느냐고 문제를 제기하였다. 2012년 2월 말 석차등급을 기록하지 않고 교육과학기술부가 발표한 성취평가제 방식으로 하겠다고 했음에도 불구하고 학부모들은 '원점수(평균)/편차'를 기록하지 않는 절대평가제를 고수하였다. 재외동포교육과는 학내 갈등이 점차 깊어지니 교장이 양보하라고 했지만, 나는 그렇게 할 수 있도록 조치를 취해달라고 요구했다. 2012년 3월 재외동포교육과에서 재외한국학교 학생부 기록에 관한 별도 지침을 제정하기 전까지 학교장 책임하에 학생부 기록 방법을 자율적으로 결정하도록 한다는 공문이 시달되었다. 이에 학교운영위원회를 개최하여 별도의 학생부 기록 방식을 도입할 때까지 종전의 성취도만을 기록하는 방안을 유지하기로 함으로써 갈등은 종결되었다. 재외한국학교 학교생활 기록을 교육과학기술부령으로 정하는 기준에 따라 작성·관리하여야 한다는 규정만 두고 실태 파악과 별도 지침 제정 등 관리를 하지 않은 점, 학교의 안이한 상황인식, 일부 학부모의 과도한 이기주의가 함께 빚어낸 갈등이었다.

재외동포교육과가 2014학년도부터 재외학교에 NEIS 시스템을 도입하기로 결정하고 그에 앞서 2013년 1월 '한국학교 학교생활기록 작성 및 관리' 지침이 시달되었다. 재외한국학교도 중등부는 교과, 과목, 성취도(수강자수), 원점수/과목 평균(표준편차)을 기록하고, 고등부는 2014학년도부터 교과, 과목, 단위수, 성취도(수강자수), 원점수/과목 평균(표준편차)을 기록하도록 하는 것이다. 다만, 2013학년도까지는 고등부도 국내 학교처럼 석차등급을 기록하도록 했다. 2013년 1월 시기적으로 촉박하고, 신입생을 12월 초 이미 선발했다는 점을 이유로 2013학년도부터 새 지침을 시행하기가 어렵다는 점을 재외동포교육과에 전달하였다.

앞에서 말한 대로 2012년 6월 20일부터 6월 22일까지 재외동포교육과의 지도 조사를 받았다. 2012년에 지원키로 한 국고 38억 원의 배정과 관련된 것이었다. 5월 재외동포교육과를 방문하여 지도 조사를 해달라고 먼저 요청했다. 조사에서 지적받은 사항은 세 가지였다.

첫째, 별관 건물 매입을 위한 무허가 차입은 부당하며, 관할청 허가 없이 차입한 5,000만 위안에 대한 구체적인 상환 계획을 수립하라고 요구했다. 별관 매입을 추진하던 2011년 3월 말 재외동포교육과에 공문으로 교사(校舍) 확장 계획을 보고하면서 재원 조달 방안으로 외부 차입을 제시했었다. 이후 교장이 재외동포교육과를 방문하여 설명했던 당시 별다른 지적이 없었다. 아울러 이를 알고서 재외동포교육과가 건물 매입과 리모델링비를 정부 예산에 반영했고, 기획재정부가 사전 승인 없이 건물을 매입했는지에 대한 해명을 요구하여 소명자료를 제출했었다. 이 외에 학생 수 증가 예측이 잘못되었고, 상업용 건물을 구입한 것이 적절하지 않다는 지적을 받았다. 과밀상태인 학교 여건을 개선할 필요가 있으며, 교육용 건물 매입은 원천적으로 불가능하다는 점과 용도 전환이 가능하다는 점을 설명하였다.

둘째, 건축 적립금 적립과 사용계획을 사전에 보고하지 않은 점을 지적하였다. 향후 건축 적립금을 적립할 때에는 적립 및 사용계획을 수립하여 사전에 재외동포교육과에 보고토록 요구하였다. 이와 관련하여 교장, 사무국장, 회계주임을 경고 조치하였다.

셋째, 법인 정관에 교직원 정년 규정과 차입금 처리 절차에 관한 규정을 신설하거나 정비하라고 요구했다.

2012년 7월 6일 재외동포교육과 주무관과 시설 전문가가 매입 건물에 대해 교육용으로 적절한지를 파악하기 위해 왔다. 시설 전문가는 리모델링 중이었던 건물을 둘러보고 주무관은 학부모 대표를 상대로 별관 매입에 대한 설문조사와 의견 수렴을 하고 갔다. 학부모들은 매입 필요성에 전폭적으로 공감한다는 의견을 피력했다. 7월 리모델링 공사가 끝났는데도 예정된 국고지원이 이뤄지지 않으면서 학부모들 사이에서 각종 루머가 난무했다. 이사장, 학교운영위원장, 북경한국인회장, 학부모회장으로 구성된 학교 대표단이 7월 19일 교육과학기술부를 방문하여 담당 국장, 재외동포교육과장을 면담하고 국고지원을 조속히 해줄 것을 건의하였다. 이후 재외동포교육과는 건물 용도 변경이 적법하게 이루어질 수 있는지와 추가 국고지원 없이 차입금 상환이 가능한지에 대해 보고토록 요구하였다. 용도 변경이 가능하다는 현지 법률사무소의 의견서와 차입금 상환 계획서를 제출한 끝에 8월 22일 국고지원금이 학교에 배정되었다. 이후 용도 변경을 검토한 결과 교육용으로 전환 후에 건물 가격이 하락할 수 있고, 북경시 교육당국이 상업용 건물 사용을 문제 삼지 않는 상태에서 급하게 용도 변경을 추진할 필요가 없다고 판단했다.

  2012년 6월 하순의 지도 조사에서 지적받은 차입금 처리 절차, 교직원 정년 등에 관한 규정을 정비하였다. 관건은 교직원 정년 규정이었다. 지도 조사의 지적 사항에 대해 조치를 요구하는 공문이 9월 학교로 왔다. 공문이 오기 전 관계되는 사람들과 협의하면서 교직원 정년 규정을 도입하겠다는 취지를 설명하였다. 유인후 사무국장은 개교와 교사 신축을 위해 헌신했던 분이다. 교민사회의 원로로서 신망과 존경을 받는 분인데, 당시 60대 후반이어서 정년을 정하게 되면 퇴직할 수밖에 없었다. 10월 12일 열린 이사회에서 국내 학교와 같이 교원은 62세, 직원은 60세로 정했다. 중국인 교직원은 현지 법률이 정년을 더 길게 보장하면 그에 따르는 것으로 정하였다. 그리고 향후 필요하면 교감을 둘 수 있도록 관련 규정을 신설하였다. 기존에 계약을 체결한 교직원에 대해서는 잔여 계약 기간을 보장하는 경과규정을 두었다. 그 외에 차입금 승인 절차 등에 대한 정비도 이루어졌다.

이와 함께 최초 계약 시 3년 이내의 기간을 정해 계약할 수 있도록 교직원 인사규정을 개정하였다. 기본 계약 기간을 1년 더 늘린 것이다. 초빙교사가 근무 마지막 해에는 부장교사를 맡지 못하도록 하는 것과 재계약 시 일정 비율의 교사를 탈락시키도록 한 규정을 폐지하였다. 교직원 인사의 합리성과 자율성을 높였다. 작년부터 시범 운영했던 초빙교사 3년 계약제를 2013학년도 초빙교사부터 적용하여 교사를 선발하였다.

12월 26일 열린 이사회에서 다음 학년도 예산안을 심의하면서 2013학년도 2학기부터 수업료를 초등부 2,000위안, 중등부 2,900위안, 고등부 2,600위안씩 인상하는 안건을 의결하였다. 이로써 연간 수업료가 초등부는 20,000위안(한화 340만 원), 중등부 27,000위안(한화 459만 원), 고등부 33,000위안(한화 561만 원)이 되었다. 입학금은 2011년 4월에 전 학년 공통으로 18,000위안(한화 306만 원)으로 전년 대비 5,000위안을 인상했다. 이는 내부 도색, 운동장 정비 등 시설 개선 비용과 차입금 상환을 위한 재원 확보 목적이었다. 그 결과 6년 후에 외환은행 차입금 전액을 상환할 수 있었다.

외상이 통하지 않는 중국, 빙등제와 구채구

북경 생활은 상해와 달랐다. 상해에서 거주했던 아파트는 외국인 전용으로 전문회사가 전기, 수도, 가스, 청소 등 모든 것을 관리했다. 북경에서는 빌트인 아파트를 임차하여 지냈는데, 관리를 스스로 해야만 했다. 한번은 밤에 전기가 나갔다. 정전인가 싶어 주위를 살펴보니 우리 집만 불이 꺼져 있었다. 알고 보니 충전해 놓은 전기를 전부 사용한 것이다. 부랴부랴 전기 관리국에 가서 전기 카드를 충전했다. 관리국은 다행히 24시간 일했다. 아파트 전기 계량기에 카드를 넣어 충전하니 다시 전기가 들어왔다. 수도와 가스도 마찬가지로 미리미리 충전해야 한다. 은행에서 발급하는 신용카드도 엄밀히 말하면 신용카드가 아니라 전부 체크카드이다. 현재의 위챗 페이도 마찬가지다. 외상이 용납되지 않는다. 남의 천금보다 제 주머니의 한 냥을 중시하는 중국인, 지극히 현실적이다.

북경에서 3년 반 생활하면서 여러 지역을 여행했다. 인상적인 몇 곳을 소개한다. 2011년 2월 심양한국학교에서 열린 재중한국학교장회의 참석에 앞서 하얼빈을 방문했다. 하얼빈은 중국의 동계스포츠와 휴양 중심지이다. 19세기 말 러시아에 조차되어 러시아풍의 유적들이 많이 있고, 유명한 빙등제(氷燈祭)가 열리는 곳이다. 기차로 아침에 하얼빈역에 도착해 광장으로 나왔다. 30분 후 갑자기 머리가 아프기 시작했다. 따뜻한 곳에 있다가 영하 30도의 기온에 노출되니 머리가 띵해진 것이다. 가까운 가게에 들러 털모자를 사서 쓰고, 애 엄마는 스키복 바지를 사서 입었다. 안중근 의사 기념관을 찾아 참배한 후에 하얼빈 성소피아 성당을 방문했다. 러시아정교풍의 아름다운 성당으로 내부 장식도 훌륭했다. 저녁에는 송화강 근처의 얼음 조각들로 만든 빙등제 현장을 찾았다. 입장료가 1인당 한화 5만 원 정도였는데, 방문객들로 넘쳐났다. 송화강에서 채취하여 자른 얼음 조각들로 자금성을 비롯하여 다양한 건물과 조각상을 만들었고, 튜브형 미끄럼틀 등 체험 오락장도 조성했다. 둘러보는데 5시간 이상 걸렸다. 얼음으로 만든 건물과 조각상들 안으로 형형색색의 장식 전구를 넣어 아름답고 환상적인 분위기를 연출했다.

2011년 10월 초 국경절 연휴 기간에 가족과 함께 사천성 성도(成都)를 거쳐 황룡(黃龍), 구채구(九寨構)를 방문했다. 성도는 삼국지의 유비가 세운 촉의 근거지이다. 성도에서 보현보살의 성지인 아미산(峨眉山)을 찾아 3,000m 정상에 올랐다. 정상 부근에서 가벼운 현기증을 느꼈는데, 말로만 듣던 고산증 증세였다. 당나라 때의 시성인 두보 초당(草堂)과 제갈량 사당을 둘러보고 황룡으로 출발했다. 2박 3일간 기사가 딸린 승용차를 렌트했다. 성도에서 황룡, 구채구까지의 거리는 편도로 약 600km이다. 새벽에 성도를 출발해 민강 계곡을 지났다. 2008년 발생한 사천성 대지진 현장 근처를 지나는데, 민강 계곡은 협곡 그 자체였다. 협곡 속의 작은 분지에 마을과 소도시가 형성되어 있었는데, 지진과 산사태로 많은 희생자가 나왔다. 협곡은 경사가 매우 가팔랐고, 하늘은 까마득할 정도로 높았다. 지진으로 파괴된 도로를 복구하지 않고 아예 새로운 도로를 만들었다.

출발한 지 6시간 만에 황룡에 도착했다. 황룡은 사천성 북서 내륙 3,000m가 넘는 산지의 계곡 상류에 유황 성분을 머금은 온천수가 흘러내려 2km에 달하는 누런 용 모양의 골짜기를 말하는 것이다. 다음 날 구채구를 둘러봤다. 구채구는 동화 속의 그림 같은 풍경이 펼쳐져 있는 환상적인 아름다움을 간직한 곳이다. 소수민족인 장족이 거주한다. 빙하로 침식된 크고 작은 호수는 수정같이 맑고, 호수는 샘에서 솟아나는 물의 성질과 호수 바닥에 따라 제각기 다른 색깔을 띠고 있었다. 셔틀버스를 타고 이동한다. 호수와 호수는 데크 길로 연결되어 있다. 약 50m 간격으로 환경 감시원이 있다. 구채구에 들어와 몇 시간 동안 담배를 못 피워 감시원 몰래 담배를 피우다가 걸려 담배와 라이터를 압수당했다 창피를 무릅쓰고 어디서 흡연할 수 있냐고 물으니 두 계곡이 만나는 중앙 광장에 흡연 장소가 있다고 했다. 철저하고 집중적인 감시와 통제로 데크 길과 주변에 담배꽁초나 가래침이 전혀 없었다. 많은 사람이 다니는데도 청결이 유지되고 있는 것이 중국 일반 도시의 거리 모습과는 너무나 달랐다.

또 하나 잊을 수 없는 사건은 고속도로 봉쇄로 8시간 이상을 차속에서 갇혀 있었던 일이다. 북경에 있을 때도 장인, 장모님과 큰 처형이 오셨다. 독실한 불교 신자인 장인, 장모님을 위해 북경에서 가까운 대동(大同)의 원강 석굴과 주변 유적을 둘러보기로 했다. 대동은 북경 서북쪽 200km에 위치한 도시로 남북조 시대 불교가 전래되면서 원강 석굴이 조성된 곳이다. 경주의 석불사(석굴암)가 수십 개 있다고 생각하면 된다. 또 다른 경승지인 현공사(縣空寺)를 둘러봤다. 현공사는 절벽에 구멍을 뚫어 굵은 나무를 수평으로 박아 만든 바닥과 그 위에 법당과 전각을 만든 사찰이다. 말 그대로 공중에 매달려 있는 절이다. 법당 난간에서 아래를 보면 오금이 저릴 정도로 아찔하다. 저녁을 먹고 북경으로 출발했는데, 일요일 오후여서 그런지 고속도로가 막혔다. 밤 11시가 되니 편도 4차선 고속도로의 모든 차가 정지했다. 북경에서 50km 정도 떨어진 곳이다. 몇 시간 지나 새벽이면 정체가 풀리겠지 하고 마냥 기다렸는데, 새벽 5시가 되어도 차가 움직이지 않는 것이다. 우리 차 주변은 전부 화물차였다. 6시가 넘어서 차량 소통이 재개되어 학교에 가까스로 출근할 수 있었다. 알고 보니 자정부터 오전 5시까지 모든 화물차의 북경 진입을 금지하고 있어 화물차들이 고속도로에 정차하고 있다가 아침에 북경으로 들어가고 있었다. 장인, 장모님은 사위 덕분에 장엄한 석굴과 유명한 절을 구경했다고 좋아했는데, 밤새 화장실도 못 가고 차 안에서 토막잠을 자는 고생을 하셨다. 중국에서 생활한 지 5년이 되었지만 모르는 것이 너무 많구나라고 자책하면서 죄송스러웠다.

북경학교를 떠나면서, 학생 추모

2008년 재외한국학교장 파견 지원을 하면서 북경학교 근무를 꿈꾸었다. 상해영사관 교육영사로 일하면서 상해한국학교 신축, 유학생 관리 등 교육 업무를 하면서 언젠가 재외한국학교장 근무를 하게 되면 북경에서 하고 싶은 생각을 하였다. 교감이 없고 사무국의 회계, 시설관리가 국내 학교와 차이가 날 정도로 부족하였다. 하지만 순수한 열정으로 뭉친 교사들과 함께 학생들을 가르치는 데 정성을 쏟았다. 늘 학생, 학부모, 교사들을 볼 때마다 "교장인 나도 근무하고 싶어서 왔고 학생이 다니고 싶고 학부모는 자녀를 보내고 싶어 하며, 선생님들도 우리 학교에 근무하기를 희망한다."라고 학교에 대한 긍지와 헌신을 강조했다.

북경학교를 빛낸 또 하나의 명물은 대나무 교실이라 불린 특수학급이다. 대나무 교실은 부임 전부터 운영되고 있었다. 주재원인 남편을 따라 동반휴직 중인 특수교사가 헌신적으로 학급을 이끌었다. 한국에까지 소문이 나서 대나무 교실에 아이를 맡기려고 북경으로 오는 학부모도 있었다. 미술, 심리 등 다양한 치료 프로그램과 적응 프로그램을 운영했다. 당시 재외한국학교에 특수학급을 운영한 학교는 북경학교가 유일했다.

북경학교에 대한 학부모의 만족도는 매우 높았고, 매년 편입생 모집 시 중고등부는 경쟁률이 높았다. 특히 고등부는 학급을 증설했음에도 미달된 적이 없었다. 수십 대 일의 경쟁을 뚫고 우리 학교에 초빙된 교사들도 귀국할 무렵에는 하나같이 돌아가지 않았으면 하는 아쉬움을 표했다. 주재원들 중에는 본인만 귀국하고 자녀를 북경학교에 남겨 더 공부하도록 하는 경우도 있었다. 북경학교의 대학 진학 결과는 매우 좋은 편이다. 졸업생 중 80% 이상이 서울 시내 대학으로 진학하고 있다. 진로의 다양화를 적극적으로 추진한 결과 2011학년도 포항공대, 2012학년도 해군사관학교 합격생을 배출하였다. 서울대학교는 매년 3명 정도 진학했다. 고3 학생 4분의 1 정도가 서울대, 연세대, 고려대에 진학했다. 입학 이후 학교생활을 성실히 하고 성적이 좋아 국내 대학의 북경학교에 대한 신뢰도가 매우 높다. 매년 대학들이 입학설명회를 먼저 하려고 앞다퉈 온다.

  나는 여기에 만족하지 않았다. 2011년 많은 어려움을 극복하고 새 건물을 매입한 것은 북경에 있는 어느 국제학교보다 더 좋은 환경에서 인성과 창의성을 갖춘 글로벌 인재를 양성하는 기틀을 마련하고 싶었던 것이었다. 나아가 북경학교가 재외한국학교의 모델로서 재외국민교육을 선도하는 학교로 발전하기를 희망했다. 자신의 꿈을 만들어 가는 학교, 선배가 새로운 길을 개척하고 후배들이 더 발전시켜 선후배가 같이 빛나는 명문학교를 만드는 것이 꿈이었다. 학교 발전의 작은 디딤돌 하나를 놓았다고 감히 자부한다.

  2010년대 중반부터 중국의 경제 성장에 따른 인건비 상승, 세계 경제의 분업체제 조정 등으로 우리 기업들이 공장을 베트남을 비롯한 동남아시아로 이전하기 시작했다. 중국에 거주하는 주재원과 교민 수가 급감하고 북경학교를 비롯한 재중한국학교의 학생이 줄어들면서 위기감이 고조되고 있다. 이제 교민 자녀만 다니는 학교에서 현지 외국인 자녀들도 다닐 수 있도록 교육과정을 다양화하고 수준을 높여 명실상부한 국제학교로의 발전을 적극적으로 모색해야 한다고 본다.

북경학교를 위해 많은 분들이 도와주셨다. 북경대사관에서도 류우익, 이규형 대사를 비롯하여 권석민 교육과학관이 전폭적으로 학교를 지원해 주었다. 중국한국상회 회장을 겸임했던 박근태 이사장도 필요한 사항을 아낌없이 도와주었다. 북경의 우리 종교단체, 교민 분들이 학교에 장학금, 도서 등 각종 물자를 기부하고 지원해 주셨다. 언론사 특파원들도 귀임할 무렵 본인이 소장했던 도서를 학교에 기증했다. 북경대학 박사과정에 유학하면서 북경의 불자들을 위해 봉사하셨던 화봉스님은 우리 가족을 정신적으로 많이 도와주셨다.

끝으로 교직을 은퇴할 때까지 절대 잊을 수 없는, 일어나서는 안될 일이 있었다. 2011년 6월 가정불화로 일요일 새벽 중등부 3학년 남학생이 자신의 집 아파트에서 뛰어내리는 극단적 선택을 했다. 시신 검안 후 화장 허가를 받아 장례를 치를 때까지 매일 집에 마련된 빈소를 찾아 유족을 위로하고 고인의 명복과 안식을 빌었다. 장례식 날 고인이 학교를 찾아 학생, 교직원의 전송을 받으면서 떠날 때 너무나 안타깝고 슬펐다. 다시 한번 고인의 명복을 빈다.

3. 산동성
웨이하이한국학교 개교

위해(威海, 중국어로 웨이하이)는 산동반도 동쪽 끝에 위치하여 바다의 영향을 많이 받아 온화한 편이다. 인천과 가장 가까운 곳으로 위도도 비슷하다. 도농복합도시로 면적 5,800㎢, 인구 280만 명이다. 이 중 도시인구는 190만 명이다. 위해는 명나라 시기 왜구의 침략을 막기 위한 해양 방위소인 위해위(威海衛)에서 이름이 유래되었고 청나라 말 북양해군의 기지였다. 위해 박물관에는 위세가 바다 강역을 진동한다는 위진해강(威辰海疆) 현판이 있다. 통일신라시대 유학생과 승려, 상인들이 당나라로 출입한 통로였고, 장보고가 설립한 적산(赤山) 법화원(法華院)이 있던 곳이다. 92년 한·중 수교 전인 90년 9월 인천과 선박 항로가 개설되어 인적·물적 교류가 시작되었다. 지금도 인천-위해 간에 항공교통 외에 매일 2편씩 5천 톤급의 페리호가 운영되고 있다. 2015년 위해는 인천과 함께 한중 FTA 시범도시로 선정되어 우리와 더욱 밀접한 교류를 하고 있다. 삼성중공업을 비롯하여 수산물 등 식품가공, 섬유, 인쇄 관련 기업들이 진출해 있다. 한때 3만 명에 달하던 교민 수는 절반으로 줄었다. 우리 동포인 조선족들이 다수 거주하며, 우리와 일찍 교류한 관계로 다문화 가정 자녀가 많다.

59 참사, 학교 설립 승인과 개교 준비

2000년대 중반 위해시의 투자 환경 개선으로 한국기업과 한국인이 날로 증가하고 있는 상황에서 자녀들의 교육 문제 해결이 시급한 과제로 대두되었다. 2002년 9월 개교한 연대한국학교로 1시간 반 이상 통학하는 불편이 계속되었다.*

2006년 위해한인상공회(회장 이희형)는 청도영사관의 협조를 받아 한국학교 설립 준비위원회를 구성, 설립 기금을 조성하고 위해시 정부 인사를 만나 학교 설립을 협의했다. 8월 하순 위해시 정부에 한국학교 설립 보고서를 제출하고 주중한국대사관에 한국학교 설립 건을 보고하였다. 10월에는 이희형 회장이 총영사를 면담하고 교민 대상으로 학교 설립에 관한 설문조사를 실시하였다.

---

* 이하 대부분은 『웨이하이한국학교 3년사』(2020. 1., 미출판)에 실은 나의 원고를 중심으로 작성하였으며, 일부는 책자의 내용을 중심으로 정리한 것이다.

이 무렵 교민이 설립한 위해중세외국인학교(이하 중세학교로 약칭)가 2006년 7월 산동성 교육청의 허가를 받아 11월 개교하였다.

2007년 1월 청도영사관에서 위해한국학교 설립에 관한 간담회를 개최하고 3월에는 중세학교와의 통합 운영을 제의했으나 거부당했다. 산동성과 위해시 정부도 한 개 성(省)에 한 개의 한국학교 운영이 원칙인데, 이미 2개의 한국학교가 산동성에 있어 추가로 한국학교 설립을 허가하기 어렵다는 입장이었다. 이후 한국학교 설립 추진이 중단되었다.

위해한인상공회의 한국학교 추진이 무산된 이후 중세학교에서 2015년, 2017년 두 차례에 걸쳐 한국 교육부에 한국학교 설립 승인을 신청하였다. 중세학교법인이 한국학교를 운영하거나 별도 법인을 설립하여 운영하는 형태였다. 교육부는 별도 법인 설립, 재산 분리·이전, 교육부의 학교장 파견을 제시했으나 중세학교 이사장이 교장 파견을 수용하지 않아 무산되었다.

2017년 5월 9일 위해에서 오전 9시 중세유치원 통학버스 기사가 등교 시간에 버스에 휘발유를 뿌리고 불을 질러 우리 원아 11명이 목숨을 잃는 끔찍한 일이 일어났다. 같은 날 한국에서는 대통령 선거를 위한 투표가 진행되어 문재인 후보가 대통령에 당선되었다. 중국인 버스 기사가 스스로 목숨을 끊었고, 유치원 보모도 숨졌다. 한국과 중국에 유치원 버스 참사 소식이 전해지면서 엄청난 충격을 줬다. 시진핑 주석이 애도를 표하고 철저한 조사를 지시했다. 유치원은 폐쇄되고 유치원 운영자인 중세학교가 신청한 한국학교 설립은 교육부에서 반려되었다. 유치원 소유주인 중세학교 이사장은 그동안 운영하던 한국부를 2017년 말 폐쇄하겠다고 밝혔다. 당황한 학부모들이 위해한인상공회와 청도영사관에 대책을 요구하면서 한국학교 설립 움직임이 가시화되었다. 참사에 따른 민심 수습을 위해 태도를 바꾼 중국 측의 협조와 한인상공회와 영사관의 노력, 한국 교육부의 지원으로 한국학교 설립 움직임이 급물살을 타게 되었다.

7월 26일 한국학교 설립추진위원회(위원장 김종유 위해한인상공회장, 이하 위원회로 함)가 출범하였다. 교민, 학부모, 유족 대표가 위원으로 참여하였다. 위원회는 2개월간 청도청운, 연대 등 인근 한국학교를 방문하여 학교 설립과 운영에 관한 자료를 수집하고 학교법인 정관 작성, 교사 후보지 답사, 설립 승인 신청서 작성 등을 주관했다.

웨이하이한국학교법인이 결성되어 8월 26일 창립총회를 개최하였다. 선출직 이사로는 김종유 외 5인이 선임되었고, 청도영사관 교육영사, 학교장을 당연직 이사로 정하였다. 창립총회에서 학교 설립·운영을 결의하고 8월 31일 학교 설립 승인 신청서를 교육부에 제출하였다. 이후 교사와 운동장 등 학교설비를 물색했지만, 적당한 시설을 찾지 못해 그해 말 폐쇄 예정인 중세학교 한국부 설비를 사용하기로 결정하고 중세학교와 임대차 계약을 체결했다. 초등학생은 운동장을 같이 사용하고 중등 학생 운동장은 중세학교가 학교 서편에 만들어 주는 것으로 계약했다.

학교설비 임대차 계약서 등을 추가로 제출하고 교육부 실사(9. 27.~9. 29.)를 거쳐 10월 24일 초·중·고 12년 과정의 학교 설립 승인을 받았다. 다음 날인 10월 25일 학교 운영 승인 신청서를 교육부에 제출하였다. 학교 설립 승인 6개월 후 운영 승인 신청을 하도록 되어 있는 관련 규정을 교육부가 개정하여 가능하게 된 것이었다. 12월 24일 교육부가 학교 운영을 승인함으로써 2006년부터 시작된 위해의 한국학교 설립이 이루어지게 되었다. 학교 명칭은 중세학교의 정식 명칭이 위해중세외국인학교여서 웨이하이 한국학교를 쓰게 되었다.

교육부는 2018년 3월 개교를 위해 교장, 행정실장, 교사 15명을 파견하기로 하고 선발에 착수하였다. 신설학교의 빠른 개교 준비와 참사를 겪은 교민과 학부모의 정서를 감안하여 교직원 대다수를 파견하기로 했다. 학교 운영비 절감도 고려했다. 이 과정에서 2017학년도를 끝으로 운영을 중단하기로 한 중세학교 한국부 교사의 고용 승계가 제기되었지만, 수용되지 않았다.

개교 준비 및 학교 운영을 담당할 교장으로 내가 선발되었다. 학교시설과 예산 회계 운영을 담당할 행정실장으로는 교육부 사무관이 선발되었다. 행정실장으로 사무관이 재외한국학교에 파견된 경우는 처음이었다. 나와 전건우 행정실장은 12월 13일 현지에 부임했고 파견교사 14명(초등 6명, 중등 8명)은 12월 31일 부임하였다.

한편 위해시 정부에 신청한 학교 설립 및 운영 승인은 10월 18

일 위해시 교육국으로부터 설립 동의서를 받았다. 설립 소요 기간은 4개월, 학생 모집 범위는 초등부터 고등학교까지이고 학생 규모는 500명이었다. 위해시 교육국의 최종 비준을 받기 위해 교사, 학교시설을 국가 규정에 맞춰 신속하게 완비하고, 현장실사에서 제기했던 식당 설치, 담장 개선, 대피 방향으로의 교실문 개폐, 계단 장애물 제거가 필요하다고 동의서에 명기했다.

중국 교육법은 외국인학교를 설립할 수 있는 주체를 개인과 법인으로 제한하고 있다. 위해시 교육국은 웨이하이한국학교 설립을 법인에서 하도록 요구했다. 김종유 이사장이 본인 명의로 학교 설립을 위한 특수목적법인(SPC)인 위해한학문화전파유한공사를 설립했다. 8월 29일 위해시 공상행정관리국에 설립 신청을 하였고 10월 9일 비준을 받았다. 법정 대표자는 김종유, 투자 목표액은 미화 500만 달러로 하였다. 학교가 위해시 교육국으로부터 운영 허가를 받고 민정국에 비영리 법인 등기를 완료한 이후 학교 회계 집행이 가능해질 때까지 SPC가 개교에 따른 시설공사, 임차료 지급의 주체가 되었다.

학교 설립 준비를 진행하면서 중국 우리은행 위해 분행에 계좌를 개설하여 학교 설립 자금을 모금하였다. 59 참사 유족들이 기부한 성금 외에 필요한 자금 충당을 위해 입학 희망 학부모를 대상으로 입학 예약금 명목으로 1인당 5,000위안을 기부금으로 받았다. 유족들이 기부한 48만 4천 위안, 김봉렬 이사 기부 27만 5천 위안, 입학 예약금 80만 6천 위안 등 156만 5천 위안(한화 2억 6

천 6백만 원)이 학교 설립 자금으로 조성되었다.

12월 13일 행정실장과 함께 위해에 도착해 김종유 이사장을 만났다. 이사장은 웨이하이한국학교 설립 배경, 과정 등을 소개하고 교장에 대한 기대가 크다고 언급하면서 개교 준비에 만전을 기해달라고 당부하였다. 저녁에는 행정실 외사 업무를 맡기로 내정된 직원 왕등(王騰), 한인회 간부와 같이 이사장이 베푼 만찬에 참석했다. 배석한 한인회 간부는 59 희생 원아에 대한 명예졸업장 수여가 가능한지 문의했다. 학교 설립 전에 발생한 일이고 원아들이 학교 재학생이 아닌 점을 들어 법적으로 불가하며 다른 방법으로 추념할 것을 제안하였다.

다음 날 오전 우리 학교가 사용할 교사인 중세학교 한국부를 방문하였다. 학교에 도착해서 살펴보니 교문 입구부터 서쪽 현관 앞을 거쳐 운동장 쪽 중앙 현관까지 2.5m 높이의 철제 담장이 있었다. 우리가 사용할 교사를 폐쇄해 놓은 듯한 느낌이었다. 최근에 설치한 흔적이 역력했다. 중세학교 행정실장의 안내로 건물을 둘러보고 식당으로 사용할 지하실 바닥 공사 현장을 둘러봤다. 학부모들이 학교 운영에 대해 궁금해하고 조금이라도 빨리 학교 운영 계획을 홍보할 필요가 있다고 해서 12월 15일 오후에 학부모 간담회를 개최하기로 하였다.

학교 4층 이벤트홀에서 열린 간담회에는 100여 명의 학부모가 참석하였다. 먼저 희생 원아에 대한 애도를 표하고 학교 운영 방향과 개략적인 청사진을 소개했다. 한국학교로서 정체성과 창의

인성, 글로벌 능력 함양에 중점을 두겠다고 운영 방향을 밝혔다. 이어 교육과정 운영과 학생 모집, 입학 자격, 급식 및 통학버스 이용, 특례입시 지도를 설명하고 질의응답 등 1시간 반에 걸친 간담회를 마무리하였다. 마치고 나갈 때 어떤 학부모가 "고3 입학생이 1명이라도 학급을 운영하겠는가."라고 질문해서 단호한 어조로 운영하겠다고 대답하니 만족하고 안심하는 표정이었다.

12월 18일 오후 3시 위해시 교육국을 방문하였다. 서동휘(徐東暉) 교육국장과 송옥걸(宋玉杰) 판공실 주임을 면담하고 그동안 위해시 정부가 학교 설립을 위해 많은 지원과 협조를 한 데 대해 감사하다고 인사했다. 교육국의 정식 비준이 조기에 이뤄질 수 있도록 협조를 당부하니 교직원 경력 증명과 기타 요구사항을 제출해 달라고 했다.

20일 청도영사관과 청도청운한국학교 방문을 위해 청도로 출발하였다. 10시 반 경 청운한국학교에 도착하여 교장을 만나 그동안의 지원에 감사를 표하고 행정부장이 조기에 웨이하이한국학교에 합류할 수 있도록 부탁했다. 이철호 행정부장은 청도청운한국학교에서 10년 이상 근무했으며, 여름부터 웨이하이한국학교 설립을 지원해 왔다. 11시 반경 총영사께 파견교장 부임 인사를 하고 학교 설립 준비 등에 관해 협의하였다. 총영사는 59 참사 수습과 학교 설립을 위해 김종유 이사장 등 한인회 관계자의 노고와 유족 대표들의 헌신이 있었다고 말하면서 내년 3월 예정대로 개교할 수 있도록 노력해 줄 것을 당부하였다.

23일 이사회에서 인사관리 규정, 보수 및 수당 규정이 일부 내용을 수정하여 의결되었다. 25일 교과서 주문 목록을 점검하고 위해시 교육국에 학교 비준 신청 서류를 행정부장이 제출했다. 저녁에는 청도영사관 외사 담당 이강원 영사, 별은도(別銀濤) 위해시 외사국장, 김미석 유족 대표와 식사를 같이 하면서 학교에 대한 기대와 희망을 듣게 되었다.

26일 오전 중세학교 교장을 만났다. 철제 담장을 조속히 철거하고 학교 서편 운동장 정비를 요청했다. 임대차 계약서에는 두 학교 건물 사이의 운동장을 초등학생만 사용하기로 하고 중등 학생들을 위해 법규에 부합하는 운동장을 조성하여 제공하기로 되어 있었다. 중세학교장은 "현실 파악이 덜 됐다. 얘기가 다 끝난 문제를 왜 제기하느냐."라고 하면서 운동장 정비를 거부하였다. 이에 나는 학생들을 교육하는 입장에서 중세학교가 조성한 공터를 운동장으로 사용할 수 없다고 강력히 항의하면서 분위기가 험악해졌다. 이후에도 크고 작은 갈등은 계속되었다.

29일 교무와 행정실에서 담당할 개교 준비 업무를 정리하였다. 교무 쪽은 교훈 · 교가 제정, 학사일정, 학교교육과정 편성 · 운영, 교과서와 교육자료, 초빙교사 채용, 입학생 모집, 학교 홈페이지, 학적 관리, 출석부 등 제반 장부 구비였다. 행정실은 위해시 교육국의 학교 운영 승인, 예산 · 회계, 급식실, 통학 차량, 책 · 걸상, 비품과 기자재, 사무용품, 교직원 비자, 경비와 청소 용역, 학교장 직인과 통장 개설 등이었다. 개교를 위해 할 일이 너무나 많았다.

30일 토요일이었지만 행정실 직원 채용 면접을 실시하여 행정부장 1인과 현지인 2명의 행정실 직원을 선발하였다. 2017년의 마지막 날인 31일 교직원과 가족들이 참석하여 저녁을 먹으면서 한 해를 마무리했다. 이날 밤에 함박눈이 펑펑 내렸다.

철제 담장 철거와 학교 운영 허가

2018년 1월 2일 임시사무실로 사용하는 한인상공회 회의실에서 전체 교직원 상견례를 갖고 개교 준비에 본격 착수하였다. 준비한 업무 분장표를 통해 각자가 맡은 업무를 잘 준비하도록 했다. 개교의 관건은 위해시 교육국의 학교 운영 승인이었다. 9일 교육국 우명위(于明偉) 교육독학(敎育督學)을 면담하고 조속한 승인을 요청했다. 교육국은 지난해 연말 외국인학교 비준 등에 관한 새로운 기준이 제정되었으므로 비준 서류를 다시 제출하라고 했다. 서류 일부를 보완하여 다음 날 교육국에 제출했다.

12일 주숙(住宿) 등기를 완료하지 못한 교사와 그 가족들 7명이 파출소에 가서 확인서 작성, 사진 촬영, 혈액 채취 등 범죄인 취급을 당했다는 소식을 나중에 알게 되었다. 벌금도 3,500위안을 물었다. 사건 당일 이사장이 아는 변호사를 통해 문제를 해결했으나, 당사자들이 입은 마음의 상처는 쉽게 아물지 못했다. 학교가 이렇게밖에 우리를 보호해 주지 못하는가라는 생각에 서운하고 서글펐다고 한다. 중국 경험이 전혀 없는 교사들의 당혹감과 충격은 실로 엄청났다. 출장에서 돌아와 교사들을 위로하고 안심시켰다.

15일 우리 학교가 사용할 중세학교 한국부 건물로 사무실을 옮겼다. 17일 교육국에서 위생국, 소방국 공무원을 대동하고 학교 임대 건물에 대해 현장 실사를 진행하였다. 22일 초빙교사 면접을 서울에서 진행하여 초등담임, 중등 사회 등 2명의 교사를 선발하였다. 초등 교과전담, 중등 중국어 교사는 재공고를 통해 2월 8일 면접을 통해 선발하였다.

교육국의 운영 승인이 큰 문제 없이 날 것으로 생각하던 중 24일 오후 교육국에서 임항구(臨港區) 교육처, 우리 학교, 건물주인 중세학교 관계자를 불렀다. 우(于) 교육독학 주관으로 현장실사 결과 제기된 안전 문제 등 일곱 가지 개선 방안을 1월 29일까지 제출하도록 요구했다. 일곱 가지 사항은 ① 불안전한 학교 담장 철망과 북측 경사로 축대 보완, ② 대피 방향으로 개폐되도록 교실 문 위치 조정, ③ 폭이 좁은 중앙 현관 계단 개선과 철제울타리 철거, ④ 운동장 서편의 높은 철제울타리 제거, ⑤ 식당 출입구 확장, ⑥ 교문, 경비실, 행정실, CCTV 관리실 등을 규격에 맞게 정비, ⑦ 한국 교육부 승인 문건 제출이었다. 다음 날 오전 이사장께 전화로 교육국 요청 사항을 전달하고 대응 방안을 협의했다.

중세학교에 교육국의 문건을 설명하고 철제 담장 철거 등을 요구했으나, 우리 학교에서 직접 미국에 있는 중세학교장의 허락을 받으라는 등 비협조적이었다. 학부모들은 1월 하순이 되어도 입학생 모집 공고가 나지 않은 상황을 보고 3월 개교를 미심쩍어하면서 현지 학교의 학생 모집이 끝난 상태라 예정대로 개교하지 못할 경우 문제가 심각할 것이라고 우려하였다. 이에 학교 비준 추진 현황, 입학생 모집에 관한 안내 문건을 학교 홈페이지에 게재했다.

작년 10월 위해시 교육국이 발급한 설립 동의서에 이번의 일곱 가지 개선 요구사항 중 다섯 가지가 있었는데, 교육국의 운영 승인을 너무 낙관한 결과였다. 교육국이 지적한 문제 중 교실문 개폐 방향 변경, 철제 담장 철거가 핵심이었다. 건물주인 중세학교 측에 재차 중앙 계단 및 운동장 서쪽 철제 담장 철거를 요청하였다. 미국에 체류 중인 중세학교장은 협의 과정에서 서편 운동장 문제를 제기하지 않을 것과 2년 치 임차료 신청을 철제 담장 철거 조건으로 제시하였다. 29일 임항구 장위 주임이 와서 담장 철거 등 모든 작업을 31일 안으로 미쳐야 학교 운영 승인을 받을 수 있다고 하며, 당장 철거해야 한다고 얘기했다. 30일 10시 이사장과 나는 중세학교 행정실장을 만나 담장 철거 문제를 재차 협의하였다. 철제 담장을 설치한 경위를 두고 상반된 입장을 표명하는 등 설전이 오가다가 담장을 철거하는 데 합의하고 교장에게 보고한 다음 회신해 주기로 했다. 31일 오전 중세학교 행정실장이 와서 중세학교장이 말한 5개 항의 합의서를 제시하였다. 합의서 내용을 받아들이기 어려워 거부하고 철제울타리를 우리 학교 비용으로 철거하며, 교육국 비준 이후 새로운 담장을 설치하겠다는 공문을 학교법인 명의로 중세학교에 발송하였다. 중세학교가 받아들이지 않을 경우 우리 학교에서 철거하는 것으로 결정하였다.

2월 1일 학교법인과 중세학교 간에 체결한 교사 및 시설 임대차 계약에 의거 우리 학교가 건물과 시설을 공식적으로 사용하는 날이 시작되었다. 오후 3시 한인상공회 최현철 부회장이 양 학교 이사장, 한인상공회장 등 세 사람이 철제 담장 철거, 비준 이후 새 담장 설치, 운동장 사용에 대해 합의하고 중세학교 측에서 철거업체를 보내주기로 했다고 알려왔다. 기다려도 철거업체가 오지 않고 중세학교에 업체 연락처를 달라고 해도 알려주지 않았다. 더 이상 시간을 끌 수 없는 상황에서 우리 학교 비용으로 철거하는 것이라면 우리 쪽에서 업체를 알아보는 것이 좋겠다고 생각하고 다른 업체를 섭외했다. 업체 사장이 5시경 왔는데 너무 늦어 인부들이 오기 어렵다고 하여 다음 날 아침 일찍 철거하기로 하였다.

2월 2일 오전 9시 임항구 장위 주임이 지켜보는 가운데 인부들이 철제 담장을 철거했다. 공식 합의를 하지 않고 철거를 강행한 데 대해 중세학교 측이 강력히 항의하고 바로 전기와 인터넷을 차단했다. 우리 학교 측에서 전기와 인터넷 차단은 계약 중대 위반이라고 항의하고 이사장이 중재에 나서 오후 2시가 넘어 전기 공급이 재개되고 인터넷을 사용할 수 있었다. 오후 3시 반 청도영사관 정윤식 교육영사가 위해시 교육국에서 운영 승인을 해주기로 결정했다고 알려줬다. 교직원 모두 환호성을 지르며 좋아하고 기뻐했다. 2월 6일 장위 주임을 통해 전달받은 학교 운영 승인서인

판학(辦學) 허가증에는 발행일이 1월 31일로 되어 있었다.

| 철제 담장 철거

| 교실 출입문 위치 조정

입학생 모집, 교훈 · 교가, 학교 로고

2월 초가 되면서 일부 학부모, 교민들은 3월 초 개교를 할 수 있을 것인가에 대해 우려를 넘어 불신하는 분위기마저 돌았다. 중국의 가장 큰 명절인 춘절 연휴를 앞두고서 학부모들도 설 쇠러 한국에 가고, 춘절 전후 10일간은 휴무로 업무 추진도 여의치 않은 시기였다. 2월 2일 구두로 학교 운영 승인 통보를 받은 즉시 입학생 모집 공고문을 학교 홈페이지에 게재하고 2월 5일~2월 7일 3일간 입학 원서 접수를 했다. 다음은 학교 홈페이지에 게재한 중 · 고등부 입학생 모집 공고문이다. 초등도 유사한 내용으로 공고했다.

2018학년도 웨이하이한국학교 중·고등부 입학생 모집 공고

대한민국과 중국 정부의 설립 및 운영 인가를 받은 웨이하이한국학교는 다음과 같이 입학생을 모집하오니 입학 가능 인원 및 접수 일정에 대해 숙지하시고 지원하여 주시기 바랍니다.

1. 모집 기간: 2018. 2. 5.(월) 09:00~2018. 2. 7.(수) 16:00까지
2. 모집 학년 및 인원: 중1에서 고3까지 학급당 25명
3. 제출 방법

   가. 2층 중등교무실 방문 접수 또는

   나. 이메일 접수(weihaischool@naver.com): 2. 7.(수) 16:00까지 도착분에 한함

      1) 이메일 접수 시 전화로 반드시 접수 확인 요망 ☎ 중등부장:

      2) 이메일 제목 양식 반드시 준수

4. 지원 자격

   가. 대한민국의 국적을 가진 자

   나. 웨이하이 및 산동성 지역에 외국인 거류증을 소지한 부모의 자

   다. 부모가 6개월 이상 장기 비자를 소지한 경우는 입학관리위원회의 심의 등을 거쳐 입학 가능 여부 판정

5. 제출 서류

   가. 공통

      1) 입학지원서(붙임 1)

　　　　2) 상담 및 안내자료/확인서(붙임 3)

　　　　　　- 입학 서류 미제출 사유서(붙임 2)는 해당자만 제출

　　　　3) 학생 여권 사본 및 거류증 사본 각 1부

　　　　4) 부 또는 모의 여권 사본 및 거류증 사본 각 1부

　　　　5) 가족관계증명서 또는 주민등록등본(3개월 내) 1부

　　나. 학적 관련 서류

　　　　1) 재학증명서 또는 졸업(예정)증명서 사본 1부

　　　　2) 각 학년 성적증명서(재학생은 학교생활기록부 사본 제출)

　　　　　　- 중·고등학교 재학생은 재학 기간의 각 학년 성적증명서

　　　　3) 건강기록부 원본 또는 전산 출력본 사본 1부(한국학교에서 온 경우)

　　　　　　- 사본 제출 시 원본대조필 확인, 사실과 다른 경우 입학이 취소될 수 있음

6. 선발 기준

　　가. 해당 학년에 적합한 소정의 학력을 갖춘 자(대한민국과 현지 학교와의 학제 간 차이는 한 개 학기까지 인정)

　　나. 학교 설립 기부금으로 5,000위안을 납부한 경우 입학 우선권 부여

　　　　※ 입학을 희망하지 않거나 지원 요건을 충족하지 못한 지원자는 환불 예정

7. 면접 관련 안내

　　가. 입학지원서 제출자는 반드시 면접에 참가해야 함. 단, 불가피한

사정으로 면접에 불참하는 학생은 2월 7일(수) 15:00까지 사전 연락 후 2월 26~27일로 예정된 면접에 반드시 참가할 것

나. 서류 미비 및 면접 제외 대상자에게만 개별 통보하며, 그 외의 지원자는 모두 면접 대상임(면접 대상자 별도 연락 없음)

다. 면접일시 및 장소 : 2018. 2. 8.(목) 14:00~, 본교 2층

라. 전형료 : 면제(2018. 3. 1. 이후 전·편입학생에게는 전형료 부과 예정)

마. 합격자 발표 : 2018. 2. 9.(금) (학교 홈페이지를 통해 공고)

※ 수시모집 : 추후 공고 예정, 합격자 발표 후 등록 안내 예정

붙임 1. 입학지원서 1부

2. 입학서류 미제출 사유서 1부

3. 상담 및 안내자료/확인서 1부

4. 2018학년도 입학금 및 수업료 징수표 1부

2월 3일(토) 교육국에서 요구한 대로 대피 방향으로 열리도록 교실, 특별실 출입문을 바꿔 달았다. 2월 4일부터 2월 10일까지 교육부에서 주최한 재외교육기관장 연수 및 초빙교사 면접을 위해 공무상 일시 귀국하였다.

교육국의 학교 운영 승인 문건을 교부받은 다음 날인 2월 7일 행정실에서 위해시 민정국에 민판비기업단위등기(民辦非企業單位登記)를 신청하였다. 2015년 중국 국무원의 행정업무 간소화 지침에 따라 세 가지 증서를 하나로 통합한다는 삼증합일(三證合一)에 의거하

여 기존의 조직 대마증, 세무 등기증, 법인 등기증이 등기 증서 하나로 통일되었다. 외국인학교는 영리활동을 추구하지 않은 민간기구로서 민판비기업단위 등기를 민정국에 신청하고 증서를 받게 된다. 이 증서 하나로 학교는 교직원의 비자 신청, 통장 개설, 세금 납부 등 모든 합법적 활동을 할 수 있는 토대가 주어진다.

우리 학교는 사립학교로서 비영리법인 등기를 관할 당국에 신청하고 증서와 등록번호를 교부받아야 했다. 이것이 없으면 비자 신청을 위한 취업허가 통지서 발급, 학교 통장 개설, 교직원 세금 납부 등 회계 처리가 불가능하다. 다음 날 민정국에서 학교 명칭에 대한 이의를 제기하였다. 교육 주관기관인 교육국의 승인 전에 민정국과 학교 명칭 협의를 하지 않았다는 것이다. 교육국과 협의해야 할 사항을 물정 어두운 외국인에게 안내도 해주지 않고 무조건 안 된다는 이해할 수 없는 행정 행태였다. 민판비기업 등기가 되지 않아 학교 명의의 통장 개설이 불가하여 교육부와 협의하여 교장 개인 명의의 통장을 임시 학교 통장으로 사용하기로 했다. 교육부의 개교 준비금, 학교 운영비, 입학생 수업료 수납, 교직원 급여와 지출 등에 사용되었다.

7일 마감한 원서 접수 결과 초등 71명, 중고등 90명 등 모두 161명이 지원하였다. 12일 입학생 면접 결과를 토대로 초등 36명, 중고등 32명 등 총 68명의 합격자 공고를 했다. 중국 춘절로 학부모들이 설 쇠러 한국으로 들어가 2월 12일 면접 참여자가 절반도 되지 않았다. 추가 모집과 면접을 2월 말까지 진행하였다.

교직원회의를 거쳐 개학일을 3월 2일에서 3월 5일로 연기하기로 결정했다.

교육국 비준, 입학생 모집 외에 2월 초까지 교훈, 교가, 교목, 교화 등 학교 상징을 완성하고 교육목표를 정했다. 교훈은 '튼튼한 몸과 함께하는 마음으로 참되고 슬기로운 사람이 되자.'로 정했다. 건강한 몸으로 남을 배려하고 더불어 살아가는 것이 중요하다고 생각하여 함께하는 마음을 앞에 넣게 되었다. 이어 바른 인성과 창의성, 문제 해결력을 중시하여 참되고 슬기로운 사람이 되자로 했다. 교육목표는 '인성과 창의력을 갖춘 자율적 인간 육성'으로 정했다.

교가(校歌)는 내가 직접 가사를 작사하고 국어과 교사의 검토를 거쳐 교직원회의에서 확정했다. 가사 전문은 "겨레의 빛난 얼과 기상 어린 이곳, 찬란한 배움의 터전에 우리들 모였네, 힘차게 뛰고 나날이 새롭게 갈고 닦아, 우리와 세계의 갈 길 밝혀 나가자, 웨이하이 웨이하이한국학교"이다. 나의 부탁으로 서울시 동작교육지원청 김성수 교육장이 작곡을 해줬다.

교화(校花)는 교직원 아이디어 공모를 통해 해국으로 정했다. 김미경 초등부장의 제안이었다. 해국은 흙도 없고 물도 부족한 바위에 붙어서도 아름다운 꽃을 피운다. 외유내강(外柔內剛)의 자랑스러운 한국인으로 성장하라는 바람이 담겨 있다. 교목(校木)은 나의 제안과 교직원의 찬성으로 우리나라 애국가에 나오며 한민족과 친근하고, 사철 푸르러 변하지 않는 절개와 강인한 의지를 상징하는 소나무로 정했다. 위해에 소나무가 많기도 했다.

학교 로고는 월간 『위해지창(威海之窓)』 발행인인 박형민 사장이 재능기부로 만들어 주었다. 한국인으로서 애국심과 자긍심을 상징하는 태극 문양을 바탕으로 글로벌 리더십을 지향하며 세계(World)로 뻗어가는 웨이하이(Weihai) 학생을 나타내고자 W 자 모양을 상징화했다. 테두리 위에는 한글로 된 학교명을, 아래에는 영문 학교 이름을 새겼다.

| 학교 로고

초등부 교육과정은 국어, 수학, 바른생활(사회/도덕), 슬기로운 생활(과학/실과), 즐거운 생활(체육, 음악/미술), 외국어(영어, 중국어), 창의적 체험활동으로 편성하였다. 주당 수업은 교과 33시간, 창의적 체험활동 2시간 등 모두 35시간을 운영하고 1시간 수업은 40분으로 하였다.

중등부는 국어, 수학, 사회, 역사, 도덕, 과학, 정보, 체육, 음악, 미술, 영어, 중국어 등의 교과와 창의적 체험활동으로 편성하였다. 주당 수업은 교과목 36시간, 창의적 체험활동 2시간 등 모두 38시간을 운영하는 것으로 하였다.

고등부는 기초 교과로 국어, 수학, 영어, 탐구 교과로 사회, 과학, 그 외에 체육·예술, 생활·교양 등의 교과와 창의적 체험활동으로 편성하였다. 주당 수업은 중등부와 같이 주당 38시간을 운영하는 것으로 하였다. 초등과 중고등 모두 학생·학부모의 요구와 현지 실정을 감안하여 영어와 중국어 수업시수를 늘려 편성하였다. 중등부, 고등부 모두 1시간 수업은 45분으로 했다.

학사일정은 3월 5일(월) 개학하여 1학기 91일, 2학기 90일 등 연간 181일을 운영하는 것으로 하였다. 여름방학 기간을 줄여 졸업식과 종업식을 12월 28일 하는 것으로 했고, 개교식은 5월 11일 하는 것으로 결정하였다. 기존의 비품과 기자재 등을 임대차 계약서의 목록을 보면서 확인하고 필요한 것은 추가로 구입했다. 교실 배치는 초등부는 1층, 중등부는 2층, 고등부는 3층으로 했다. 4층은 실내 체육관이다.

학교 홈페이지는 2월 2일 정식으로 개통했다(http://www.weihaischool.org). 학교 메일 주소는 weihaischool@naver.com으로 정했다. 학교 인터넷은 중세학교와 분리된 망을 설치하여 추후 완성하였다.

22일 춘절 연휴가 끝나고 업무가 재개됐다. 개학·입학식, 비품과 기자재, 교실 명패 부착, 통학버스, 급식 등 개교 준비에 박차를 가했다. 행정실 회계 직원과 시설 및 차량 관리 직원을 현지인으로 선발했다. 영어, 중국어 원어민 교사를 힘들게 뽑았다. 초등 영어 원어민은 시간강사를 채용했다.

  24일 법인 이사회가 개최되어 2018학년도 학교 예산, 교직원 채용안, 교지 및 교사 임차료 집행안 등을 의결했다. 개학·입학식 준비, 교육목표, 교훈·교가 등을 보고했다. 이사장과 이사들은 학교 교직원들이 개교 준비에 노고가 많았다며 격려해 주었다. 학교 설립 이후 최초로 의결된 2018학년도 학교 예산은 약 1,382만 9,000위안(한화 24억 9,000만 원)으로 교육부 지원금이 61%를 차지했다. 임차료는 계약에 따라 계약 당시 지급한 계약금의 10%인 25만 위안을 제외한 225만 위안을 2월 말에 지급했다.

  28일 교직원회의에서 업무 분장, 업무 협의, 시간표 작성을 하였다. 나는 팀 웨이하이를 기조로 모두가 화합하고 협력하여 좋은 학교 만들기와 청렴, 성희롱 방지 등 복무에 만전을 기해줄 것을 당부하였다. 3월 1일 한국에서 보낸 교과서가 도착해 교직원들이 모두 옮겼다. 3월 3일 토요일에도 출근하여 개학 업무를 처리하였다.

입학식, 민판비기업 등기와 교직원 비자

3월 5일 드디어 개학과 함께 9시 정각 4층 이벤트홀에서 초·중·고 12개 학년 169명 학생의 입학식을 거행하였다. 나를 포함하여 교직원 모두 감개무량한 표정이었다. 작년 12월 중순 위해에 부임하여 숱한 고비를 넘기고 마침내 개교와 입학식을 하게 되었구나 생각하니 그동안의 일들이 주마등처럼 스쳐 지나갔다. 입학식 직전 이사장, 이사들과 함께 국문과 중문으로 된 학교 현판을 교문 양쪽 기둥에 부착하는 제막식을 가졌다. 입학식에는 이사장과 이사들을 비롯하여 한인상공회장, 중세학교장, 유족 대표 등이 학부모들과 함께 참석해 역사적인 학생들의 입학을 축하해 주었다. 고등부 3학년에는 남학생 2명이 입학했다.

인성과 창의력을 갖춘 자율적 인간 육성이라는 교육목표하에 세부적으로 건강인, 자주인, 창의인, 세계인을 기르는 데 중점을 두고 그 방안을 학교교육계획에 반영하였다. 학교 특색 교육활동으로 초등은 책과 함께 성장하는 독서교육, 안전하고 우정이 있는 학교 만들기, 다양한 프로그램을 통한 창의·예술교육을 운영하기로 하였다. 중등은 기초학력 향상을 위한 수준별 책임교육, 바른 인성을 키우기 위한 어깨동무 해안 길 걷기, 체험 중심의 과학·환경교육을 통한 융합형 인재 양성, 진로 탐색 프로그램 운영으로 정했다.

3월 21일 학부모총회가 열렸다. 4층 이벤트 홀에서 100명 이상의 학부모가 참석한 가운데 교직원 소개, 학교교육 안내, 학부모 운영위원 선출 등으로 진행되었다. 교직원 소개 후 나는 인사말을 통해 시설, 급식 등 제대로 갖추지 못한 부분이 많은데, 빠른 시일 내에 안정적인 학교 운영이 되도록 노력하겠으며 학부모들의 협조와 성원을 당부하였다. 초등, 중등부장이 2018학년도 학사일정과 학교교육 전반에 대해 소개하고 생활지도, 진로지도에 대해 안내하였다. 이어서 진행된 학부모운영위원 선거는 입후보자 수가 4명의 학부모운영위원 수와 같아 무투표로 당선이 확정되었다.

학부모총회가 끝난 후에 각 학급별로 담임교사 주관하에 학급대의원을 선출하고, 이어서 학부모회 임원과 학교폭력대책자치위원회 학부모위원을 선출했다. 학부모회장은 초·중·고등부 각 1명으로 고등부 학부모회장이 회장단 대표를 맡기로 하였다. 학부모회 임원 선출과 별도로 각 학급에서는 담임이 학급 운영 방침을 학부모에게 소개하고, 상담과 학생지도 등에 대한 협의가 진행되었다.

2월 초 위해시 교육국으로부터 학교 운영 승인을 받은 이후 민판비기업단위(민간 비영리단체) 등기증을 위해시 민정국으로부터 발급받기 위해 공문 발송, 담당 공무원 면담 등의 노력을 기울였다. 등기증을 발급받으려면 기관 대표자가 중국인이고 비영리기관이어야 하는데 학교 대표가 중국인이 아니고 수업료를 받고 있어 규정에 부합되지 않아 불가하다는 답변을 계속 들었다.

3월 15일 위해시 공안국 출입경관리대 탕(湯)대장 외 3명의 공안이 학교를 방문하였다. 3월 19일까지 학생과 교직원 주소, 여권·비자 현황 등의 자료 제출을 요구했다. 현재 여행비자(L 비자)로 근무 중인 교직원은 불법 취업 상태로 학교에 근무하고 있어, 4월 15일까지 취업비자를 발급받을 것을 요청했다. 위반할 경우 중국 법령에 따라 개인적으로 1인당 2만 위안, 기관 책임으로 1인당 1만 위안의 벌금을 물 수 있다는 사실도 덧붙였다. 학교가 1월 말부터 민판비기업단위 등기증 취득을 통해 교직원 취업비자 발급을 위해 노력한 과정 등을 설명했으나, 그건 당신들 사정이라는 한마디로 내쳐졌다.

  다음 날 이사장, 교육영사에게 공안 요구 상황을 설명하고 총영사 면담 주선을 요청하였다. 이사장은 단기간에 민판비기업등기가 어려우므로 학교 설립 투자자(SPC) 명의로 위해시 공상국에 기업등기를 하고 SPC 소속으로 비자 발급 추진을 제안하기도 했다.

  총영사 면담 일정이 3월 23일 오전으로 잡혔다. 청도청운학교 교장과 나는 새로 부임한 박진웅 총영사와 1시간 정도 현안을 협의하고 건의사항을 얘기했다. 총영사는 우리 학교의 민판비기업등기 불가에 따른 교직원 비자, 회계 처리 문제 등의 애로사항을 경청하고 4월 3일 산동성장 면담 시 이 문제를 거론하여 해결 방안을 모색하겠다고 언급하였다. 학교로 돌아오는 중에 행정부장으로부터 3월 말로 여행비자가 만료되는 교사 10명의 비자연장 신청을 위해시 출입경관리국이 거부했다는 보고를 받고 막막한

심정이었다.

28일 위해시 외사판공실에서 학교의 민판비기업등기와 교직원 비자 문제 해결을 위한 한중관계자 회의가 열렸다. 우리 측은 교육영사, 교장, 한인상공회 부회장이 참석하였다. 중국 측은 필금도(畢錦濤) 위해시 공안출입경관리분국 과장, 송문위(宋文威) 위해시 민정국 과장, 총홍군(叢紅珺) 외사판공실 과장이 참석하였다.

교육영사는 교육국의 운영 승인을 받으면 교직원 비자 문제 등이 자동적으로 해결될 줄 알았는데, 당혹스럽다고 말하였다. 또 웨이하이한국학교는 한국 정부가 인가하고 지원하는 학교로서 조속한 시일 내에 민판비기업등기 문제 해결을 촉구했다. 청도영사관도 산동성 외사판공실, 산동성교육청 등과 이 문제를 협의하고 있고 총영사가 4월 3일 산동성장을 면담할 예정이며 5월 개교식 때 교육부차관의 방문도 있을 것임을 언급하였다.

이에 대해 위해시 측은 출입경관리국 공안이 학교를 방문한 것은 관련 법령을 설명하여 피해를 방지하기 위한 차원이었으며, 문제를 방치하면 자기들이 감찰을 받게 된다고 했다. 외사판공실 주임과 이 문제를 논의하였지만, 해결 방안을 찾지 못하고 계속 협의해 나가기로 하고 헤어졌다. 나는 회의 결과를 북경의 주중대사관 교육관에게 유선 보고하고 대사관 차원의 지원과 협조를 부탁하였다.

30일(금) 오후부터 4월 4일까지 작년 말 90일 여행비자로 입국한 교사 11명, 동반가족 1명 등 총 12명이 비자 갱신을 위해 한국으로 일시 귀국하였다. 남은 교사들과 임시로 고용한 강사로 4월 2일부터 사흘 동안 교육과정을 운영하였다. 4월 4일은 초·중등 과학의 달 행사를 전일제로 진행하였다. 학생들 모두 운동장에서 즐겁고 신나게 물로켓을 발사하고 고무동력기를 날렸다.

산동성장이 4월 3일 총영사와의 면담을 통해 웨이하이한국학교 등 외국인학교의 민판비기업등기가 이뤄지지 않아 교직원 비자 발급, 회계 운영에 애로가 많다는 얘기를 듣고 4월 15일까지 외국인학교의 민판비기업등기를 해주라고 지시했다는 사실을 전달받았다. 상급기관 책임자의 말 한마디가 규정을 뛰어넘는 인치(人治)의 결정판이었다. 그전까지는 만나주지도 않던 민정국 직원이 학교 행정실에 연락해 등기에 필요한 서류를 다음 주까지 제출하라고 독촉했다. 등기 신청에 필요한 서류는 등기신청서, 판학허가증, 시설사용 증명서, 회계감사 보고서(驗資報告), 단위기관 책임자 현황과 신분 증명, 학교법인 정관(章程) 등이었다. 마침내 4월 16일 위해시 민정국으로부터 민판비기업단위 등기증서(2018년 4월 11일 자)를 교부받았다. 기관 명칭은 위해영인한국외적인원자녀학교(威海永仁韓國外籍人員子女學校), 법정 대표인은 교장으로 했다. 영인(永仁)은 규정에 따라 지역 이름 뒤에 붙이는 자호(字號)이다. 교직원 공모에서 초등교사가 제안한 것을 채택하여 민정국에 제출했다. 부여받은 통일사회신용번호(代碼)는 52371000MJE645700N이었다. 위해 우리은행에 학교 명의로 계좌를 개설하여 회계 운영이 정상화되었다.

교직원 취업비자 취득을 위해 필요한 취업허가 통지서 발급 신청도 서둘렀다. 위해시 사회보장국의 취업허가 통지서 발급에 필요한 서류는 경력증명서, 학력 증명서, 무범죄 증명서 등으로 한국에서 공증 절차를 거쳐야 됐다. 위해로 오기 전에 준비한 사항이어서 문제가 되지 않았다. 그 외 필요한 건강 검진 결과서는 현지 병원 검진을 받아 제출했다. 취업허가 통지서 발급이 완료됨에 따라 주한중국대사관 영사부에 취업비자 신청을 위해 한국인 교직원들은 일시 귀국해야 되었다. 학교운영위원회를 열어 4월 26일, 27일 이틀간 임시 휴업을 결정하였다. 4월 28일부터 5월 1일(화)까지는 중국 노동절 휴무였다. 교직원들 모두 한국으로 가서 취업비자를 받았다. 위해시 교육국의 학교 운영 승인에 이어 또 하나의 위기를 헤쳐 나온 순간이었다.

4월 하순 최대 현안이었던 민판비기업 등기가 완료되어 취업비자, 통장 개설 등이 해결되면서 개교식 준비와 학생들의 수업환경과 교직원 근무 환경 개선에 착수하였다. 먼저 학교의 핵심 시설인 도서실 만드는 일을 서둘렀다. 학교 공간이 협소하여 2층 중앙의 교실 한 칸에 도서실을 만들기로 했다. 영림몰딩도어와 접촉하여 서가 설치 방안을 협의하고 비용도 4만 위안 내외로 확정했다. 이 사업에 보태달라고 전 이사였던 하얼빈 이공대 위해 분교 이용 교수가 2만 위안을 기부했다. 2주간의 공사를 거쳐 5월 22일 완성하였다. 교민과 학부모들이 학교에 도서를 기증해 주었다. 교민 한 분은 150권의 책과 함께 소장하던 피아노를 기증해 주었다. 피아노는 초등 3학년 교실에 두고 수업에 활용토록 하였다. 학교 예산으로 신간 도서를 구입했고, 부천시, 서울시 북부교육지원청에서 도서를 기증해 주었다.

4월 하순 책걸상 200조를 주문하여 5월 16일 모든 교실의 책걸상을 새것으로 교체하였다. 동시에 교실의 원래 커튼을 다 걷어내고 새로 블라인드 형태로 교체하여 새 학교에서 공부하는 느낌을 갖도록 환경을 개선했다. 교직원 업무용 책걸상, 캐비닛 등은 여름방학과 2학기에 순차적으로 교체하였다.

중앙 현관에 교화·교목, 학교 로고 등 학교 상징, 교훈 및 학교 연혁을 안내하는 현황판을 4월 중순 완성하였다. 크게 세 부분으로 나눠 아크릴판 바탕 위에 가운데는 교육목표, 학교 로고를 배치했다. 오른쪽에는 교목, 교화와 설명문을 넣고 왼쪽에는 학교 연혁을 소개했다. 맨 위쪽은 한 줄로 교훈을 게시했다. 학생들의 주된 출입 통로인 서쪽 출입구 상단에 교육목표를 부착했다. 교사 서쪽 건물 벽면에는 세로로 웨이하이한국학교를 폭 1.2m, 길이 10m로 한 글자씩 부착하여 멀리서도 학교를 알아볼 수 있도록 했다.

개교식, 통학 차량과 급식 운영, Neis 개통

3월 하순부터 교육부 재외동포교육담당관실 담당자와 개교식 협의를 시작하였다. 교직원 취업비자, 학교 계좌 개설 등의 현안이 해결되어 5월 25일 개교식을 개최하기로 확정하였다. 개교식 계획을 수립하고 초청장 발송, 동영상과 축하 공연, 식장과 시설 정비, 기념품 제작, 내빈 영접, 보도자료 작성 등의 주요 업무를 5개 팀별로 분장하여 진행하였다. 개교식과 함께 학부모회 주관으로 바자회를 열어 먹거리와 함께 의류, 잡화 등을 판매하는 장터를 개설하여 교민 화합과 축제 한마당이 되도록 계획했다. 바자회에 사용할 의류나 잡화 등은 교민, 학부모로부터 기증을 받았다.

개교식 이틀 전인 5월 23일 오후 6시 반 MBC라디오 〈박지훈의 세계는 그리고 우리는〉이라는 프로그램에 출연해 진행자와 전화 인터뷰를 생방송으로 15분 정도 가졌다. 2017년 5월 9일 터널 안에서 일어나 유치원 버스 방화로 11명의 원아가 희생된 참사, 이를 계기로 진행된 웨이하이한국학교 설립 과정, 희생자 유족들의 기부, 재학생 및 교민 현황, 교육방침 등을 얘기했다.

| 59 추모 조형물, 학교 중앙 현관

개교식이 열린 5월 25일 교육부 이중현 학교혁신지원실장, 박진웅 총영사, 주중대사관 박상신 교육관, 김종유 이사장, 전용희 한인상공회장, 재중한국학교장, 임항구관리위원회 총도(叢濤) 부주임 등 내빈들은 9시 반부터 약 30분간 수업을 참관하고 도서실, 과학실 등 주요 시설을 둘러봤다. 10시 정각 학교 중앙 현관의 59 참사 희생자 추모 조형물 앞에서 내빈, 학생 및 유족 대표들이 참석한 가운데 추모식이 열렸다. 조형물은 가로 2.4m, 세로 1.2m의 청동 부조물로 유족들이 제작하여 5월 16일 미리 부착했다. 추모식은 희생 원아들의 넋을 기리고 안전한 학교를 만들겠다는 의미로 식전 행사로 치러졌다. 추모식을 마치고 실장, 총영사, 이사장 등은 교장, 학생 대표와 함께 서편 화단으로 가서 교목인 소나무를 기념 식수하였다.

  10시 반 4층 이벤트 홀에서 내빈과 학생, 학부모, 교직원 등 300여 명이 참석한 가운데 개교식이 열렸다. 정부를 대표하여 이중현 실장은 축사를 통해 작년 5월 9일 유치원 버스 참사로 희생된 아이들의 넋을 기리고 웨이하이한국학교가 공교육의 요람으로 중추적 역할을 다할 것으로 기대한다고 말했다. 아울러 학교 설립을 위해 애쓴 교민들과 청도영사관의 지원에도 깊은 감사를 표시하였다. 총영사, 이사장, 한인상공회장도 웨이하이한국학교의 무궁한 발전을 기원하며, 안정적인 학교 운영을 위해 지원을 아끼지 않겠다고 다짐하였다.

  개교식이 끝나고 서편 공터에 마련된 바자회 먹거리와 물건 판매 장터에서는 학생, 교민, 학부모들이 김밥, 떡볶이 등을 먹고 필요한 물건을 사면서 갓 태어난 우리 학교와 학생들의 발전을 기원해 주었다. 한결같이 이제 자녀들의 교육에 대해 걱정을 덜게 되었다는 표정이었다. 바자회 운영 수익금 2만 6,094위안을 발전기금으로 학교에 전달해 주었다.

개교식 당일 사회와 진행을 맡았던 김태권 중등부장은 아침에 모친이 별세하였다는 소식을 듣고도 개교식 행사를 마무리하고 한국으로 들어가 장례를 치렀다. 모든 교직원들은 선생님의 책임감과 성실함에 깊이 감동하면서 고인의 명복을 빌었다.

개교식에 대해 한국의 주요 언론도 많은 관심을 가졌다. 연합뉴스는 교육부 보도자료를 기초로 개교식 전반을 소개했다. KBS는 김도엽 상해 특파원이 학교로 와서 개교식 과정과 수업 장면을 찍고, 학생·학부모 인터뷰 등을 진행했다. 관련 보도는 5월 26일 (토) 저녁 9시 뉴스에 〈참사 아픔 딛고… 눈물의 개교식〉이라는 제목으로 보도되었다.

| 개교식 학생 축하 공연

2017년 5월 9일 사고를 계기로 중국 정부에서는 학교 통학버스 운영에 관한 안전을 대폭 강화하였다. 이전에는 학부모들이 임의로 학생들을 '빵차'라고 불리는 소형 버스나 승합차를 이용하여 통학시키는 것을 묵인하였다.

중국 국무원의 학교차량안전관리조례에 의거 2016년 3월부터 시행된 산동성 학교차량안전관리방안[山東省校車安全管理辦法]에 따라 의무교육과정의 초등, 중학생들은 등하교 시에 통학버스를 이용할 경우 반드시 시에서 지정한 차량회사의 버스를 이용하도록 했다. 우리 학교도 3월 개교부터 위해교통운수집단유한공사(威海交通運輸集團有限公司)와 계약을 체결하여 수익자 부담으로 통학버스 6대를 운행하였다. 학부모가 등하교시키는 학생을 제외한

전 학생이 이용하도록 하고 시간을 최대한 단축하도록 운행 노선을 정했다. 버스 노선표를 감독기관인 임항구 관리위원회에 제출했다. 학생 170명 중 145명 내외가 31인승, 36인승, 49인승 버스를 이용하였다. 좌석 점유율은 60% 미만으로 여유가 있는 편이었는데, 상대적으로 학부모 부담이 컸다. 2학기 때는 통학버스를 5대로 줄여 학부모 부담을 덜도록 했다. 통학버스에는 운전기사와 함께 안전요원 1인이 학생들의 승하차 안내, 안전 지도 등을 담당했다. 한국 교육부에서 안전요원 인건비를 예산으로 지원하여 부담을 줄여주었다.

학교 지하실에 조리실을 제외한 배식 시설공사가 2017년 12월부터 시작되었다. 환기창 설치, 바닥 및 벽면 공사가 진행되어 개교 전에 완성되었다. 영성 보성전자에서 100명분의 식탁과 의자 등을 기증해 주었다. 조리실을 설치할 수 없어서 전문 외식업체에 급식을 위탁하기로 했다. 3월 하순 학교 급식 소위원회가 결성되었다. 급식 소위를 중심으로 외식업체 평가가 진행되어 최종적으로 카이치[山東凱奇餐飮有限公司]가 급식업체로 선정되었다. 위해에서 가장 큰 외식업체로 다수의 한국계 회사에서 급식을 운영하고 있고, 중세학교에서도 교내 조리실을 이용하여 급식을 제공하고 있었다. 우리 학교의 급식도 중세학교 조리실을 이용하기로 했다. 식대는 학생, 교직원 한 끼당 19위안으로 6월 4일부터 급식이 이루어졌다. 주 2회 학부모가 급식 과정을 모니터링했고 매일 2명의 학부모가 배식 봉사를 하였다.

4월 하순에는 학생, 교직원 모두 학교안전공제회에 가입했다.

교육부와 교육학술정보원(KERIS)의 지원으로 6월 6일부터 8일까지 3명의 업무 담당자가 학교로 와서 Neis 설치 작업과 사용 설명에 대한 교직원 연수를 실시하였다. 학생들의 성적 처리, 생활기록부 기록과 관리, 학생들의 출결과 전출입 등 성적과 학적 관리의 기본적인 사항이 반영되었다. 국내 학교는 교직원 복무, 급식, 학생 건강, 회계시스템과 연동이 가능한데, 재외한국학교는 이 부분이 Neis 시스템에 반영되지 못하였다. 교직원의 업무가 경감되고 학적, 성적 처리, 생활기록부 등 교육활동기록과 관리를 체계적으로 할 수 있게 되었다. 교직원별 인증서의 인증이 이뤄지고 난 다음 6월 말부터 Neis가 본격 운용되기 시작했다. 문서와 회계 관리는 처음에 수작업을 하다가 추후 해당 프로그램을 구입하여 전산 처리하였다.

교육활동, 자판기 설치, 소득세 · 주방공적금

중 · 고등부는 3월 26일부터 방과후학교 수업과 자기주도학습을 시작했다. 자기주도학습은 저녁 9시까지 운영했는데, 끝나고 학부모들이 승용차로 학생들을 귀가시켰다. 시내버스가 저녁 8시 이후 운행을 하지 않고, 학교에서 집까지 거리가 멀었기 때문이다. 나중에는 중형 버스를 렌트했다. 4월에는 학부모 상담주간,

과학의 달 행사, 건강 검진 및 체격 검사가 있었다. 5월에는 사제 동행 체육 한마당이 열려 학생과 교사들이 달리기, 줄다리기, 구기 운동을 같이 했다. 5월 9일 추모 행사는 현수막 게시, 노란색 추모 리본 만들기, 사진 전시, 모금함 운영, 안전교육 등으로 진행했다. 교문에 "5월 9일 그날을 잊지 않겠습니다."라는 현수막을 게시했다. 상담실에서 점심시간을 이용하여 학생들이 추모 리본을 만들어 9일 등교 때 학생, 교직원들에게 달아줬다. 유치원 버스 참사 사진을 중앙 현관에 전시했다. 이 추모 행사는 다음 해부터 5월 9일을 학교안전의 날로 정하고 확대 운영 하였다.

   6월에는 학부모 대상 공개수업을 전 교사가 했으며, 초등은 남양농장으로 1일 체험학습을 다녀왔다. 2학기 전·편입생을 모집하고 선발했다. 7월 중순 여름방학을 하고 8월 중순 2학기 개학을 했다. 방학 중 교문 건너편의 공터를 운동장으로 만드는 작업을 했다. 중세학교와 맺은 교지 및 시설 임대차 계약에는 중세학교가 법령에 부합한 운동장을 조성하여 제공한다고 되어 있었다. 1학기 때 몇 차례 제대로 된 운동장을 만들어 달라고 했지만, 막무가내로 거부했다. 할 수 없이 학교 예산으로 잡초를 제거하고 롤러로 땅을 평탄화하고 다졌다. 사방 둘레에 그물망을 설치했다. 2학기부터 사용하기 시작했는데, 학생들이 처음에 몇 번 이용하다가 교문 밖으로 나갔다 들어와야 되는 불편함으로 다음 해에는 거의 사용하지 않았다.

   8월 중등 영어과 교사와 행정실 직원이 8월 11일 부산에서 백

년해로 가약을 맺었다. 두 사람 각각 30대 후반, 40대 초반의 적지 않은 나이에 우리 학교에 부임하였는데, 서로의 사랑이 좋은 인연을 맺게 한 것이다. 개교 첫 해, 첫 학기의 경사스러운 일로 모든 교직원이 진심으로 축하해 주었다.

  9월에는 2학기 학부모 상담주간, 방과후학교 개강, 임원수련회가 있었다. 10월 말에는 3박 4일간 초등 6학년은 대련, 중3은 항주, 고 2는 타이완으로 테마형 체험학습을 다녀왔다. 고2는 하루 더 일정을 운영했다. 11월 21일 학교교육설명회를 개최하였다. 2018학년도 교육성과를 소개하고 2019학년도 학교교육계획, 학생 모집 계획 등을 설명했다. 11월 27일부터 29일까지는 교장을 포함하여 전 교사 대상 교원능력개발평가를 실시했다. 북경학교에서 했던 방식과 비슷하게 실시했다. 교장에 대한 평가 결과를 모든 교사와 공유하였다. 12월 28일 종업식과 함께 제1회 졸업식이 열렸다. 10시 반에 시작할 졸업식이 많은 눈으로 통학버스가 지연 운행 되어 1시간 순연됐다.

  위해의 눈은 11월 말 첫눈이 내리기 시작해 2월 말까지 계속된다. 북동풍이 발해만을 지나면서 습기를 머금고 와서 웨이하이에 열흘 간격으로 20~30cm 정도의 폭설을 내리게 한다. 눈이 자주 많이 내리다 보니 제설을 신속히 하는데, 눈이 내릴 때마다 위해시 정부에서 학교 통학버스 운행을 금지한다. 시내버스는 운행한다. 처음에는 당황했는데, 대응 매뉴얼을 만들었다. 행정실 외사 담당 직원으로부터 새벽에 통학버스 운행 금지 연락을 받으면, 휴대폰으로 전 교직원에게 등교 시간을 늦추는 지침을 위챗이라는 단체 대화방을 통해 전달한다. 이를 담임교사가 학생, 학부모들에게 전파하는 방식이다. 3년 동안 있으면서 폭설로 휴업을 한 번 했다. 그 외는 등교 시간을 늦춰 시내버스를 이용하거나 학부모가 등교시키도록 했다. 하교 시에는 통학버스 운행이 대부분 재개되었다. 2021년 1월 재임 시의 마지막 졸업식 날에도 졸업식을 연기해야 하나라고 고민할 정도로 눈이 많이 왔다.

초등과 중등별로 과학, 외국어, 독서, 진로 관련 다양한 행사가 진행되었다. 초등은 10월 18일 영어, 중국어 행사의 일환으로 관련 부스를 설치하여 글로벌 체험 한마당을 진행하였다. 전 학년 학생들을 13명씩 한 조로 편성하여 부스를 순환하면서 다양한 체험을 하는 방식으로 진행했다. 11월 말에는 책 읽는 학교라는 독서 행사를 진행했다.

중등에서 5월 14일부터 18일까지 진로탐색 주간을 운영하였다. 커리어넷을 이용한 진로심리검사, '책 쓰기로 나를 발견하다'라는 주제의 국어과 교사 특강, 초빙강사의 주제 강연으로 진행했다. 5월 31일 오전 서울대학교 입학설명회가 개최되었다. 우리 학교 학생, 학부모 외에 연대, 청도 지역 학부모까지 참석하는 성황을 이루었다. 그 이전 서강대, 성균관대, 연세대 주관 입학설명회가 있었다. 6월 첫째 주를 초·중등 통일교육 주간으로 정하고 나라사랑 행사를 가졌다. 6월 8일 하얼빈 이공대 영성분교의 김월배 교수를 초빙하여 중·고등부 학생 전체가 '안중근 의사와 웨이하이에서의 안중근 가족 현황'이라는 주제의 강연을 들었다. 김 교수의 연구에 의하면 위해시 행복문(幸福門) 근처의 연합리(聯合里) 11호에 안중근 의사의 동생 안정근이 몇 년간 거주했다고 했다.

  7월 13일 고미숙 작가를 초빙하여 중·고등부 전체 학생과 학부모가 참여하는 인문학 특강이 있었다. 고 작가는 시대적 틀과 한계를 넘어 호방한 삶을 살면서 지배층의 허위의식을 통렬하게 비판한 박지원의 삶을 소개하였다. 아울러 틀에 박힌 삶이나 공부가 아닌 새롭고 깨어 있는 시각으로 세상을 바라보고 학습하는 것이 중요하며, 그것을 모색하도록 하는 것이 인문학임을 강조하였다. 12월 14일부터 1박 2일간 19명의 학생과 3명의 교사가 참여하여 공자의 고향인 곡부 일대를 탐방하며 논어 인문학 캠프를 진행했다. 논어 인문학 1인 1책 쓰기를 위한 주제 선정과 초고 쓰기의 기초 작업이었다. 고미숙 작가 초청과 인문학 캠프는 국어과 김은숙 교사의 역할과 노력으로 이뤄졌다. 12월 21일 중·고등부의 학교 축제인 웨이하이 해국 한마당, 줄여서 해국제가 열렸다. 오전에는 동아리별로 설치한 부스에서 전시와 체험행사가 열리고 오후에는 학급 및 개인 장기자랑이 있었다. 동아리 부스 외에 미술 작품도 전시되었다. 해국제를 통해 학생들은 자신들의 재능과 끼를 마음껏 발산하며 행복하고 즐거운 2018학년도 학교생활을 마무리했다.

  2019년 3월 전교생이 217명으로 전년보다 48명이 늘었다. 28.4%가 증가했다. 교사, 직원들이 합심하여 노력한 결과라고 교직원회의에서 이들의 노고를 칭찬하고 격려했다. 학부모와 교민들은 학사일정과 학교 행정이 투명하게 운영되며 성적 및 출결 등이 공정하게 관리되어 학교를 신뢰할 수 있다고 말했다. 선생님들이 학생들을 사랑으로, 열정적으로 지도한 덕분이기도 했다. 2017년 말과 2018년을 돌이켜 보면 개교 준비와 개학 후 비자 문제로 고생하면서 어떻게 여기까지 왔나 하는 생각이 들었다. 개교 준비할 때 중세학교와 담장 철거를 둘러싼 갈등과 위해시 교육국의 학교 운영 허가가 늦게 나와 마음 졸인 것은 영원히 잊지 못할 것이다. 특히 민판비기업단위 등기가 되지 않아 취업비자를 못 받아 교직원 모두 범죄자 취급을 당한 것은 쓰라린 추억이었다.

2019년 학사일정과 학교교육은 2018년과 큰 차이 없이 진행되었다. 한국청소년연맹 산동성 탐방단이 우리 학교 초등생 40여 명을 중심으로 조직되어 4월 26일 학교에서 창단식을 가졌다. 청소년연맹 서울지부를 통해 단복과 필요한 물품을 지원받았고, 서울지부장이 창단식에 참석해 축하와 격려를 해주었다. 초등 정상섭 교사가 전년도에 교육부의 재외한국학교 교사 대상 연구과제 프로그램의 일환으로 산동성 체험학습 지역 조사를 한 것이 계기가 되었다. 창단 이후 10월까지 네 차례에 걸쳐 산동성 지역의 문화 역사 유적을 답사하는 체험학습을 진행하였다.

6월에는 교내에 자판기를 설치하였다. 매점을 운영할 공간이 없었고, 학교 인근에 문방구나 잡화점이 전혀 없는 상태에서 학생들이 시원한 물과 음료를 마시고 싶어 자판기 설치를 건의했다.

탄산음료를 제외한 음료수와 물 등을 비치하고 점심시간과 방과 후에만 이용하도록 했다. 그래도 엄청난 인기와 사랑을 누렸다.

11월 하순 고3 학생들은 진로체험을 위해 위해의 우리 기업체를 견학했다. 프린터기 부품 공장, 유도기계 생산설비 현장을 둘러보고 설명을 들었다. 선박 제조회사인 삼성중공업 위해 영성법인을 방문해 선박의 블록 제작을 견학했다. 여기서 생산한 블록은 거제 삼성중공업 본사로 운반, 결합해 선박을 건조한다. 시설 견학 후 안전모, 안전벨트를 착용하고 안전 대피 체험을 직접 했다. 이는 매년 2학기에 고등부 1·2학년 학생을 대상으로 운영한 교민 기업인 초청 특강과 함께 학생들의 진로와 미래 설계를 위한 프로그램이었다.

2019년 상반기 학교법인의 이사 선임을 둘러싼 갈등이 노출되었다. 2017년 8월 학교법인이 출범하여 이사들의 2년 임기가 8월 종료될 예정이었다. 김종유 이사장과 다른 이사 1명은 중임을 희망하지 않았다. 이사는 호선으로 선출한다는 규정에 따라 나머지 이사는 이사들의 투표로 다시 선출되었다. 결원 이사 두 명은 행정실장의 의견에 따라 임원추천위원회를 구성하여 추천을 받아 이사회에서 선출하였다. 이사장도 새로 선임되었다. 그 과정에서 이사로 활동하기를 희망한 학부모가 자신의 뜻이 관철되지 않게 되자 민원을 제기했다. 학부모와 교민사회에 확인되지 않은 사실들이 유포되었다. 한인상공회 사무실에서 이사장, 이사, 교장이 참석한 가운데 학부모 간담회가 열려 학교 설립 자금 사용, 이사 선출 방식 등에 대한 해명과 자료를 제시하기도 했다.

  2019년 9월 하순 학교의 요청으로 교육부의 재정·회계 컨설팅이 있었다. 주요 지적 사항은 세 가지였다. 학교법인이 부담해야 할 임차료 부족분을 교비에서 지출했는데 그 일부를 회수하지 않은 것과, 2017년 학교법인 설립 시 입학 예약금으로 기부금을 낸 학생들의 입학금을 면제해 줌으로써 생긴 손실금을 회수하지 않았다는 것이었다. 전부 약 86만 위안이었다. 이후 법인 주관으로 이사들의 기부, 모금을 통해 손실금을 교비회계로 보전하기 시작했다. 나머지 하나는 학교 설립 법인(위해한학문화전파유한공사, SPC)이 학교와 무관한 개인인 전임 이사장이 소유·지배하고 있어 그 지배권을 이사회 의결을 거쳐 법인 이사 1명에게 이전하라는 것이었다. 이 문제 해결을 위해 전임 김종유 이사장과 접촉한 결과 SPC의 자본, 부채 등이 복잡하게 얽혀 있어 귀임할 때까지 해결이 쉽지 않았다.

  국적을 불문하고 전 교직원에게 부과되는 소득세와 중국 교직원의 보험료와 주방공적금(住房功積金)에 관한 내용을 소개하고자 한다. 한국 교직원은 한·중 조세감면규정에 의거하여 중국에 취업한 처음 3년간은 소득세를 면제해 주는 정책을 2015년부터 시행해 왔다. 학교 입장에서 상당한 도움이 되었다. 반면에 중국인 교직원은 법령에 따라 연금인 양로보험, 의료보험 등 보험료를 봉급에서 공제하고 학교도 일정액을 부담한다. 보험료와 주방공적금 등은 관계기관과의 협의에 따라 적용 요율이 달라진다. 학교는 매월 기본급의 37.14%에 달하는 금액을 부담하고 있다. 이 외에도 외국인학교나 외국투자기업은 중국인 교직원이나 근로자에 대해 매년 1개월 기본급을 퇴직 시에 지급할 경제보상금으로 적립해야 한다.

소득세는 급여, 수당 등을 합한 금액에서 4,800위안을 공제한 액수인 소득금액 기준에 일정 세율을 곱하여 산출한다. 세율은 이 기준이 늘어나면 누진적으로 올라간다. 소득세 정산 및 환급은 분기별로 이뤄진다. 사회보험 및 주방공적금에 관한 다음 표를 통해 알 수 있듯이 당사자 개인보다 학교, 즉 기관 부담 비율이 훨씬 높다. 외국투자기업이나 외국인 기업은 중국 기업보다 기관 부담 비율이 높다. 외국 투자를 유치하여 자국인 노동자의 복지 부담을 더 많이 하도록 하고 있는 셈이다.

소득금액 기준 (급여 합계 – 4,800)	세율(%)	공제 금액	소득세액
0~1,499	3	0	0.00~44.97
1,500~4,499	10	105	45.00~344.90
4,500~8,999	20	555	345.00~1,244.80
9,000~34,999	25	1,005	1,245.00~7,744.75
35,000~54,999	30	2,755	7,725.00~13,744.70
55,000~79,999	35	5,505	13,745.00~22,494.65
80,000 이상	40	9,505	22,495.00~

소득세 산정 기준(단위: 위안)
※ 소득세 계산식: 소득금액 기준(급여 합계 – 4,800) × 세율 – 공제금액 = 소득세액

구분		학교부담	개인부담	비고
사회보장국	양로보험료	18.0%	8.0%	기준 보수액
	의료보험료	8.5%	2.0%	〃
	실업보험료	0.7%	0.3%	〃
	공상보험료* (양육보험 포함)	1.44%	-	〃
	소계	28.64%	10.30%	〃
주방공적금 관리센터	주방공적금**	8.5%	8.5%	최소 기준액 (1,910위안)
	합계	37.14%	18.80%	

중국인 교직원 사회보험 및 주방공적금
* 상해 보험
** 주택 구입을 위한 적금, 학교와 개인 부담률은 5~12% 사이에서 정해짐

코로나, 학교 이전 논의, 학교 3년사 발간

　무한(武漢)에서 발생한 것으로 추정되는 신종 코로나19 바이러스가 2019년 12월 중국 전역으로 확산하면서 감염자가 급증하고 사망자가 늘어났다. 산동성 교육청에서는 2020년 1월 25일부터 유치원 개학 연기, 조기 개학 금지, 외부인 학교시설 출입 금지 등의 지침을 통보하였다. 1월 29일부터 31일까지 예정된 교육부 주관 재외교육기관장 연수에 참석했다가 중국 지역 학교장들은 즉시 귀임하라는 교육부 지시로 1월 31일 위해로 돌아왔다. 우리 학교는 한국 교육부의 지침에 따라 2020학년도 1학기 개학·입학 등교일을 3월 16일로 연기하기로 하고 15일까지 임시휴업하기로 했다. 아울러 한국에 체류 중인 학생들은 늦어도 3월 1일 전까지 위해로 돌아와 14일간 자가격리를 하도록 해 학사일정 운영에 차

질이 없도록 할 것을 공지하였다. 3월 16일 이후 결석은 감염 증상이 있는 경우 증빙자료를 제출하면 출석으로 인정하기로 했다. 휴업 기간 학생들의 학습결손 방지를 위해 학습자료를 학교 홈페이지에 탑재하여 가정학습을 지원하였다. 전 교직원은 출근하여 위해시 정부의 코로나 방역과 대응훈련 지침에 따라 정상 등교가 이루어진 5월까지 가상훈련을 여러 차례 실시하였다.

 2월 한국에서 코로나가 급격히 확산한다는 소식이 위해에 전해지면서 우리 교민의 애꿎은 피해가 속출했다. 아파트 단지에 한국인이 사는 집은 중국인들이 임의로 문을 폐쇄해 밖으로 나올 수 없게 한 경우도 있었다. 우리 학교 교사도 거주하는 아파트 출입문에 한국인을 비방하고 한국으로 돌아가라는 벽보가 붙여져 있어 청도영사관에 신고하기도 했다. 스마트폰에 코로나 양성반응에 대한 앱을 설치하여 음식점, 백화점, 시장에 출입할 때 양성반응 여부를 체크했다. 고속도로 진출로와 도로 곳곳에 검역소가 설치·운영되었다.

 재외한국학교 원격수업 운영 지침에 따라 3월 16일부터 원격수업을 운영했다. 원격수업 운영을 위한 교내 무선 환경 개선, 인터넷 속도 향상, 교실별로 원격수업에 필요한 화상캠, 헤드셋, 팬 마우스 등을 긴급하게 구입했다. 격리 기간이 끝나면서 3월 11일부터 전 교직원이 정상 출근하여 12일 원격수업 운영 연수를 했다. 전교생을 대상으로 원격수업 프로그램인 위챗워크 가입 및 활용에 대한 안내를 가정통신문으로 했다. 16일부터 위챗워크를 이용한 원격수업이 시간표에 맞춰 실시간으로 운영되었다. 처음에는 시간표대로 운영하다가 학생들의 피로도가 높아져 수업 참여와 능률 저하 등의 문제가 발생하여 수업시간을 5분 단축했다. 원격수업용 학습자료 게시판을 학교 홈페이지의 별도 게시판으로 구축하여 활용했다. 수업에 대한 모니터링도 실시했다.

  5월 9일 정상 등교가 이뤄지지 않은 상태에서 학생회 임원과 교직원이 참석하여 중앙 현관에서 헌화와 묵념, 추모 영상 시청, 추모 편지쓰기 전시 등 59 참사 추모식을 거행했다. 5월 11일 고3 학생들이 가장 먼저 등교했다. 중국학교들은 4월 하순 등교했다. 위해시 정부에 고3 학생들의 입시 준비와 학교교육과정의 정상 운영을 위해 여러 차례 조기 등교 재개를 건의했는데, 학생·교직원 안전이 우선이라는 명분으로 거부했었다. 보건위생 당국이 학교의 코로나 방역 준비와 대응 태세 등을 점검한 후 등교를 허용했다. 5월 20일 중3, 5월 27일 고1·2와 중1·2, 6월 8일 초등 전 학년이 순차적으로 등교했다. 초등생들은 무려 두 달 반에 걸쳐 원격수업을 받은 셈이다. 등교 이후에도 1일 3회 체온 측정과 기록, 마스크 착용, 손 씻기, 거리 두기 등 감염 예방을 위한 대응과 지도가 계속되었다.

  등교 이후 전년도와 같이 학사일정과 교육과정을 계획대로 운영하였다. 학부모총회와 학교운영위원 선출이 있었고, 학부모 상담주간과 공개수업도 예정대로 진행했다. 3박 4일간 운영하는 테마식 체험학습은 운영하지 못했다. 대신 코로나 감염자가 더 이상 발생하지 않은 9월 이후 위해 부근에서 1일 체험학습을 운영했다. 졸업식과 종업식은 해를 넘겨 2021년 1월 6일 거행했다. 이날 폭설이 내렸지만, 시간을 늦춰서 졸업식을 거행했다. 코로나로 인해 다사다난한 학사일정이 마무리되었다.

중·고등부 학생들이 운동장을 사용하지 못해 체육수업에 지장을 줄 뿐 아니라 운동 부족으로 인한 정서적인 문제도 불거졌다. 2020년 6월 18일 열린 학부모총회에서 학부모운영위원 후보자가 운동장 사용 불가능에 따른 학교의 대응을 문제 삼기도 했다. 교실 부족으로 수준별 수업과 방과후학교 수업을 운영하는 데도 어려움이 많았다. 조리장이 없어 여러 차례 급식이 중단되면서 학생들의 불편과 더불어 학부모들의 불만이 높아지고 학교에 대한 신뢰가 저하되었다. 연간 250만 위안(한화 약 4억 5,000만 원)이라는 비싼 임차료를 지불하면서 공간도 협소하고 운동장, 급식 조리장도 없는 상황은 반드시 개선되어야 했다. 2017년 9월 중세학교와 교사·교지 임대차 계약을 맺으면서 10년 임대 기간에 처음 5년은 매년 250만 위안, 이후 5년은 매년 275만 위안으로 임차료를 정했다. 현지 법령에 따라 교사와 시설을 임대하여 학교를 운영할 경우 최소 임대 기간은 10년이었다. 설립 승인 신청을 서둘러 해야 하는 처지에서 맺은 불리한 계약이었다.

이사장을 면담하고 학교 이전 필요성을 제기했다. 7월부터 이사, 학교운영위원, 교직원, 학부모가 참여하여 학교 이전 후보지를 답사하고 최종적으로 두 곳을 대상으로 교직원 설문조사를 실시했다. 9월 10일 이사, 학교운영위원, 학부모 대표 등이 참여하는 학교 이전 TF 팀을 결성했다. 학교에서는 학부모 대의원 회의를 개최하여 교사 이전 방안을 설명하고 학부모들의 의견을 청취하였다. 대다수 학부모들은 현재보다 나은 여건과 시설을 갖춘 곳으로 이전하기를 희망하였다. 이전 TF에서는 건물과 시설을 리모델링하여 이전하는 것과 신축한 건물을 장기 임대하는 두 가지 방안이 논의 되었다. 기존 건물 리모델링 후보지로 교민이 운영하는 승마장이 거론되었다. 신축 후 임대 방안은 현지인이 제시한 부지 답사를 하고 추진계획 설명을 들은 결과 가능성이 낮다고 판단하여 제외하기로 했다. 반면 승마장 건물과 시설은 이사들이 찬성했지만, 다수의 학부모위원들이 건물 주변에 공장이 있어 교육용으로 적합하지 않다고 반대하였다. 몇 차례 더 논의했지만 결론이 나지 않았다. 10월 16일 학교 이전 TF 5차 회의에서 나는 승마장 건물로의 이전을 보류하고 적합한 건물을 계속 물색하면서 새 교장 부임 이후 이전 문제를 재논의할 것을 제안했다. 대다수 위원들이 동의하고 TF 활동은 중단되었다. 웨이하이한국학교의 세 번째 교장이 부임한 2024년 상반기에 현지인이 신축하는 건물을 20년 장기 임대하는 내용의 계약이 체결됐다고 들었다. 여러 차례 내부 협의와 검토, 교육부 승인을 거쳐 4년 만에 이전 방안이 결정된 것이다. 2026년 여름 신축 교사로 이전할 계획이라고 한다.

개교 3년 차를 맞이하면서 처음 부임했던 14명의 파견교사 중 중간에 5명이 귀임했다. 2018년에 부임한 파견교사 중 조기 귀임을 희망하는 4명을 포함하여 13명의 파견교사가 2021년 2월 말 귀임하게 되었다. 교육부가 파견교사 충원 계획이 없음을 알려옴에 따라 9월 25일 열린 이사회에서 13명의 교사를 초빙하기로 의결했다. 10월 초에 학교 홈페이지, 재외교육지원센터 홈페이지에 초빙교사 모집 공고문을 탑재했다. 재중한국학교장 협의회 대표 학교인 천진한국학교를 통해 교육부 홈페이지 탑재, 시도 교육청 공문 시행 등의 협조 요청이 이뤄졌다. 10월 30일 지원서 접수 마감을 하고 서류 심사를 거쳐 11월 14일 ZOOM으로 면접을 실시했다. 중등 수학 교사 1명을 제외하고 12명의 교사를 선발했다. 코로나로 인해 해외 근무를 기피하고 중국에 대한 인식이 좋지 않아 국내 학교에 근무하는 교사들이 거의 지원하지 않았다. 대신 중국 지역 한국학교에서 계약이 만료되는 교사들이 많이 지원했다. 일부 재중한국학교는 필요한 교사를 선발하지 못해 애를 먹고 있었는데, 우리 학교는 그나마 다행이었다.

위해 근무 3년 차인 2020년에 접어들면서 개교 과정과 학교의 교육활동을 정리하고 기록으로 남기는 것이 중요하다고 생각했다. 개교를 준비하면서 겪었던 중세학교와의 갈등, 위해시 교육국의 학교 운영 허가, 민판비기업단위 등기 과정 등을 추억이 아닌 문서로 남길 필요가 있었다. 학교의 중요한 기록물이자 교민사회의 유산이기도 했다. 이사회와 학교운영위원회에 그 취지를 설명하고 동의를 구했다. 학교법인 감사, 교직원, 학부모 등으로 발간 추진위원회를 구성하여 추진 일정, 수록할 내용과 원고 수합, 집필자 위촉, 예산 등을 논의했다.

'웨이하이한국학교 3년사'로 책 제목을 정하고 4개 분야로 구성하기로 했다. 1부는 웨이하이 개관과 한·중 교류 및 교민사회 모습, 2부는 한국학교 설립 노력, 59 참사 이후 학교 설립 추진과 개교, 3부는 2018학년부터 2020학년까지의 교육활동을 담기로 했다. 4부는 '아픔을 딛고 미래로! 세계로!'라는 부제로 학생, 학부모, 교직원, 교민이 학교를 추억하고 발전을 기원하는 내용의 원고를 실었다. 부록에는 학교 설립 승인서, 위해시 정부의 학교 설립 비준 동의서, 법인 정관, 학칙, 기부자 명단을 수록했다.

나와 교사들이 주축이 되어 원고를 작성하고 학생, 학부모, 교민의 기고를 받았다. 4부와 부록을 제외한 원고는 학교 홈페이지에 탑재해 수정 요구나 이의 제기를 받아 나중에 민원이 생기지 않도록 했다. 2건 정도의 문제 제기가 있어 검토를 거쳐 수정했다. 공적인 기록물인 만큼 사실에 근거한 논쟁의 여지가 없도록 했다. 이 3년사가 훗날 학교의 30년사, 50년사의 마중물 역할을 할 것으로 믿는다. 발간 부수를 당초 300부에서 80부로 줄였다. 박미정 미술 교사와 『위해지창』 박형민 사장이 책 표지 디자인을 만드느라 수고를 많이 했다. 8개월에 걸친 노력 끝에 2021년 1월 80부가 학교로 배송되었다. 학교법인과 학부모회 임원, 학교운영위원과 교직원에게 배부했다. 청도영사관, 재중한국학교장들에게도 전달했다. 귀임하면서 몇 권을 갖고 와서 작년에 일찍 귀임한 교사들에게도 전달했다.

3만 리 중국 여행: 계림 · 귀주, 난주 · 돈황

위해에서 한 학기를 생활한 2018년 여름 북경현대에서 생산한 승용차를 구입했다. 한국의 아반떼와 같은 모델인데, 중국에서는 영동(領動, 링동)으로 명명했다. 주말을 이용해 산동성 지역을 둘러봤다. 황하가 바다와 만나는 동영(東營)의 황하구(黃河口), 『붉은 수수밭』으로 잘 알려진 노벨문학상 수상자 막언(莫言, 모옌)의 고향 고미(高米), 장보고 유적지인 적산법화원 등이 기억에 남는다. 특히 동영의 황하구 퇴적지에 조성된 생태관광지는 200여 km²의 광활한 땅에 여러 갈래로 나뉘어 흐르는 물길, 습지와 늪에 갈대밭이 끝없이 펼쳐져 있다. 바닷가의 승리 유전은 중국에서 가장 큰 대경유전 다음으로 큰 유전이다.

한 번에 6,500km, 1만 5천 리에 달하는 장거리 여행을 두 번 했다. 첫 번째는 중국 남부였다. 2019년 10월 국경절 연휴를 이용하여 아내와 같이 승용차로 첫날 새벽 3시에 출발하여 서주(徐州)와 합비(合肥)를 경유하여 형주(荊州)를 지나 악양(岳陽)에 밤 11시 반에 도착했다. 1,300km를 운전했다. 출발 전 hotel.com 앱을 이용하여 숙소를 예약했다. 다음 날 악양루에 올라 동정호를 보고 장강 제방 위로 난 도로를 따라 차를 몰아 적벽대전으로 유명한 적벽(赤壁)과 삼국지 주요 장면을 재현한 세트장을 둘러봤다. 적벽을 출발해 밤 11시 계림(桂林)에 도착했다. 다음 날 양삭(陽朔)으로 가서 이강(漓江) 유람선을 타고 남국의 정취를 즐겼다. 4~5개를 엮어 기다란 쪽배를 만들 만큼 대나무가 굵었는데, 하나의 커다란 뿌리에서 10여 개의 대나무가 솟아나 자란다. 상공산(相公山)에 올라 석회암으로 형성된 산봉우리, 계곡, 하천 등의 절경을 보면서 감탄사가 절로 나왔다. 점심으로는 계림의 명물인 맥주로 요리한 생선인 비주어(啤酒魚, 피지우위)를 먹고 망고 과육이 듬뿍 들어간 망과방을 즐겼다. 저녁에는 장예모 감독이 연출한 실경 활동극인 「인상: 유삼저(印象:劉三姐)」를 관람했다. 장 감독은 항주, 운남성 여강(麗江)에서도 실경극을 만들었다. 강물 위에 만든 무대 위로 등장인물들의 연기와 군무, 조명이 어우러져 환상적이었다. 다음 날 용승(龍勝)현에 있는 엄청난 규모의 계단식 논인 용척제전(龍脊梯田, 롱지티톈)을 케이블카를 타고 관람했다. 저녁에는 만봉림(萬峰林)과 마령하 협곡으로 유명한 흥의(興義)에 도착해 객잔에 묵었다. 젊은 남자 주인이 친절하게 안내해 주었다. 다음 날 코끼리 차로 석회암 봉우리가 무수히 많아 만여 개에 달한다는 만봉림을 둘러봤다. 봉우리 사이로 돌리네라고 불리는 움푹 꺼진 땅들이 곳곳에 널려 있었다. 마령하 협곡은 지구의 가장 아름다운 생채기라 불린다고 소개되어 있을 정도로 장대한 협곡과 그 사이로 흐르는 강이 장관인 곳이었다.

　저녁에 안순(安順)에 도착해 하워드 존슨 호텔에 여장을 풀고 제대로 된 목욕을 했다. 다음 날 시계 알람을 잘못 맞춰 늦게 일어나 허겁지겁 아침을 먹고 황과수(黃果樹) 대폭포로 갔는데, 도로 정체에 주차장은 이미 만원이었다. 겨우 주차하고 입장권을 사러 가니 인산인해였다. 현지에서 익히 들었던, 명절날 유명 관광지를 가지 말라는 경구가 절로 생각났다. 입장권 구입을 포기하고 우두커니 있다가 외국인과 노인 전용 매표소를 따로 운영하는 것을 알고 운 좋게 표를 살 수 있었다. 폭포는 실로 장관이었다. 약 80m의 높이에 100m 이상의 폭으로 거대한 물줄기가 수직으로 낙하하고 있었다. 폭포 안에 수렴동(水簾洞)이라는 동굴에서 폭포를 보는 것이 있는데, 대기 줄이 너무 길어 포기했다. 대신 하천 산책로를 따라 천성교(天星橋)를 둘러봤다. 협곡 위로 자연적으로 연결된 석회암 다리였다. 중국 남부의 석회암 지대에 풍부한 수량이 만들어 놓은 절경들이 곳곳에 있었다. 밤 12시를 넘어 동인(同仁) 시내 호텔에 도착해 다음 날 봉황고성(鳳凰古城)을 관광했다. 토가족과 묘족 자치현 안에 장강의 지류인 타강(沱江) 변을 따라 만든 옛 가옥들로 이루어진 마을이었다. 강가에는 수상가옥도 있는데, 강을 따라 산책하듯이 마을을 둘러봤다. 아침에 강에서 솟아나는 물안개가 마을을 덮고 있는 모습이 환상적이라고 한다.

저녁 11시 구화산(九華山) 숙소에 도착했다. 다음 날 일찍 일어나 햇반으로 아침을 먹고 입장권과 버스표를 사서 목적지로 출발했다. 골짜기에서 솟아나는 푸른 안개를 실컷 볼 수 있었다. 먼저 지원사(祗園寺)를 둘러봤다. 구화산은 지장보살의 성지이다. 화성사(化城寺)는 통일신라의 왕족인 김교각 스님이 개찰한 절로 절 입구 유물관의 방 하나에 스님의 일생이 상세하게 소개되어 있었다. 이는 수행과 자비를 실천한 스님의 생애를 기억하고, 입적 후에 육신을 그대로 불상으로 만든 것을 기리기 위함이라 생각했다. 화성사 앞에는 명안천(明眼泉)과 낭낭탑(娘娘塔)이 있다. 눈이 먼 어머니가 김교각 스님을 찾아와 만나고 명안천에 눈을 씻으니 눈을 뜰 수 있었다고 한다. 육신전(肉身殿)으로 불리는 월신보전(月身寶殿)에 모셔져 있는 불상이 스님의 입적 후 만들어진 불상이라고 한다. 구화산 사찰에는 이런 육신 불상이 많다. 스님들은 평소 육류와 생선을 멀리하고 구화산 지역의 알칼리 성분이 많은 채소를 먹기 때문에 용이하다고 한다. 입적하기 몇 주 전부터 공양을 멀리하고, 입적하면 숯을 바닥에 채운 옹기에 시신을 넣어 3년간 몸의 수분을 완전히 제거한 후 불상을 만든다고 설명문에 소개되어 있었다. 월신보전 앞의 범종을 매단 종루(鐘樓)와 북을 매단 고루(鼓樓)는 정말 아름답고 화려했다. 옛 거리인 노가(老街)의 오랜 상점과 건물들, 대비루(大悲樓)의 화엄보전 등의 여러 전각들을 둘러봤다. 하산해서 대형 지장보살상을 참배하고 오후 1시에 위해로 출발했다. 1,000km 이상을 달려 새벽 3시 집에 도착했다.

| 봉황고성

  7박 8일 남부를 여행하면서 본 중국은 상해와 북경 시절 여행했던 중국과 너무 달랐다. 인프라가 잘 구축되어 있었다. 고속도로망이 발달하여 웬만한 도시가 고속도로에서 1시간 내로 연결되었다. 우리 남한보다 100배 이상 크다는 점을 생각하면 대단한 것이다. 고속도로 휴게소 식당은 뷔페식이다. 비용은 한 끼에 한화 6,000원 정도로 먹을만했다. 숙소의 청결, 관광객의 매너도 많이 좋아졌다. 다만 유명 관광지의 인파는 전보다 더 많아진 것 같다.
  두 번째는 2020년 국경절 연휴를 이용하여 아내와 함께 승용차로 중국 서부를 다녀왔다. 2019년 유홍준 교수의 『나의 문화유산답사기 중국편』 3권이 차례로 출간됐다. 책은 불교 유적을 중심으로 서안(西安)부터 시작해 난주(蘭州), 하서주랑(河西走廊)을 경유하여 돈황(敦煌), 타클라마칸 사막을 거쳐 카슈가르까지의 답사 여정을 소개하고 있다. 서안과 돈황은 내가 학술원에 근무할 때 회원분들

을 모시고 다녀왔는데 당시는 비행기로 이동했었다. 불상과 벽화를 보는 것보다 초원과 사막의 황량한 하서주랑을 가보는 것이 지리를 전공한 나의 로망이었다.

유 교수의 답사기를 참고하여 서안부터 난주, 하서주랑을 거쳐 돈황까지 다녀오기로 했다. 9월 30일 새벽 위해를 출발해 서안(西安) 숙소에 밤 11시에 도착했다. 다음 날 천수(天水) 맥적산(麥積山) 석굴을 관람하고 감숙성 성도인 난주에서 숙박했다. 보릿단을 쌓아둔 듯한 산의 절벽에 잔도를 만들어 석굴을 파고 부처님을 모신 것이 인상적이었다. 석굴 앞 잔도에서 내려다본 진령산맥 산줄기들 모습이 장쾌했다. 다음 날 황하 상류를 막은 유가협 댐에 도착해 1시간가량 유람선을 타고 호수 안에 있는 병령사(炳靈寺) 석굴을 둘러봤다. 노상의 절벽에 새긴 작은 마애불이 많았다. 마지막에 본 나무로 만든 와불의 부처님 표정은 너무나 평화로웠다. 천수의 맥적산 석굴과 병령사 석굴은 모두 돈황을 거쳐 서역과 왕래하던 통로로 불교도 이 길을 통해 전래되었고, 곳곳에 석굴을 만든 것이었다. 독실한 불교 신자인 아내는 모든 석굴의 부처님께 인사를 드렸다. 이미 다녀온 대동의 원강 석굴, 낙양의 용문 석굴과 함께 신앙의 힘과 깊은 감동을 느끼게 해준 대작들이었다. 석굴의 불상과 벽화에 대해서는 유 교수의 답사기를 참고하기 바란다.

장액(張掖)에서 세 번째 밤을 보내고 칠채산(七彩山)의 아름다운 풍광을 구경했다. 셔틀버스로 이동하면서 관람하는데, 공중에서 보고 싶은 사람을 위한 열기구도 있었다. 천하웅관(天下雄關)이라는 현판이 붙은 가욕관(嘉峪關)을 둘러보고 저녁 무렵 돈황에 도착했다. 가욕관에서 돈황까지의 길에는 중간중간 한나라 때 흙으로 만든 만리장성의 잔존물을 볼 수 있었다. 아침 일찍 막고굴(莫高窟) 매표소에 한화 45,000원에 달하는 입장권을 샀다. 디지털센터에서 막고굴 소개 동영상을 본 후 이동 버스를 20분가량 타고 막고굴에 도착했다. 20명씩 조를 지어 안내원의 인솔하에 왕오천축국전이 발견된 장경동(藏經洞)을 포함하여 5개 석굴을 관람했다. 남북조와 수당을 거치면서 유력자의 후원으로 400개가 넘는 석굴을 조영해 불상을 안치하고 벽화를 그려 부처님의 뜻을 기린 정성과 장인의 솜씨가 놀라웠다. 돈황박물관에 가서 유 교수가 답사기에서 극찬한 45굴의 보살상 복제품을 봤다. 정말로 경탄할 솜씨였다. 사막의 오아시스인 월아천(月牙泉)을 둘러보고 혼자 명사산(鳴沙山)에 올랐다. 명사산에서 본 월아천은 초승달 모양이었다. 산 전체에 고운 모래가 덮여 있어 신발 벗고 스키를 타듯이 내려왔다.

 위해로 돌아가는 여정이 시작됐다. 저녁에 주천(酒泉)에 도착해 하룻밤을 묵고 다음 날 난주의 감숙성 박물관을 찾았다. 유명한 마답비연상(馬踏飛燕像)을 보기 위함이었다. 청동 조각품인데, 날아가는 제비를 밟고 도약하는 말의 힘찬 모습이 살아 있는 것 같았다. 밤에 서안에 도착해 다음 날 당나라 때 현장 스님이 주석한 대자은사를 찾아 법당과 탑을 관람했다. 오후에 위해로 출발해 다음 날 새벽 3시 반에 도착했다. 전부 약 6,700km의 여정이었다. 난주를 휘감고 흐르는 황하, 하서주랑의 오아시스를 따라 형성된 취락들, 황하 상류의 황량한 황토고원, 목초지와 사막 경관이 유적지 못지않게 오래 기억에 남았다.

2021년 1월과 2월 학교운영위원회와 법인 이사회에서 2021학년도 학교 예산, 학사일정 등을 심의 의결했다. 2월 중순 파견교사들이 한국으로 귀국했다. 후임 교장과 초빙교사들이 속속 웨이하이에 도착해 14일간 격리에 들어갔다. 2021년에도 코로나 예방과 방역을 위한 격리조치가 계속되었다. 후임 교장과 전화와 메일로 업무 인수인계와 현안 협의를 했다. 위해시 교육국과 임항구 교육처를 방문해 그동안의 지원과 협조에 감사 인사를 했다. 법인이사들, 한인회 간부들과 이임에 따른 만찬을 했다. 교류가 있었던 삼성중공업 법인장이 따로 저녁을 냈다. 행정실장과 직원들이 환송연을 베풀어 줬다. 식사 장소에 걸었던 성원과 격려 팻말을 지금도 갖고 있다.

2월 5일 서울시교육청 인사를 통해 관악구에 있는 신관중학교 교장으로 발령받았다. 2월 24일 웨이하이 공항에서 코로나 음성 판정서를 제출하고 검역 수속을 거쳐 제주항공 편으로 귀국했다. 공항에서 집까지 택시로 와서 14일간 자가격리에 들어갔다. 3월 2일 신관중은 개학했고 나는 3월 11일 출근할 때까지 재택근무를 했다.

III
국내 학교 관리자

1. 수도여고, 영등포여고 교감
2. 진관중, 신관중 교장
3. 언남고등학교 교장
4. 마무리 및 제언

1. 수도여고, 영등포여고 교감

상해영사관 근무를 마치고 2007년 3월 1일 수도여자고등학교 교감으로 부임했다. 학교를 떠난 지 7년 6개월 만에 원래 터전으로 돌아와 감개무량했다. 고등학교에서 근무하고 싶었던 희망이 반영되어 더 열심히 해야겠다고 생각했다. 교육청에서 발령장을 받고 학교로 와서 조정숙 교장에게 인사를 드렸다. 음악을 전공한 여자 교장이셨다. 수도여고는 일제 강점기 때 설립된 경성제2고등보통여학교를 모태로 한 학교이다. 후암동에 소재해 일본 여학생들이 많이 다녔다고 한다. 일본인 할머니들이 모교라고 가끔 찾아오기도 했다. 수도여고 연혁에는 46년 재개교한 것으로 나와 있다. 용산고와 담 하나를 두고 나란히 있었는데, 2000년 지금의 대방동 보라매공원으로 신축 이전했다. 남향의 '一'자형 4층 건물의 우측 끝에 동문회관인 백합관이 있다. 백합관 옆으로는 운동장보다 조금 높은 언덕 모양의 정원이 조성되어 있고 교화인 백합이 무리 져 있다. 백합동산으로 불렸다. 5월 백합 무리가 꽃을 피우면 온 교정이 그 향기로 그득했다. 교사 우측으로는 체육관 겸 강당이, 체육관 지하에는 학교복합시설인 수영장이 있다. 학교와 담장을 경계로 보라매공원이 있어 공기 맑고 아늑했다. 좋은 시설에 전통 있는 명문 여고로 학부모가 선호하고 학생들의 자부심이 높은 학교였다. 이를 바탕으로 수도여고는 부설로 여자 방송통신고를 운영하고 있었다. 방송통신고 교감을 겸직하게 되어 2주에 한 번은 일주일 내내 출근하였다. 방통고 수업을 근무하는 토요일 다음 날인 일요일에 하도록 편성했기 때문이다.

꽃동네 봉사활동, 재시험, 연중무휴 자율학습실

수도여고의 학생 수는 1,300명 내외로 36개 학급이었다. 2학년부터 문·이과로 나눠 교육과정을 운영하는데, 이과가 3학급으로 문과가 다수였다. 주5일제 수업 시행 전으로 토요 격주 휴무제로 학사일정이 운영되었다. 제2외국어 과목 외에 대부분의 과목은 교육청 또는 학교 지정으로 학생 선택 여지가 많지 않았다. 제2외국어는 독일어와 일본어가 개설되어 있었다. 일본어 교사는 원래 독일어 교사였는데, 교육부의 일본어 교사 양성 과정을 통해 교사 자격을 취득한 후에 다시 발령받았다고 했다. 교육부에 근무하면서 입안하고 시행한 정책이 학교 현장에 구현된 모습을 처음으로 보게 되었다. 일본어를 가르치는 데 어려움이 없는지 물어보니 연수 과정이 충실해서 큰 어려움은 없다고 했다. 나중에 독일어 희망 학생이 거의 없어 중국어를 제2외국어 과목으로 추가했다.

  5월 하순 학교 단체로 2박 3일간 1학년은 수학여행, 지금의 테마형 교육여행을 가고 2학년은 진천 꽃동네 봉사활동을 갔다. 참여율은 95% 이상이었다. 참여를 희망하지 않은 학생은 등교하여 자율학습이나 과제를 수행했다. 진천 꽃동네 봉사활동은 장애인을 대상으로 활동 보조, 청소, 식사 도우미 등 지정된 봉사활동을 했다. 학생들이 하기 전에는 두려워하면서 소감문 작성 때 가장 감명 깊었다는 활동이 관 체험이다. 장례용 관 속으로 들어가 몇 분간 닫힌 채로 있다가 나오는 체험이다. 죽음을 생각하면서 자신의 삶을 돌아보는 반성의 시간이 되었다. 학생들은 들어가기 전에 "관을 닫고 열어주지 않으면 어떻게 해요." 등 엄살을 부린다. 체험 후 한동안 말이 없어진다. 간혹 순간적인 동정심에 이끌려 장애인에게 전화번호를 알려줘 곤욕을 치르는 경우가 있었다. 전화를 걸어와 만나고 싶다, 언제 올 거냐는 식으로. 전화기를 바꿔야 문제가 해결되었다. 꽃동네 봉사활동은 전국의 학교에서 많이 신청한다. 사전 예약을 받지 않고 정해진 날 전화로만 신청을 받는다. 담당 교사는 학급에 들어가서 모든 학생들로 하여금 휴대폰을 꺼내게 해서 동시에 전화를 걸도록 했다. 이러면 한두 명의 학생은 연결되어 신청을 할 수 있게 되었다.

2009년 5월 하순 제주도 수학여행을 인솔 책임자로 다녀왔다. 당시 한창 인기를 끌던 둘레길 걷기, 관광지 방문, 보트 타기 체험을 했다. 5월 23일 학생들과 체험행사를 마치고 버스에 오르는데, 노무현 전 대통령의 서거 소식을 듣고 모두가 충격을 받고 침통해했다.

　3월 말과 9월 말에는 학생회 임원, 학급 반장과 부반장이 참가하는 임원 수련회를 갔다. 학교에서 가까운 청소년 수련시설을 이용했다. 금요일 오후에 입소해서 토요일 오후에 퇴소하는 일정이다. 인솔 책임을 맡아 생활지도부장과 담당 교사와 함께 갔다. 수련 장소에 도착해 숙소를 정하고 개인 짐을 정리한 후에 입소식을 거행하고 조별로 주제 토론과 협의 시간을 갖고 강당에 모여 결과를 발표했다. 저녁 식사 후에는 레크리에이션 강사가 오락 활동을 진행하고 캠프파이어, 촛불행사와 명상을 끝으로 취침한다. 다음 날 오전에는 야외 체험장에서 서바이벌 게임, 수영, 안전 체험활동을 하고 점심을 먹은 후에 귀가했다. 임원 수련회를 통해 학교 축제, 각종 캠페인 등 학생회 주관 행사의 활동 방향을 정하고 실행 방안을 논의했다. 또 학교에 대한 건의나 요구사항을 수합하여 전달했다.

　8월 마지막 주 금요일 학교 축제인 백합제가 열렸다. 오전에는 동아리 활동 전시가 있는데 중앙 현관에서 교장, 학교운영위원장, 학부모대표, 학생회장 등이 테이프 커팅을 하고 함께 둘러본다. 학생들도 전시 장소에서 관람과 체험을 했다. 오후에는 체육관에 모여 노래, 춤 등의 공연이 진행된다. 다른 학교의 밴드나 공연팀을 초청한다. 모교 출신의 가수나 탤런트 등 연예인이 참석하는 경우가 있는데, 내가 근무하던 동안 이런 일은 없었다. 우리 학교와 가까운 성남고 야구부 응원 팀은 단골 초대 손님이었다. 학생회장과 임원이 해야 할 가장 큰 과제가 축제 준비와 운영이다. 5월 말 2학년을 중심으로 학생회장과 임원진이 구성되면 바로 축제 준비에 들어간다. 축제 유인물과 포스터 제작, 동아리 전시 작품, 공연팀 및 찬조 출연팀 섭외 등등. 한번은 1학년 학부모가 찾아와 축제 준비하느라 공부를 못 할 정도이니 학생이 임원을 사퇴해야겠다고 했다. 설득하고 만류했지만 학생회 부회장을 사퇴했다.

  9월부터는 학교는 본격적인 대학수학능력시험 준비에 들어간다. 내신 성적을 토대로 선발하는 수시전형 대학들도 수능 최저 등급을 요구하고 있다. 논술, 영어만으로 학생을 선발하는 등 대학입시가 매우 다양해졌다. 학교가 학생이 필요로 하는 모든 것을 충족시켜 줄 수 없는 노릇이었다. 교과 성적 중심의 한 줄 세우기 교육에서 벗어나는 것을 지향하는 대학입시의 다양화가 오히려 사교육 부담을 늘리고 있는 현실이었다. 고3은 1년에 수능 대비 평가를 여섯 번 정도 치른다. 두 번은 교육과정평가원에서 실시하는 모의수능이고 네 번은 시도교육청이 주관하는 전국 연합 학력평가이다. 1·2학년은 네 번 정도 연합 학력평가를 본다. 90년대까지 사설기관 모의고사를 봤다. 교육부의 새 학교 문화 창조 정책으로 재학생 대상 사설기관 모의고사가 금지되면서 교육청 주관 연합 학력평가가 시행된 것이다. 수능시험장으로 지정된 고등학교는 방송 시설, 타종 소리와 음향 점검, 교실 책걸상 배치, 시험지 보관과 고사 관련 업무를 준비하느라 경황이 없다. 몇 차례에 걸쳐 관리자와 담당자 회의를 하고 두 차례 이상 교육청 직원이 나와 방송 시설과 전기 설비를 점검한다. 정전에 대비한 장비와 듣기 방송 송출을 위한 CD플레이어도 준비한다. 시험 당일 교감은 새벽 5시까지 시험지구별 교육지원청에 가서 시험지와 답안지를 인수하고 경찰 호송차와 함께 학교에 도착해 문제지와 답안지 봉투 수량을 확인한 다음 지정된 장소에 보관한다. 타종과 듣기 방송이 제대로 들리지 않았다는 것이 가장 많이 제기되는 민원이다. 수도여고 재직 시 수능 관련 중대한 민원은 없었다.

학생들의 진학 결과는 비교적 양호했다. 매년 서울대, 연세대, 고려대 등에 30명 이상 합격했다. 성적 우수자나 진학 결과가 좋은 학생들에 대해 동문회에서 마련한 장학금이 전달되었다. 우수 학생이 몰려 있는 이과반에서 내신 성적 산출 시 동점자가 많아 1등급 학생이 나오지 않은 적이 있었다. 이과 세 학급 합쳐 100여 명으로 1등급을 받을 수 있는 학생은 4명이었다. 어느 해에 특정 과목 교사가 난이도를 잘못 조절하는 바람에 만점자가 10명이 넘어 전부 2등급을 받게 되었다. 학부모가 찾아와 항의했지만, 성적 처리가 끝난 상태라 어쩔 수 없었다.

한번은 고3 1학기 기말고사에서 출제 오류가 발생했다. 문·이과 모두 필수로 이수하는 과목으로 단위 수가 커서 내신 비중이 높았다. 여러 명의 교사가 3학년에 들어가 수업했는데, 특정 학급에 들어간 교사가 시험 범위를 잘못 알려줬다. 시험이 끝난 후에 학생들이 해당 교사에게 항의하면서 드러나게 되었다. 문제가 된 시험과목은 문과 계열 과목으로 이과 학생들은 처음에는 크게 비중을 두지 않았다. 학업성적관리위원회를 통해 시험 범위가 아닌 데서 출제한 문항 수만큼 부분 재시험을 보기로 했다. 시험을 잘 본 문과생 학부모들이 재시험을 반대하고 교육청에 민원을 제기했다. 교육청 담당 장학관·장학사가 차분하게 대응할 것을 주문하고 조언했지만, 모든 책임은 학교와 교장 몫이었다. 몇 차례 교장이 학부모들에게 잘못을 사과하고 용서를 구했다. 옆에서 지켜보는 내가 안타까울 정도였다. 다시 학업성적관리위원회를 열어 모든 문항을 대상으로 전면 재시험을 보기로 결정하고 시험을 치렀다. 이과의 우수 학생들이 상위 등급을 차지했고 처음 시험을 잘 본 학생들은 뒤로 밀려났다. 처음 시험을 가장 잘 본 학생은 그해 입시에서 실패했다.

학생들의 진학과 면학 분위기 조성을 위해 노력했다. 체계적인 진학지도를 위해 2008년 말 2009학년도 내신 상위권 학생들의 입시 결과를 분석했다. 엑셀을 활용하여 3학년 때 치른 모의수능, 연합 학력평가 결과와 내신 성적을 정리하고 진학 현황을 표로 작성하도록 했다. 매년 같은 방식으로 작성하여 누적된 결과를 입시 상담과 지도에 활용했다.

자기주도학습과 면학 분위기 조성을 위해 2008년 2학기부터 연중무휴 자율학습실을 운영했다. 1학기 말 자율학습실을 정비하고 명칭을 공모하여 '아람재'로 이름 짓고 현판을 부착했다. 평일에는 교사가 지도하며 운영하고 주말과 공휴일에는 자율학습 도우미 학생 중심으로 운영하도록 했다. 3학년 부장과 내가 교대로 학교에 나와 확인했고 연휴 때는 자율학습 담당 및 희망 교사가 관리했다. 설날과 추석 당일 이틀을 제외하고 연중 자율학습실에서 원하는 학생들이 공부할 수 있도록 했다. 평일 자율학습 때는 감독교사를 미리 공개해 개인 상담이나 학습에 도움을 받을 수 있도록 조치했다.

체육 교사들의 열의로 1학년은 일주일에 한 번 수영장에서 수영을 배웠다. 따로 강사를 고용하지 않고 체육 교사가 지도했다. 생존 수영교육을 일찍 시작한 셈이다. 오후에는 일반인이 저렴한 비용을 부담하고 수영장을 이용했다. 노후화되면서 어느 날 수영장 천장 텍스가 바닥으로 떨어졌다. 다행히 인명 피해나 사고는 없었는데, 석면 성분이 검출되어 수영장 운영을 일시 중단하고 텍스를 모두 교체했다. 학교 근처에 동작구청이 운영하는 문화체육센터 수영장이 문을 열면서 이용객이 줄어 수입이 감소했다. 위탁업체 입찰 공고를 해도 신청자가 없을 정도였다. 몇 차례 유찰 끝에 운영자가 선정됐지만, 크고 작은 문제가 계속 발생했다.

종합장학 · 종합감사, 성과상여금 지급 개선

당시 수도여고 교원은 71명이었다. 연령순으로 내가 중간이었다. 생활지도로 고생할 필요가 없는 학교로 소문나서 전보에 유리했던 고경력 교사가 많았다. 남녀 숫자도 거의 동수였다. 교원노조에 가입하여 활동하는 교사가 절반이 넘었고, 노조 간부를 맡고 있는 교사도 있었다. 같은 대학 출신이 3분의 1 정도 되어 1년에 두 번 정도 동창 모임을 했다. 선후배끼리 화기애애한 분위기에 식사하고 얘기를 주고받았다. 지금은 대학 동창 모임을 거의 하지 않는데 당시는 전부터 내려오던 관행이었다. 교장은 치마 두른 장군이라 불릴 정도로 두주불사형의 용장이었다. 2007년 3월 주말을 앞두고 부장 송 · 환영회가 학교 근처 식당에서 열렸다. 20여 명이 참석했다. 교장이 각 부장들께 차례로 술을 권하고 답례로 주는 술을 다 마셨다. 초보 교감으로 긴장하고 술을 마시던 나는 취해서 집에 어떻게 왔는지 기억나지 않을 정도였다. 이런 분위기가 교직원 화합이나 협력적인 업무처리로 연결되지 않는 것이 문제였다.

2007년 6월 하순 종합장학지도를 받게 되었다. 장학관을 반장으로 장학사 2명, 전직 교장 1명이 와서 학사 및 교육과정 운영, 수업과 평가, 특색사업 등에 대한 지도와 조언을 했다. 장학 반원들이 참관하는 수업 공개를 해야 하는데, 누가 이 수업을 맡느냐가 관건이었다. 고민 끝에 수학, 영어과 교사에게 부탁드렸는데,

모두 수락했다. 참관한 장학 반원들이 좋은 평을 해주었다. 그 후 영어 교사를 연수원에 강사로 추천했고, 수학 교사는 교육부 전문 직원 시험에 응시하도록 했다. 준비한 기간이 짧아 합격하지 못했지만, 후에 서울시교육청 전문직원 시험에 합격했다.

11월 첫 주 교육청 종합감사를 받았다. 1년에 종합장학, 종합감사를 한꺼번에 받게 되어 푸념과 한숨이 나왔다. 매뉴얼대로 행정실과 협조해 수감 준비를 했다. 체험학습에 불참한 학생을 결석 처리 하지 않는 등의 문제가 발견되었지만, 다행히 큰 지적 사항은 없었다. 11월 하순 전년도 특별감사에서 문제가 된 교사들에 대한 조치 결과가 통보되었다. 일부 교사들이 교과서 업자로부터 사례금을 받은 것이었다. 관행처럼 이뤄지던 일이 드러나게 되어 교과 주임을 맡은 교사가 감봉에 처해지고 나머지 교사는 경고를 받았다.

2008년 신학기가 되고 전년도 학교의 성과상여금 지급안에 따라 등급이 결정되어 교사들에게 통보되었다. 작년에 오자마자 3학년 담임을 하고 주요 업무를 처리한 교사가 하위 등급을 받아 이의를 제기했다. 우리 학교에 재직한 연차가 성과금에 큰 영향을 주도록 하는 것이 문제가 많다고 생각했지만, 관례라고 해서 넘어갔는데 문제가 생긴 것이다. 다른 교사도 폭언을 하면서 거칠게 항의했다. 학교의 지급안대로 사심 없이 공정하게 했다고 설명해도 납득하지 않았다. 새로운 지급안을 만들 필요성을 강하게 느꼈다. 교육청에서 제시한 지표를 토대로 수업시수, 학급담임 여부,

생활지도 등 업무 곤란도 등을 계량화하고 재직 연수 비중은 최소화했다. 인사자문위원회 심의를 거쳐 2009년도 지급안을 공표했다. 일부 교사들이 강력히 반대했다. 교직원회의에서 공개적으로 해명을 요구했으며, 사과를 요구하기도 했다. 타협하지 않고 관철시켰다. 새로 부임한 교장도 지지했다. 성과상여금은 노무현 정부 때 도입된 제도이다. 당시 교원을 포함하여 공무원들이 반대했지만, 시행되었다. 일부 학교에서는 정부의 정책을 반대하고 희화화하려고 비합리적인 지급안을 만들어 성과상여금을 나눠 갖는 경우도 있었다. 교감인 나로서는 공정하고 합리적인 상여금 지급안을 만들어 열심히 하는 교사가 상위 등급을 받도록 하는 것이 정당하다고 생각했다.

  교장, 부장교사 단체로 연수를 겸한 여행을 다녀온 것이 기억에 남는다. 부임할 때의 교장은 주량만큼이나 배포가 크신 분이었다. 2007년 대입 수능이 끝난 12월 초 주말을 이용하여 관리자, 부장교사가 홍도와 흑산도를 다녀왔다. 토요일 오후 여객선으로 홍도에 도착해서 깃대봉 중턱에서 바다를 조망하고 초겨울 노을을 감상했다. 참으로 아늑하고 평화로운 정경이었다. 회를 곁들인 저녁을 맛있게 먹으면서 정담을 나눴다. 다음 날 유람선을 타고 홍도를 일주했다. 해안가의 절벽이 기묘한 암석들로 이뤄진 절경 그 자체였다. 유람선에서 작은 파티가 열렸다. 유람선 근처로 소형 배가 접근하면서 잡은 생선으로 회를 떠서 팔았다. 이때 교장이 금일봉을 연구부장에게 주면서 풍족하게 쓰라고 했다. 목포로 나오면서 잠깐 흑산도에 들러 점심을 하고 건어물을 샀다.

 8월 말 교장 퇴임을 앞두고 2008년 여름방학 부장교사 전체가 베트남 하노이로 해외여행을 갔다. 하노이의 여름은 더웠지만, 견딜만했다. 하롱베이의 절경을 배를 타고 감상했다. 하롱베이는 바다가 육지 쪽으로 들어간 만 안에 크고 작은 석회암 섬들이 무리 지어 있었다. 수십 미터에 달하는 기둥 모양의 바위섬은 보는 이의 탄성을 절로 자아내게 했다. 다음 날 호찌민 기념관을 찾았다. 방부처리 한 호찌민 시신을 보지 못한 아쉬움을 뒤로하고 국부로 존경받는 호찌민 전시물과 일대기를 둘러봤다. 하노이 시내 관광을 하면서 오토바이 물결에 압도되었다. 네거리 신호등에 빨간불이 들어오면 수백 대가 넘는 오토바이가 일제히 섰다. 출발 신호가 켜지면 앞다퉈 오토바이가 뛰쳐나오는데, 부딪혀 넘어지는 사고가 하나도 없었다. 감탄사가 절로 나올 정도로 기이한 광경이었다. 2000년대부터 본격적으로 시작한 베트남의 개방과 경제 성장 현장을 생생히 볼 수 있었다.

PAPS 연구학교, 영재학급, 방송통신고 애환

 2007년 3월부터 2009년 2월까지 체육과 연구학교를 운영하였다. 학생 건강체력 평가시스템인 PAPS(Physical Activity Promotion System)라고 불린 새로운 측정 방법을 학교 현장에 시범 적용 하고 연구하는 과제를 맡아 3월부터 운영하게 되었다. 학교에 적용하기 전에 수도여고를 비롯하여 전국의 10여 개 초, 중, 고를 연구학교로 지정하고 새로운 측정 방법의 타당성, 적용 가능성, 문제점 등을 검토하게 한 것이다. 체육과 김택천 선생님이 주무를 맡아 헌신적으로 운영하였다. 정해진 연구과제를 수행하고 11월 체육과 교사, 장학사, 교육부 관계자가 참여한 가운데 연구학교 보고회를 개최하였다. 새로운 체력 측정방법의 도입에 대해 대체적으로 긍정적인 결과가 도출되었고 심각한 문제점은 지적되지 않았다. 몇 개월 간의 시범 적용 및 연구로는 부족하다는 의견이 많았다. 1년 더 운영하도록 재지정되었고 2009년 2월 종료되었다. 이후 전국의 학교 현장에서 PAPS가 도입되어 현재까지 운영되고 있다.

2000년대 초반부터 영재교육 열풍이 불어 교육부가 영재교육진흥법을 제정하여 일부 과학고를 영재학교로 지정하고, 교육청 단위로 영재교육 센터를 운영하기 시작했다. 학교에는 영재학급을 설치·운영했다. 영재교육 대상을 과학, 수학에 한정하지 않고 음악, 미술 쪽으로 확대하면서 서울시교육청은 서울의 동서남북, 4개 권역의 고등학교에 음악과 미술 영재학급을 각 2개씩 설치했다. 1년 과정으로 토요일 전일제로 운영하였다. 우리 학교는 미술 영재학급을 맡았는데, 미술 교사의 열정이 있었기에 가능한 일이었다. 백합관에 미술 영재학급 운영에 필요한 기자재와 설비를 갖추고 3월 말 학생 모집과 실기 시험을 거쳐 20여 명을 선발했다. 강사진을 구성하여 회화, 조각 등 다양한 분야의 수업과 실습이 진행되었다. 연말에 작품 전시회를 개최하고 수료증을 수여했다. 미술 영재학급을 2007년부터 2008년까지 2년간 운영했다. 이런 활동은 나중에 일반고의 과학 중점학급, 거점학교, 2~3개 학교 연합의 공유캠퍼스 운영 등 다양한 형태의 학교 간 교육과정 교류·협력으로 확대되었다.

수도여고 교감으로 일하면서 가장 뜻깊은 경험과 추억은 방송통신고 운영이었다. 정식 명칭은 수도여자고등학교 부설 방송통신여자고등학교이다. 한국교육개발원 주관으로 전국적으로 30여 개의 방송통신고를 운영하고 있다. 고등학교 다닐 때는 잘 몰랐는데, 모교인 진주고등학교에도 방송통신고가 부설·운영되었다. 일요일 학교 도서관에 가면 남자 어른들이 교실에서 공부하고 있었다. 방송통신고는 가정환경 등으로 제때 고등학교 과정을 이수하지 못한 성인들에게 수학 기회를 제공하고 있다. 교재와 수업료는 무료이다. 방송으로 수업내용을 청취하고 2주에 한 번씩 일요일 등교하여 출석 수업을 받는다. 당시는 격주 토요일 휴무제를 시행하고 있었는데, 방송통신고 수업이 있는 주에는 교감을 겸직하고 있던 나는 일주일 내내 출근했다. 3월 둘째 주부터 수업이 시작되었는데, 처음에는 적응이 안 되어 힘들었다. 학년 초 창의적 체험활동 수업을 학급별로 2시간 한 것 외에는 온종일 자리를 지키고 있었다.

학년별로 4학급에 학급당 학생은 30~40명이다. 연령은 30

대에서 60대까지 다양했다. 20대의 어린 학생도 있고 70대의 나이 많은 학생도 있었다. 학교 근처에서 다니는 학생은 아무도 없었다. 멀리 지방에서 다니는 학생도 있었는데, 지인이나 가족에게 방송통신고 다니는 사실을 숨기고 싶어서라고 했다. 국어, 수학, 영어를 포함하여 예체능 수업까지 운영한다. 2008년 담당 부장교사가 1학년 공통사회 수업을 부탁해서 즐거운 마음으로 수업을 했다. 수업내용을 진지하게 약간만 장황하게 얘기하면 영락없이 하품과 졸린 표정을 한다. 가정과 일로 바쁘게 살다가 일요일 쉬지도 못하고 수업을 받으니 힘들 수밖에 없는 것이다. 1학년 때 중도 탈락생이 많다. 안 하던 공부가 어렵고 학교에 나오는 것이 힘들어 다닐 수 없다는 게 이유였다. 담임이 설득하고 출결에서 허용 범위까지 최대한 관용을 베풀어도 학년말로 가면서 안 나오는 학생이 늘어난다. 그래서 1학년 신입생 모집 때 학급당 40명까지 모집한다. 2학년이 되면 중간에 그만두는 학생이 현저히 줄어들고 3학년이 되면 거의 없다.

    4월 하순 전체 학년이 1박 2일 수련회를 서울 근교로 갔다. 2007년 부임 첫 해 수련회를 가기 전날 교장이 나를 불렀다. 수련활동 기간 교감은 안전지도 외에 교사들을 학생들로부터 지켜야 한다고 했다. 본인의 경험을 얘기하는데, 일부 학생들이 교사에게 음주를 강요하거나 술주정하는 경우가 있다는 것이다. 수련 장소에 도착해 입소식을 마치고 단체 활동을 소화한 다음 저녁 식사 후에 강당에 모여 방통고에 입학하게 된 이유나 재학 중의 소감 발표를 들었다. 신입생들의 입학 이유나 사연을 들으면서 나도 모르게 눈시울을 적셨다. 엄마가 돌아가시고 아버지가 새엄마를 얻은 다음 학교를 못 가고 집을 나와 식모살이, 회사 노동자로 일하면서 학업 기회를 놓쳤다는 등 발표하는 사연마다 구구절절했다. 교복 입고 학교에 가는 친구들이 너무나 부러웠다고 했다.

공식 일정을 마치고 각자 숙소로 가서 담임이 인원 점검을 하고 자유시간이 되었다. 10시경 둘러보니 학생들이 숙소에서 술을 곁들인 야식을 맛있게 먹고 있었다. 알고 보니 수련회 오기 전에 조리도구, 식재료, 주류, 과일 등 준비물을 자기들끼리 분담했다. 담임교사도 자리를 같이하고 있었다. 12시가 넘어서도 학생들의 이런 모임은 쉽게 끝나지 않았다. 남편과 자식, 일에 매여 있던 생활을 하다가 해방된 날의 기쁨과 여유를 만끽하고 있었다. 안전에 유의해 사고 나지 않도록 당부하고 지켜보는 것이 나와 교사들이 할 일이었다. 밤 12시가 넘어서야 해산하고 자기 방으로 돌아갔다. 새벽 4시가 되어도 숙소로 가지 않고 운동장이나 공터에 있는 학생들이 있었다. 5시가 되어서야 잠깐 눈을 붙였다. 7시 기상 음악이 나가고 세면과 아침 식사 후에 오전 프로그램을 진행하고 점심 먹고 퇴소했다. 교장이 수련활동 가기 전날 불러서 주의를 준 게 이해가 되어 쓴웃음이 나왔다.

3학년 2학기 11월에는 졸업여행을 1박 2일 다녀온다. 교감으로 한 번 참여했다. 여유 있고 느긋한 일정이었다. 공주, 부여를 거쳐 서산을 다녀오는 일정이었다. 공주 공산성, 낙화암, 부여박물관, 서산 마애삼존불, 보원사지를 둘러봤다. 부여박물관 앞의 백송이 인상적이었고, 백제금동용봉향로의 정교한 조각이 눈길을 사로잡았다. 불빛의 각도에 따라 다양하게 비치는 서산 마애삼존불의 미소는 부처님의 한량없는 자애로움을 느낄 수 있었다. 보원사지의 폐사지 전경과 석탑은 늦가을의 소슬한 정취를 더욱 진하게 느끼게 했다. 졸업식 때는 가족들이 와서 축하를 해줬다. 눈물과 기쁨의 웃음이 교차하는 감개무량한 표정을 지으면서 교사들에게 고맙다는 인사를 하고 교정을 떠났다. 우리 모두 졸업까지 참고 견딘 그들의 인내와 수고로움을 칭찬하고 앞날을 격려해 줬다. 졸업생 중 다수는 방송통신대학에 진학하는데, 만학도 전형이나 특기자 전형을 활용해 일반대학에 진학한 학생도 있었다.

   방송통신고 교감을 겸직하면서 관리자로서 혜택을 입은 것이 있다. 교육개발원 주관으로 방통고 관리자와 부장교사를 대상으로 해외연수가 있었다. 2007년 6월 초 전국에 있는 방통고 교원들과 함께 일주일간 캐나다 동부로 연수를 갔다. 밴쿠버로 가서 빅토리아 섬에 있는 브리티시 컬럼비아주 청사와 Byrne Creek High School, SJ Willis 교육센터를 방문했다. 방송과 인터넷으로 운영하는 원격교육 시스템이 인상적이었다. 광활한 지역에 걸쳐 소수로 거주하는 주민이 많아 원격교육 시스템이 일찍 발달했다. 밴프라고 불린 동계스포츠 및 휴양지를 가서 스키장의 케이블카로 산 정상에 올랐다. 정상 부근에는 아직도 많은 눈이 있었지만, 눈 상태가 좋지 않아 스키를 탈 수 없다고 했다. 겨울 태평양에서 불어오는 편서풍으로 엄청난 양의 눈이 로키 산지에 내리고 눈 녹은 물로 생활한다. 밴프 외에 유명한 관광지인 부차트 가든을 방문했다. 부차트 가든은 세계 3대 정원의 하나라고 할 정도로 잘 가꾸어 놓았다. 2004년 유럽 여행 때 들렀던 베르사유 궁전의 정원이 아름다웠는데, 부차트 가든은 그 이상이었다. 밴쿠버는 아시아인 특히 중국인이 많이 거주하고 있었다. 시내 곳곳에 차이나 타운이 조성되어 있고 안내 간판에도 한자가 병기되어 있는 것을 볼 수 있었다. 19세기 쿨리[苦力]라 불린 많은 중국인 노동자들이 들어와 광산 채굴, 삼림 벌채에 종사하고 항만과 부두 노동자로 일했다.

대외 활동, 광우병 수입 쇠고기 파동

방송통신고를 포함하여 수도여고에서 바쁘게 생활하면서 학교 외의 여러 가지 일들을 했다. 젊은 교감인 점도 작용했다. 서울교육연구정보원 부장으로 일하던 신호근 연구관과 선배들의 추천으로 각종 연구과제, 교과교실 공모학교 심사 등 다양한 분야의 심사위원으로 참여했다. 2007년 여름방학과 2008년 겨울방학 때는 서울시교육청 주관 연합 학력평가 지리과 평가위원으로 일했다. 12일간 합숙하면서 교사들이 준비해 온 학력평가 문제를 검토하고 역사, 일반사회 등 3개 교과끼리 교차 검토했다. 이 과정에서 상대 교과 문항을 검토하면서 문제를 제기하고 자기 교과에 대한 방어 논리를 펴기도 한다. 이런 경험은 교사의 평가 전문성을 높였을 뿐만 아니라 학교의 정기고사나 각종 평가를 관리하는 교감의 평가 전문성과 안목을 키우는 데도 크게 도움이 되었다. 교육연구정보원에서 주관하는 2002 개정교육과정 서울시교육청 편성·운영 지침 수립에 고등학교 팀장으로 참여했다. 이런 일로 매주 한 번 이상 외부 출장을 나가게 되어 교장에게 송구스러운 마음이었다. 교장은 관대히 받아들여 주었다.

 2007년 상반기부터 공부방 모임에 나갔다. 교감과 장학사 등으로 초등과 중등을 섞어 팀이 꾸려졌다. 토요일 오후에 교육연구정보원 동대문 분원에서 격주로 세미나를 가졌다. 학교교육과정, 장학, 인사관리 등을 주제로 발제자가 발표했다. 비평과 의견 제시 등으로 토론이 진행되고 대안을 모색했다. 다양한 학교 운영 사례를 듣고 장학사들로부터 교육정책과 정보를 입수하는 유익한 자리였다. 이를 토대로 초등과 중등 교원이 참여하는 초·중등학교 수업컨설팅 연구회라는 연구모임이 결성되었다. 2008년 하반기까지 1년가량 분기별로 정기 세미나를 개최하였다. 세미나 준비 팀장을 맡아 기조 강연자, 발제자, 토론자 섭외 등의 일을 맡았다. 연구회 하부 조직으로 지리과 교사들이 참여하는 지리과 수업 연구팀을 조직하여 활동했다. 결국 초등과 중등이 분리되면서 연구회 활동은 침체되었다. 공부방 모임은 꾸준히 계속되었고 2007년 9월 신호근 부장이 불암고 교장으로 부임하면서 장소가 불암고 회의실로 바뀌었다.

　2007년 6월부터 7월까지 교장 연수를 받았다. 교장 자격증 취득을 위한 연수로 교원이 받는 가장 영예로운 연수의 하나이다. 서울대학교 사범대학 부설 중등교원연수원에서 서울 지역 연수 대상자 100여 명이 함께 전일제로 연수를 받았다. 연수 내용은 교양 강좌, 관리자 리더십, 장학 및 인사관리, 회계와 시설관리 등으로 구성됐다. 교감 자격연수와 달리 연수 성적이 교장 발령에 영향을 주지 않아 여유 있게 연수가 진행되었다. 사립고 교장들도 연수에 참여했는데, 이들은 이미 교장 직책을 수행하고 있었다. 8명으로 한 개 분임이 조직됐다. 우리 분임은 사립고 교장 5명에 공립고 교감 3명으로 구성됐다. 분임 보고서나 과제는 공립 교감 셋이 다 해결했다. 사립고 교장들은 돌아가면서 식사를 냈다. 연수 종료 이틀 전 1박 2일 일정으로 전주 상산고를 방문하고 한옥마을, 경기전을, 다음 날은 해미읍성과 수덕사를 둘러봤다. 상산고는 『수학의 정석』 저자인 홍성대 이사장이 설립한 자립형 사립고로 전국 단위로 학생을 모집하는 학교이다. 학생 중심의 자기주도적 프로그램 운영과 최신 시설이 인상적이었다. 학교 설립자금 외에 홍 이사장은 자신의 저서를 판매한 수익금을 매년 학교 운영비로 기부하고 있다고 했다. 전국 제일의 명문고로 키우고 싶었을 것이다.

　2008년 4월 미국산 수입 쇠고기 파동이 있었다. 이명박 정부가 미국과의 협상을 통해 미국산 쇠고기 수입을 재개하기로 결정했다. 30개월 월령 기준 폐지로 모든 쇠고기 수입이 가능하게 되었다. 당시 미국에서 유행하던 광우병에 걸린 쇠고기 수입 가능성이 제기되면서 논란이 거세졌다. 일부 언론이 그 위험을 과장해 보도함으로써 상황이 더욱 악화되었다. '뇌 송송 구멍 탁', '미친 쇠고기 너나 먹어' 등의 위험을 경고하는 표어가 난무했다. 정부의 대응과 해명은 아무 소용이 없었다. 일반 시민뿐만 아니라 고등학생들도 반정부 시위에 참여했다. 교육청은 고등학교 교감과 생활부장교사로 하여금 광화문 광장, 시청 앞 등지를 순시하도록 했다. 학생들 안전을 명분으로 한 것이지만, 사실상 시위 참가를 억제하는 분위기를 조성하고자 했다. 미국과의 재협상을 통해 광우병 발병 위험이 낮은 30개월 미만 쇠고기를, 우리 검역기관의 검역을 거쳐 수입하기로 하면서 사태는 진정되었다.

2008년 6월 교육부 재외동포교육과에 2009년 파견 예정의 재외한국학교장 공모에 지원하는 서류를 제출했다. 당시는 재외한국학교 교장을 전년도에 선발하여 겨울방학 때 연수를 받게 한 후 2월 말과 8월 말 두 번에 걸쳐 파견했다. 중국의 북경, 상해, 천진 세 곳의 한국학교 교장이 공모 대상이었다. 다행히 합격했다. 재외동포교육과에서 부임 학교를 합격자들끼리 서로 협의해 정하라고 했다. 나는 2009년에 큰애가 고3 수험생이라서 8월에 부임했으면 좋겠다고 다른 분들의 이해를 구해 북경으로 정해졌다. 상해와 천진은 2월 부임이었다.

상해영사관에 근무하면서 재중한국학교 교장회의에 참석할 기회가 있었다. 이때 북경학교에 근무하고 싶다고 생각했다. 무엇보다 상해와 다른 북경의 학교 분위기, 특히 학부모의 협조와 학교에 대한 학생의 자부심이 크다는 것에 마음이 끌렸고 세계 최고의 명문 한국학교로 만들고 싶었다. 아울러 중국의 수도에서 근무하면서 중국을 더 깊이 알고 싶었다. 공부방 모임을 함께한 분들, 특히 좌장 역할을 한 신호근 교장은 못내 서운해하면서도 환송 파티를 성대하게 베풀어 주었다. 다음 연도 교사 채용을 위해 2009년 11월 일시 귀국하여 만난 것이 마지막이었다.

영등포여고 교감, 홍세화의 조언

2013년 2월 20일 3년 반에 걸친 북경학교 근무를 마치고 인천공항을 통해 귀국했다. 후임 교장과 교직원들이 수도공항에서 따뜻하게 환송했다. 광화문 정부청사로 가서 교과부차관을 뵙고 재외동포교육과에 들러 귀국 인사를 했다. 주중대사 시절 학교를 많이 도와주셨던 류우익 통일부장관께도 인사를 드렸다.

2월 26일 영등포여고 교감으로 발령받고 1년 반을 근무했다. 귀국 전 교육청에 장학관 전직 신청을 했었는데, 수용되지 않아서 좀 실망했다. 파견 전 직위로 복귀하는 것이 원칙이지만, 재외 한국학교 중 가장 큰 학교인 북경학교 교장을 하다가 다시 교감을 한다는 것이 창피하기까지 했다. 영등포여고 교장으로 발령 난

북부교육지원청 김영조 교육장을 찾아뵙고 학교로 가서 교감, 교무부장과 업무 인수인계 협의를 했다. 2월 말 진주와 함양을 찾아 형님과 장인께 귀국 인사를 드리고 아버지 제사를 모셨다.

영등포여고는 오래된 공립 여학교이다. 70년대 중반부터 80년대 후반까지 야간부가 병설되어 영등포, 구로공단에서 일하던 여공들의 배움의 터전이기도 했다. 부임 전부터 학교는 교육복지 특별지원학교로 지정되어 있었다. 교육청에서 저소득층, 결손가정 자녀 등을 기준으로 일정 비율 이상의 학생이 재학하면 교육복지 특별학교로 지정한다. 영등포여고는 여건이 어려운 학생이 많았다. 담임교사들은 경제적·정신적으로 힘든 학생들을 관리하고 이들의 학교생활을 돕기 위해 상담, 가정방문 등 많은 노력을 기울이고 있었다. 매일 아침 담임에게 30분 이상 전화로 아이가 편두통이 심하니 등교하면 조퇴를 바로 시켜달라고 조르는 엄마가 있었다. 담임이 거절하면 욕설과 폭언을 퍼부었다. 담임에게 전화가 오면 교감에게 돌리라고 했다. 이후 그 엄마의 모든 전화를 내가 받아 하소연을 들어주고 졸업할 때까지 돌봐준 일도 있었다. 꿈 많은 여고 시절, 감당하기 힘든 시련을 겪고 있는 학생들을 보노라면 학교의 본질과 교원의 사명을 생각하게 하는 순간이 많았다. 매 학기 정년퇴직하는 교사가 있을 정도로 고연령 남교사의 비율이 높았다. 여고로서 생활지도 부담이 적고 교통이 편리하여 안양, 의왕, 평촌 지역에 거주하는 교사들이 많았다.

영등포여고는 2007년 교사를 신축하였다. 이때 영등포구청의 요청으로 공영 주차장을 학교 지하에 만들었다. 교직원용으로 10면 정도의 주차 공간을 제공하고 수익금의 일부를 학교에 제공하는 약정을 맺었다. 주차 관리 요원이 24시간 3교대로 상주하는데, 주차장 수입이 인건비에도 미치지 못하여 학교 수입은 전혀 없었다. 학교로 차량이 출입하게 되면서 등하교 시 학생 안전에 신경을 써야 했고, 주차장 근처가 흡연과 잡담 등으로 소란스러워 면학 분위기를 흐렸다.

2013년 11월 하순 인문학 강좌 연수를 교사 대상으로 운영했다. 서울시교육청 교육연수원에서 시행하는 학교로 찾아가는 연수의 일환이었다. 일과 후 4시부터 7시까지 1일 3시간, 5일간 총 15시간이었다. 논어, 인문학, 도시 공간 이해 등 다양한 주제로 진행되었다. 강사 중 진보신당 대표를 역임했던 홍세화 씨가 톨레랑스를 주제로 강의했다. 그는 프랑스 망명 생활 중 『나는 빠리의 택시 운전사』를 써서 유명해지기도 했다. 강의를 마칠 무렵 파리에서 생활하면서 경험한 프랑스 중등학교의 수업과 평가, 바칼로레아[*]를 얘기하면서 우리의 학교교육을 비판했다. 교사들이 자성할 필요가 있다고 말했다. 우리나라 고등학교의 객관식 위주 평가는 창의력과 비판적 사고력을 기르는 데 한계가 있으며, 교사들이 서술형 문제 출제를 기피하여 문제가 더 심각하다고 했다. 대학입

---

[*] 프랑스의 고등학교 졸업시험이자 대학 입학 자격시험이다. 고등학교 2학년부터 3학년까지 나눠 치르는데, 모든 과목의 시험이 구술 또는 필기시험으로 진행된다. 특히 필기시험은 전부 논술형 문제가 출제된다. 과목당 만점은 20점이며 10점 이상을 받아야 통과될 수 있다.

시의 내신 성적 비중, 채점의 공정성을 둘러싼 학생·학부모의 민원 등으로 힘들겠지만 교사들이 극복해야 할 과제라고 지적했다.

12월 말 겨울방학을 하자마자 북경학교를 방문했다. 같이 근무했던 유인후 사무국장이 정년 규정 시행으로 연말 퇴직을 하게 되었다. 금년 2월 북경을 떠나면서 퇴임식 때 오겠노라고 약속했었다. 그동안의 헌신과 노고에 감사드리며, 인생 2막을 멋지게 살 것을 기원했다.

2014학년도 새 학기가 시작되고 얼마 있지 않아 4월 16일 세월호 참사가 발생했다. 수학여행을 가던 안산 단원고 학생과 교사 등 모두 304명이 배가 침몰해 사망했다. 있을 수 없는, 일어나서는 안 될 일이 일어난 것이다. 선주의 탐욕과 비리에 따른 과적에다가 안전 수칙을 준수하지 않고 무리하게 선박을 운행한 것이 침몰 원인이었다. 배가 침몰할 때 대피 안내와 그 요령을 학생들에게 제대로 알리지 않은 탓에 304명이라는 엄청난 인명이 희생당했다. 학생들의 참담한 희생에 유족은 물론 전 국민이 비통해하며 큰 충격에 빠졌다. 이후 안전에 대한 국민들의 인식이 크게 바뀌었고 학교의 안전 관련 교육도 실질적으로 강화되고 시간도 늘어났다.

6월 중순부터 하순까지 2주간 자립형 사립고 1차 평가를 나갔다. 2009년 상반기 지정된 후 5년이 경과하여 재지정을 앞두고 평가를 받게 된 것이다. 세화고, 동성고를 비롯하여 우리 팀은 8개 고교를 평가했다. 평가 대상 학교 모두 운영상의 심각한 문제점이나 지정 취지와 부합되지 않은 부적절한 점은 별로 없었다. 나중에 교육감이 바뀌면서 평가 기준을 새롭게 정하고 재평가를 실시하였다.

  7월 초순 고등학교 공모 교장에 지원했지만, 실패했다. 8월 중순 교육청에서 교장 임용을 위한 공무원 채용 신체검사서를 제출해 달라고 했다. 정년이 11년이나 남았는데, 벌써 교장으로 나가면 곤란하다고 생각하면서도 교감 노릇을 빨리 끝내고 싶은 생각이 들었다. 세종시로 옮긴 교육부에서 교장 임명장을 교육부장관으로부터 받고 서울시교육감이 지정한 진관중학교 교장으로 발령받았다. 전임 진관중학교 교장은 남부교육지원청 국장으로 영전하게 되었는데, 나와는 인연이 깊었다. 영등포여고 교감일 때 나와 업무 인수인계를 하고 그는 진관중 교장으로 부임했었다. 두 번에 걸쳐 서로 인수인계를 한 셈이었다.

2. 진관중, 신관중 교장

소프트웨어(SW) 연구학교, 오케스트라 창단

2014년 9월 1일 영등포여고 교감에서 교장으로 승진하여 진관중학교에 부임했다. 1985년 3월 중학교 교사로 발령받은 지 약 30년 만에 교장이 된 것이다. 북경학교에서 교장을 했시만, 교김 신분으로 교장 직무를 수행한 것이었다. 가족과 친지, 선후배, 지인들의 축하와 격려를 받았다. 장인께서 매우 기뻐하시며 교장 명패를 만들어 주셨다.

진관중은 은평구 구파발을 지나 북한산 초입의 뉴타운 내에 2008년 9월 개교한 학교였다. 대규모 아파트 단지가 조성되면서 입주민 자녀를 위해 BTL(Build-Transfer-Lease, 임대형 민자사업) 방식으로 교사와 운동장 등 학교시설을 만들었다. BTL은 민간 자본을 유치하여 학교나 공공시설을 만들고 20년간에 걸쳐 발주처가 투자자에게 원리금과 임대료를 상환하는 방식이다. 관리회사가 파견한 직원이 학교에 상주하며 시설관리를 한다. 분기별로 학교, 교육지원청, 관리회사가 참여하는 위원회에서 성과 및 운영평가를 하며, 이를 바탕으로 임대료를 지불했다. 학교가 시설관리 등에 신경을 쓸 필요가 없어 편리한 것처럼 보이지만, 학교의 요구 내용과 수준에 미치지 못하는 관리가 이루어질 때가 많아 회의에서 의견 충돌이 잦았다. 교실과 복도의 환경을 바꾸거나 보기 좋게 하기 위해 뭔가를 붙이거나 뗄 때에도 관리회사와 협의를 해야 할 정도로 불편한 점이 많았다.

부임한 다음 해 겨울 전기요금이 평소보다 2배 이상 많이 나왔다. 그 뒤 몇 달 동안 과다한 전기요금이 부과되어 행정실에 실태를 파악해 보라고 했다. 관리회사도 원인을 파악하지 못했다. 조사한 결과 겨울방학 직전 강당 행사 때 대형 난방기를 가동하면서 계량기의 계기침이 순간적으로 높게 올라가 찍힌 전기 사용량을 기준으로 요금이 계속 부과된 것을 확인했다. 관리회사의 관리 부실로 일어난 점을 지적하고 학교가 과다 지출한 전기요금 반환을 요청했는데, 거부당했다. 몇 달을 다투다가 소송을 제기하겠다고 강경하게 나가니 과다 지급한 전기요금을 돌려줬다.

부임 당시 진관중은 30개 학급에 1,000여 명의 학생이 공부하고 있었다. 진관중에서 3년 3개월 14일간 교장으로 재임했다. 근무 일수까지 적은 것은 2017년 12월 15일 중국 산동성 위해에 있는 웨이하이한국학교 개교 및 운영을 위해 초대 교장으로 파견 나갔기 때문이다.

주 5일 근무에 따른 주 5일 수업이 정착되어 교육부와 교육청 지침에 따라 연간 190일 이상 수업과 학사를 운영했다. 제2외국어 및 한문을 제외한 교과는 필수 과목이다. 일본어를 모든 학생이 선택하고 있었는데, 중국어를 추가하여 복수로 편성하여 학생들이 선택할 수 있도록 했다.

1·2학년은 수련활동, 3학년은 소규모 테마여행을 운영하고 있었다. 수련활동은 학년에 따라 지역과 장소를 구분하여 운영했다. 2015년 상반기 감염병인 메르스가 유행하기 시작했다. 5월 하순부터 확산하기 시작해 상당수 학교들이 수련활동 등 외부 체험학습을 취소했다. 우리 학교는 6월 초순 수련활동이 예정되어 있었다. 학부모들은 염려 속에 취소되기를 희망했고 학생들은 가고 싶어 했다. 예정대로 시행하기로 했는데, 할아버지 한 분이 교장실로 전화해 수련활동과 테마여행 중지를 요청했나. 보건위생과 안전에 관한 학교 방침을 설명하고 교장이 수련활동에 직접 참석해 학생들을 지도할 계획이라고 말하니 안심하는 눈치였다. 수련활동 장소 두 군데를 돌아보고 부장교사와 숙박을 하면서 아이들을 보살폈다. 학기 중에 독서캠프와 천문우주 과학 캠프를 매년 운영했는데, 학생들에게 좋은 호응을 얻었다.

박근혜 정부의 공약에 따라 2015년 시범 운영을 거쳐 2016년부터 모든 중학교에 자유학기제가 실시되었다. 우리 학교도 2016년

2학기에 자유학기제를 운영하였다. 교과 수업시수 절반과 예체능 수업을 합쳐 인문, 자연, 예체능, 진로 등 4개 분야의 프로그램을 편성·운영하였다. 학생 중심의 발표, 토의·토론, 체험 위주 수업을 진행하였다. 운영 초기 약간의 혼선이 있었지만, 점차 안정적으로 자유학기제를 운영하였다. 뉴타운 내에 소재한 학교로 학급당 학생 수가 33명에 달해 '학급수 + 1'의 분반으로는 학생 주도적인 수업 운영이 어려웠던 것이 문제였다. 프로그램에 따라 학생 수를 다르게 탄력적으로 운영하는 것 외에 방법이 없었다.

3년간의 재임 중 특색사업은 소프트웨어(SW) 연구학교 운영과 오케스트라 창설이다. 새 정부의 SW 교육 강화 방침에 따라 중학교에서 다양한 SW 교육 방안을 연구하고 시범 적용하는 것이 연구학교의 과제였다. 정보 교사가 있는 우리 학교가 맡아줬으면 하는 교육청의 요청이 있었다. 교사 협의와 과반수의 찬성을 얻어 연구학교를 운영하기로 결정했다. 운영 주무는 교무부장과 정보와 기술을 담당하는 교사가 맡았다. 컴퓨팅 사고력 신장을 목표로 연구과제 수행과 적용은 교과, 동아리 활동, 방과후학교 등 세 분야로 진행했다. 교육청의 예산 지원을 받아 컴퓨터실을 확충하고 무선 AP를 학교 전 공간에 설치했다. 일반 교과는 논리적인 문제 해결 방안을 추론하는 수업을 구안하고 적용했다. 교과 수업, 자유학기, SW 동아리와 방과후학교 운영을 통해 알고리즘과 코딩, 언플러그드 등 다양한 활동과 체험을 하도록 했다. 2016년 11월 연구학교 보고회를 갖고서 수업과 학생활동을 공개하고 연구과제 수행과 관련한 토론과 협의를 진행했다.

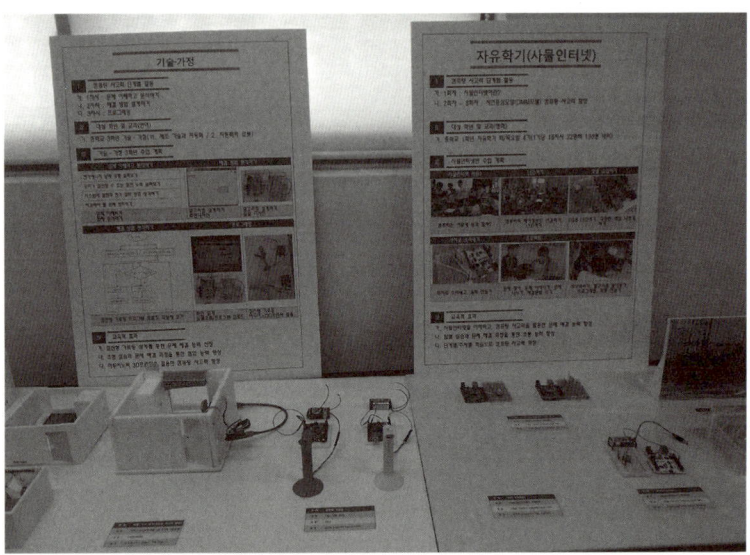

| SW 연구학교 발표물(교과, 자유학기)

또 하나의 특색사업은 오케스트라 창설과 운영이다. 학생들의 가정환경을 살펴보니 뉴타운 거주 학생이 대다수였다. 초등학교 시절 배우고 익힌 피아노, 바이올린과 같은 악기 연주 실력과 특기를 중학교에 와서 묵히는 게 안타까웠다. 마침 교육청에서 감성교육의 일환으로 학교에서 오케스트라 운영을 권장하고 예산을 지원하고 있었다. 음악 교사에게 내 생각을 얘기하고 협조를 구했다. 교사들은 필요성과 취지에는 공감하면서도 실제 운영할 때의 고충과 애로점을 걱정하고 망설였다. 악기 지도는 교육청 지원 예

산으로 강사를 채용하여 방과후나 방학 때 할 수 있으며, 다른 부분도 최대한 도와주겠다고 했다. 교육청의 심사를 통과하여 2016년부터 오케스트라를 운영하도록 2,000만 원의 예산을 지원받았다. 단원을 모집하고 강사를 채용하여 방학 중 집중적인 악기 연습을 했다. 학년말 학교 축제인 진관제에서 시범 공연을 했다. 다음 학년도에 전근을 가는 음악 교사가 있어 오케스트라 운영 경험과 열의가 있는 교사를 물색했다. 적임자를 찾아 우리 학교로 초빙했다. 이분의 노력으로 2017년에는 은평구청과 유관 단체의 초청을 받아 네 번이나 공연을 했다. 오케스트라 파트별로 중앙 현관에서 학생 등교 시 소규모 공연을 자주 했다. 이를 통해 학생들의 특기를 되살리고 선율이 흐르는, 감성이 살아있는 학교 분위기를 만들 수 있어서 좋았다.

학교교육계획서 개편, 결혼식 주례

수업과 학급 운영을 통해 학생을 직접 가르치는 주체는 교사이다. 수업 외에 생활지도와 상담을 하면서 학생과 끊임없이 만나고 소통하며, 학부모와 접촉한다. 교사가 학교교육에서 가장 중요한 역할을 하는 존재이다. 교사들의 의견을 존중하고 민주적인 방식으로 학교를 운영하기 위해 노력했다. 교과 및 학년협의회를 활성화했고, 교직원회의 때 누구나 자유롭게 학교에 건의하고 현안을 토론하도록 했다. 당시 논란 중의 하나가 9시 등교였다. 아침을 굶고 학교에 가는 학생들이 아침을 먹을 수 있도록 등교 시간을 늦추자는 것이었다. 교사, 학생의 논의와 학부모 설문조사를 거쳐 등교 시간을 9시로 조정했다.

혁신학교 지정을 둘러싸고 활발한 논의가 있었다. 2015년 10월 하순 조희연 교육감이 학교를 방문하여 교사들과 협의회를 할 때 동행한 장학관이 넌지시 혁신학교 운영을 얘기했다. 교사 토론회를 거쳐 표결한 결과 근소한 차이로 혁신학교 운영을 하지 않기로 했다. 교사의 잦은 수업 공개와 평가, 다양한 체험학습 지도 등이 부담으로 작용한 것 같았다. 여름방학 전후로 교직원 연수를 진행하여 교직원의 화합을 도모했다. 부장교사들은 학년말에 1박 2일 연찬회를 하면서 학교교육을 돌아보고 다음 학년도의 학교교육 방향을 논의하였다. 부장교사 연찬회는 2015년 3월 부임한 교감선생님의 제안과 준비로 시작되어 부장교사 간의 소통과 친목을 도모하여 원활한 학교 운영과 업무처리에 많은 도움이 되었다.

교사들과 함께 노력하여 2017년 학교교육계획 체계를 전면 수정하여 교육계획서를 작성하도록 했다. 그전까지는 부서 중심으로 학교교육과정을 운영하고 업무를 수행하는 방식의 학교교육계획이었다. 이를 사업 중심으로 바꿨다. 교육청의 업무 계획을 분석하여 창의력, 인성, 전문성, 회계 및 시설관리, 학부모 및 대외협력 등 5개 분야로 정했다. 분야별로 추진할 업무 꼭지를 10개 정도로 간추려 담당 부서를 정하고 사업 추진계획을 구체적으로 수립하도록 하였다. 이를 통해 학년말의 학교평가에서 필요한 사업 성과를 확인하고 문제점을 분석하여 대안을 모색할 수 있었다. 교원능력개발평가에서는 사업 담당 교사의 업무 능력과 성과를 객관적으로 평가할 수 있는 자료와 수단이 되었다.

  2016년 5월과 2017년 9월 같은 학교에 근무하던 교사의 결혼식 주례를 맡는 영광을 누렸다. 이전에 제자 3명의 주례를 선 적이 있었다. 교사의 주례를 선 것은 이때가 처음이었고 이후에도 없었다. 이들이 지금은 중견교사로서 학생 교육과 학교 일에 중추적인 역할을 담당하고 있을 것이다. 초심을 잃지 말고 계속 정진하기 바란다.

  앞에서도 말했지만, 교실 부족에 따른 과밀학급이 문제였다. 2008년 9월 개교 시 학년별 9학급, 전체 27학급 규모의 학교를 계획했는데, 뉴타운 입주민이 증가하고 전입생이 늘어났다. 2015년 말 서부교육지원청 관계자가 학교를 방문해 학급을 늘려달라고 했다. 뉴타운 내 초등학교 졸업생 중 뉴타운 밖의 중학교로 배정되는 학생이 늘어나 학부모의 민원이 계속된다는 것이었다. 수학과 수준별 수업용 교실과 영어전용교실을 일반교실로 전환할 수밖에 없었다. 서부교육지원청에서 학교 건물 4층에 한 층을 증축하여 교실을 추가로 확보하는 방안을 강구했다. 과밀학급에 여유 공간이 많지 않고 운동장도 좁고 하니 학생들의 스트레스가 높아져 학교폭력 사안이 증가했다. 급식실도 비좁아 학생들이 여유 있게 식사를 못 하고 허겁지겁 먹고 일어서느라 정신이 없었다.

급식시간을 다른 학교보다 10분 더 많게 운영했다.

이달의 스승상 심사, 대통령 탄핵과 경주·포항 강진

교장으로 발령받고 서울교육경영포럼에 가입했다. 중·고 교장으로 구성된 포럼은 분기별로 외부강사를 초빙하여 교육과 사회 현안에 관한 강의를 듣고 질의응답하는 시간을 가졌다. 방학을 이용하여 지방의 역사 유적지를 둘러보고 문화를 체험하는 행사를 갖기도 했다. 2016년 2월 초 전주로 문화답사를 갔다. 대학 선배인 경영포럼 회장이 내게 답사 지역 안내와 설명을 하도록 부탁했다. 나와 같이 대학원을 다녔고 전주에 근무하는 교감선생님을 섭외해 전주의 도시구조와 한옥마을 형성 과정을 체계적으로 소개하도록 했다. 한옥마을 근처의 조금 높은 산으로 올라가 도시를 내려보면서 설명을 진행해 많은 도움이 되었다.

재외한국학교장 관련 면접, 강의, 심사에 꾸준히 참여했다. 재외한국학교장 선발 면접 심사를 할 때는 기본적 자질과 인성 외에 위기 대처 능력을 파악하는 질문을 많이 했다. 국내 학교와 달리 보좌해 줄 교감이 없고, 도움받을 교육청도 없이 오로지 혼자서 판단하고 결정해야 하는 경우가 많다. 재외교육기관장 성과 평가와 재외한국학교 파견교장 연수를 매년 맡았다. 파견교장 연수에서는 상해영사관, 북경학교의 경험을 살려 실질적인 도움을 주려고 노력했다. 사립학교 형태로 설립·운영되어 이사장과 좋은 관계를 유지하고 협조와 지원을 이끌어 내야 한다는 점을 강조했다. 초빙교사 선발의 상세한 절차와 방법을 소개하고 효율적인 인사관리 방안을 조언했다. 파견교장은 학부모와 교민사회가 늘 주시하는 대상이므로 언행에 유의해야 한다는 점과 가족동반의 장단점과 고충도 언급했다. 아울러 북경학교에서의 학부모와의 갈등, 상해학교의 시험지 유출 의혹 등을 얘기할 때는 긴장하는 표정으로 경청했다. 그 외 파견교장 복무 유의사항과 지도감사 사례를 소개하여 학교 운영에 참고하도록 했다.

  2015년 1월부터 2016년 중반까지 교육부의 '이달의 스승상' 선정 심사위원회에 참여했다. 국가보훈처에서 매월 이달의 독립운동가를 선정해 포스터를 배포하고 언론에 업적을 소개하고 선양했다. 이를 본받아 교육부에서도 학생과 시민들이 스승으로 존경할 만한 인물을 선정하여 홍보하는 사업을 시작했다. 교직단체 대표, 교수, 연구원, 학교 관리자 등이 위원이었다. 교육부 업무 담당자가 간사를 맡았다. 논의 끝에 조선시대 이전의 인물은 제외하기로 했다. 구한말 이후 교육에 헌신하고 탁월한 학문적 업적을 거둔 분을 선정하기로 하고 대상자를 한 분씩 검토했다. 교육부에서 전년도 온라인을 통해 국민으로부터 추천을 받기도 했다. 교수나 연구원들은 거론되는 분의 생애나 활동에서 문제와 시빗거리가 될 사항들을 검토했다. 때로는 위원들 사이에서 격론이 벌어지기도 했다. 몇 차례 회의를 거쳐 10명을 선정했다. 심훈의 소설

『상록수』의 실제 모델인 최용신 선생, 한글학자 주시경 선생, 도산 안창호 선생, 오천석 선생 등이 선정되었다. 인문사회 쪽에 치우쳤다는 의견이 있어 과학 분야의 인물을 추가했다. 포스터 제작과 업적 소개 자료 등의 실무는 교육부가 맡기로 했다. 교육부가 보도자료를 통해 선정된 이달의 스승 10명을 발표했는데, 일부 논란이 있기도 했다.

2016년 9월 2일 저녁에는 경주에서 진도 5.8의 강진이 발생했다. 서울에서 몇 초간 흔들림을 느낄 수 있을 정도였다. 2017년 11월 15일에는 포항에서 강진이 발생해서 많은 피해가 났다. 다음 날인 11월 16일 치르기로 한 대학수학능력시험이 일주일 연기되었다. 천재지변으로 수능시험이 연기된 것은 이때가 처음이었다.

2016년 10월 경주 강진 이상의 태풍이 정치권에 몰아쳤다. 민간인이 국정에 개입하고 국정을 농단한 것을 주된 이유로 박근혜 대통령이 국회에서 탄핵소추 되었다. 다음 해 3월 10일 헌법재판소에서 재판관 8인 만장일치로 대통령 파면이 결정되었다.

5월 9일 대통령 선거가 치러져 문재인 정부가 출범했다. 같은 날 인천에서 가장 가까운 산동성 위해에서 11명의 우리 원아들이 희생당하는 끔찍한 사고가 일어났다. 이를 계기로 8월 학교법인이 구성됐다. 교육부에서 10월 24일 학교 설립 승인을 하고 파견교장, 행정실장 및 교사를 11월에 선발했다. 처음에는 개교 준비에 따른 부담으로 지원할 의향이 없었다. 그러나 상해와 북경의 경험을 살려 새롭게 학교를 만들어 운영하는 것이 보람 있는 일이며, 어려운 사람들을 돕는 일이라 생각하고 지원하게 되었다. 개교 준비를 위해 12월 중순 부임하게 되어 진관중의 2017학년도를 마무리하지 못한다는 것이 학생·학부모, 교직원들에게 못내 미안했다. 교육청에 교장 중간 발령을 강력히 요청한 결과 후임 교장이 바로 부임하게 되었다. 교장 직무대리로 표시된 졸업장을 졸업생이 받게 할 수는 없었다.

코로나 확산과 신관중 부임, 폭우·산사태

2021년 2월 24일 위해에서 귀국하여 14일간 자가격리를 마치고 3월 11일 관악구에 소재한 신관중학교로 출근했다. 신관중은 1984년 개교했으며, 저출생 여파로 학생이 많이 줄어 학생 수 240여 명, 교직원 40명의 소규모 학교였다. 대중교통을 이용하여 출퇴근했는데, 학교가 산 중턱에 있어 절로 운동이 되었다.

코로나 확산 속도가 더 빨라져 1일 신규 확진자가 5천 명을 넘기도 했다. 감염경로를 일일이 추적하는 것이 의미 없고 불가능해졌다. 마스크 착용, 사회적 거리 두기, 사적 모임과 영업시간 제한 등의 대책이 시행되었다. 일정 규모 이상의 학교는 격주로 원격수업을 했다. 학생, 교사 모두 마스크를 착용하고 수업했다. 모든 교실과 급식실에 플라스틱 칸막이가 설치되었다. 화이자 등 예방 백신을 수입하여 감염에 취약한 노령층부터 접종을 시작했다. 신관중은 7월 코로나 감염자가 급증하여 일주일 원격수업을 운영하기도 했지만, 300명 이하의 소규모 학교여서 출석 수업을 계속했다.

7월 중순에는 가슴 아픈 일이 있었다. 북경학교에서 같이 근무했던 교사가 자카르타 한국학교에 초빙되어 근무하다가 코로나에 감염되어 우리나라로 이송되어 치료를 받던 중 사망했다. 50대 초반에 유명을 달리한 것이다. 우리 가족들은 2022년 7월 말부터 8월까지 차례로 감염되었고 나도 2023년 5월에 감염되었다. 예방 백신 접종도 감염을 완전히 막지 못하고 감염 시 고통을 조금 줄여줄 뿐이었다. 감염되면 일주일간 격리하였다. 교사들이 많이 감염되어 결강에 따른 자습과 보강이 끊이지 않았다. 대다수 국민의 백신 접종이 이뤄지면서 코로나바이러스의 치명률이 떨어졌다. 2022년 5월 새 정부 출범과 함께 사회적 거리 두기가 완화되고 일상생활로의 복귀가 단계적으로 이뤄졌다. 변이를 거듭할수록 확산 속도는 빨라져 2023년 상반기 확진자 수가 거의 20만 명에 달하기도 했다.

신관중의 학사일정과 교육과정 운영은 전에 근무했던 진관중과 크게 다르지 않았다. 1학년 대상 자유학기제가 자유학년제로 확대되었다. 학급당 학생이 20명 내외로 여유가 있었다. 전임 교장의 노력으로 확보한 특별교부금으로 여름방학 때 12개 교실과 과학실에 전자칠판을 설치했다. 1학기에 전자칠판 사양과 부속품을 결정하고, 연수를 통해 사용법을 숙지하도록 했다. 2학기부터 전자칠판으로 수업했는데, 학생과 교사 모두 만족했다. 2022년 교육청에서 서울 전체 중학교에 전자칠판을 보급하겠다고 하면서 인근의 많은 중학교에서 견학을 왔다. 시의원의 도움으로 운동장 스탠드에 햇빛 가림막 공사를 했다. 체육수업 외에 휴식 공간으로 잘 활용했다. 도서실도 전면 리모델링 공사를 했다. 바닥과 서가를 교체하고 부속 교실을 독서와 자기주도학습을 위한 공간으로 새롭게 꾸몄다.

2021년 1학기에 관악구청 직원이 학교 운동장 지하에 2층 높이의 공영 주차장을 건설하는 방안을 협의하러 교장실로 찾아왔다. 관악구는 연립주택과 다세대주택이 밀집하여 주차장 부족이 심각하다고 하면서 학교 운동장 지하를 굴착하여 300면 정도의 공영 주차장을 만드는 방안을 설명했다. 전임 교장의 검토가 있었다고 말하면서 협조를 요청했다. 교장 단독으로 결정할 수 있는 사항이 아니며 교육지원청에 보고하고 학부모와 교직원 의견을 수렴하여 학교운영위원회의 심의를 거쳐야 한다고 말했다.

2학기에 다시 찾아왔길래 84년에 개교한 학교로서 시설이 낡았고 운동장 지하가 암반이어서 굴착 시 강한 진동으로 산 사면에 있는 교사의 안전을 담보할 수 없어 반대한다고 말했다. 영등포여고 재직시의 경험을 통해 차량 진출입으로 학생 안전이 염려되고, 소음 등으로 교육환경이 크게 훼손될 수 있음을 추가 반대 이유로 제시했다. 다음 해 담당 부서의 새로운 직원이 찾아왔다. 내 입장을 얘기해 주니 안심하면서 다른 데서 의견을 물어도 같은 입장을 견지해 달라고 했다. 담당자들도 검토한 결과 무리라고 판단한 것이고, 정치권이나 상급자의 요구가 있을 때를 감안해서 그런 부탁을 한 것이다.

2022년 8월 8일과 9일 서울 전역에 엄청난 폭우가 쏟아졌다. 하천이 범람하고 도로와 자동차가 물에 잠기고 반지하주택에서 피신을 못한 사람들이 희생당하는 큰 사고가 있었다. 산 사면에 있는 우리 학교도 9일 새벽 교사 뒤편 30m 이상 산사태가 발생해 담장 철망이 허물어지고 옹벽 아래로 토사가 수북이 쌓였다. 체육관과 본관 지하실도 침수 피해가 컸다. 다행히 방학이어서 학생이나 교직원의 피해는 전혀 없었다. 관악구청 공원녹지과에 신고하고 관할 교육지원청에도 보고했다. 침수된 곳은 펌프를 가동해 물을 빼고 체육관 옥상을 방수포로 덮었다. 다음 날이 되어서야 관악구청에서 산사태가 난 곳에 대형 방수포를 덮는 등 임시 조치를 했다. 산사태 복구는 관악구 곳곳에 피해가 발생한 탓에 2023년 2월에야 공사를 시작했다. 지구 온난화에 따른 극한 기후의 무서움을 실감할 수 있었다.

아파트 가격 상승으로 종합부동산세 납부 대상자가 크게 늘었다. 국세가 늘어남에 따라 내국세의 약 21%에 해당하는 지방교육재정교부금이 늘어남에 따라 학교 예산이 많이 내려왔다. 필요한 예산을 신청하라는 공문이 자주 왔다. 학교에서 교육청으로 예산 지원을 읍소하던 과거와 많이 달라졌다. 적재적소에 예산을 사용하지 않는 것이 문제였다. 서울의 상당수 학교가 80년대 도시 확장과 인구 급증 때 개교하여 40년 가까이 노후화되고 학생 수 급감으로 교실이 남아돌았다. 인근 학교 2개를 합쳐 한 곳으로 운영할 수 있는 곳이 많다. 낡은 교사를 신축하여 하나의 학교로 통합 운영하면 교육의 질을 높일 수 있는데 예산에 여유가 있다고 이렇게 낭비해도 되나 하는 안타까운 생각이 들었다.

2022년 하반기에 교내 수목에 명찰을 직접 붙였다. 학생들이 수목을 이해하고 사랑하는 마음을 갖도록 이름과 간단한 설명을 곁들였다. 12월에는 전학생과 모든 교사가 참여하는 학교 축제 두드림제가 열렸다. 학생들은 개인 또는 그룹으로 춤과 노래 등 자신의 재능과 끼를 발산했다. 나를 포함하여 교사 전체가 합창으로 축제에 참여했다. 우리들은 미도와 파라솔의 '슈퍼스타'를 같이 불렀다. 작년과 달리 학부모들의 참관을 허용했다.

신관중은 운동부로 태권도부를 운영하고 있었다. 전국 소년체전에 매년 서울시 대표로 출전하여 메달을 땄다. 2022년 8월 지방에서 열린 태권도대회에 출전한 학생들이 승합차로 올라오는 도중 선후배 간 성추행 사건이 일어났다. 승합차 뒷좌석에 후배 여학생과 선배 남학생이 나란히 앉아 있었다. 남학생이 여학생 허벅지를 만졌다는 것이다. 가해자로 지목된 남학생은 잠결에 일어난 일로 자신은 몰랐다고 얘기했다. 10월 동작관악교육지원청 학교폭력심의위원회에서 가해 학생의 책임으로 선도 처분이 내려졌다. 일과 후에 선수들이 교내 태권도실에 모여 훈련을 같이 해왔는데, 피해 학생 측이 분리 조치를 요구했다. 학생선수관리위원회를 열어 두 학생의 훈련 일정을 요일별로 분리하기로 하고 피해 학생 측의 동의를 얻었다. 코치와 체육부장을 불러 유사 사건 재발 방지를 위해 엄정한 선수 관리를 당부했다.

　12월 서울시교육청에 고등학교 전보를 신청했다. 관리자는 2년 단위로 다른 학교로 전보내신을 낼 수 있다. 신관중이 집에서 다니기가 멀었고, 고등학교에서 교장 임기를 끝내고 싶었다. 고등학교로 발령 나지 않으면 다음 학년도에 명예퇴직할 생각이었다. 1월 초순 졸업식을 끝으로 학사일정을 마무리했다. 2월 초순 양재동 언남고등학교로 발령이 났다. 언남고를 찾아 교장과 업무 협의를 하고 부장교사들과 상견례를 가졌다.

3. 언남고등학교 교장

교복, 고교학점제, 시험 부정행위 행정소송

2023년 3월 언남고등학교 13대 교장으로 부임했다. 양재동에 있는 언남고는 1986년 개교했다. 교명인 언남(彦南)은 옛날 선비들이 많이 살았던 언주골 남쪽에서 유래했다. 학생의 학력 수준이 높고 학부모의 요구나 간섭이 심하다고 알려진 강남 서초 지역의 학교 근무는 처음이라 조금은 긴장했다. 평지에 위치하고 축구부가 있었던 학교여서 인조 잔디로 조성된 운동장이 넓었다. 전국적인 명성을 갖고 있던 축구부는 불미스러운 사건으로 2019년 9월 해체됐다. 교문맞이를 하면서 만난 학생들은 예의 바르고 쾌활했다. 다만 학생들이 교복과 사복을 자율적으로 선택하여 입다 보니 언남고 학생인지 아닌지 구분이 안 되는 경우가 많았다. 학교에서 지정한 체육복도 없었다. 전임 교장은 업무 협의 시 복장을 자율적으로 선택하게 되어 학생 안전과 학교 보안에 취약한 부분이 많다고 했다. 내심 학생들이 교복을 입는 방안을 찾아야겠다고 생각했다.

2018년부터 시행된 서울시 학생인권조례는 학생이 자신의 개성을 실현할 권리가 있으며, 학교장 및 교직원은 학생의 두발, 용모 등을 제한할 수 없다고 규정했다. 복장은 학칙에 따라 제한할 수 있도록 했지만, 이를 계기로 학교의 엄격한 두발, 용의복장 규정이 완화되었다. 언남고도 이 무렵 교복을 입지 않아도 벌점을 부과하지 않음으로써 사복을 자유롭게 착용할 수 있게 되었다. 나는 교복 착용 대안으로 체육복을 만들 것을 제안했으나, 처음에 교사들은 회의적인 반응이었다.

2023년 7월 서이초등학교 교사의 극단적 선택이 큰 충격을 준 이후 대전의 고등학교에서 졸업생이 무단으로 학교에 들어와 교사를 상해한 사건이 발생해 교육부가 학교안전을 강화하도록 했다. 학교 출입 안전 지침을 만들고 교직원들은 명패를 패용하고 학생들은 학생증을 갖고 다니도록 지도했다. 11월부터 세 차례의 부별 협의체와 학교발전협의회를 통해 내년부터 체육복을 제정하기로 하고 교복 착용에 관한 토론 및 공론화를 추진하도록 의견이 모아졌다. 2024년 상반기 체육복 동복 디자인이 결정되고 2학기부터 학생들이 체육복을 착용하기 시작했다. 생활부장교사를 중심으로 학급회의, 학생회 임원 회의를 거쳐 학생들과 교복 착용

토론회를 강당에서 진행했다. 내가 되살린 여름 임원 수련회에서도 교복 착용 논의가 있었다. 이를 바탕으로 학생, 학부모, 교직원을 대상으로 교복 착용 여부에 대한 의견 조사가 이루어졌다. 교직원 다수가 찬성했지만, 90%가 넘는 학생의 압도적 반대로 교복 착용은 부결되었다. 교복 규정을 일부 개정하여 자율적 의사에 따라 교복을 착용하되, 학교행사와 학교에서 지정한 일정 기간은 의무적으로 교복을 착용하도록 했다.

언남고의 학사일정과 교육과정 운영은 다른 일반고와 큰 차이가 없었다. 2015 개정교육과정에 따라 1학년 공통 교육과정, 2·3학년 선택 교육과정을 운영한다. 2023학년도 1학년부터 문재인 정부에서 도입하기로 결정한 고교학점제가 일부 시행되었다. 과목 선택에 따른 공강 시간 편성과 수업량 유연화에 따른 학기 말 자율적 교육과정 운영이 그것이다. 준비 부족으로 2023년에는 제대로 시행하지 않았다. 2024학년도에 1·2학년 대상으로 공강 프로그램과 자율적 교육과정을 운영했다. 1학년은 월·수요일 7교시, 2학년은 월요일 7교시, 학급별 단체활동 1시간 등 2시간을 공강 시간으로 편성했다. 공강 시간에 희망 학생 중심으로 강연 프로그램 수강, 대학 연계 프로그램 운영에 참여토록 했다. 희망하지 않은 학생은 자기주도학습이나 본인이 희망하는 활동을 하도록 했다. 2학년 학급별 공강 1시간은 연극수업을 진행했다.

수업량 유연화에 따른 자율적 교육과정은 학기 말에 한 주를 학교 자율프로그램으로 운영하는 것이다. 주요 프로그램은 주제별 융합수업, 교육과정 박람회였다. 모든 교사가 개설한 주제별 융합수업에 학생들은 자신의 진로·적성에 따라 2개씩의 수업을 선택하여 참여했다. 융합수업내용, 학생들의 반응과 참여도 등을 바탕으로 교사가 융합수업의 활동 내용을 학생부 개인별 세부능력 특기사항에 기록한다. 체육관에 교육과정 박람회 부스를 설치하여 3학년 선배들이 1·2학년 대상으로 과목 안내와 진로코칭을 했다. 주제 탐구 독서활동 후에 독후감이나 보고서를 작성하여 발표하는 시간도 가졌다. 자율적 교육과정 운영 기간 중 학부모의 대학 입학과 과목 선택에 대한 이해를 돕기 위한 학부모 강연회를 개최했다. 교육과정부와 선생님들의 노고가 많았다.

 언남고 학사 운영에서 가장 충격적이었던 것은 부정행위에 따른 행정소송이었다. 2023학년도 1학기 1학년 중간고사에서 시험 중 전자기기를 소지한 학생이 있었다. 스마트폰을 비롯하여 송수신이 가능한 일체의 전자기기 소지를 대입 수능시험에서 금지하고 있다. 내신 성적이 대입에서 큰 비중을 차지하는 수시전형이 늘어나면서 학교 시험도 수능과 같은 수준으로 관리하고 있다. 전자기기를 이용하여 부정행위를 했는지를 불문하고 전자기기 소지 자체만으로 부정행위로 간주하고 해당 시험 성적은 0점으로 처리하도록 되어 있다. 고사 전 가정통신문으로 시험 중 전자기기 소지 금지를 안내하고 시험 직전 방송으로 주의사항을 전달했다. 이러한 주의를 제대로 따르지 않고 무의식적으로 전자기기인 스마트워치를 소지하고 있다가 감독교사가 시험 직전에 전자기기를 제출하라고 안내하면서 이전 시간의 시험 때 소지하고 있었던 것이 드러나게 되었다.

학업성적관리위원회에서 부정행위로 판단하여 시험 성적을 0점 처리하는 것으로 결정하고 학부모에 통보하였다. 이에 불복한 학부모가 학교, 교육청, 인권위원회에 민원과 진정을 냈다. 원했던 조치와 답변을 받지 못하자 7월 행정법원에 학교를 상대로 학교의 조치를 무효로 해달라는 소송을 제기하였다. 학교도 교육청의 자문을 받아 변호사를 선임하고 대응에 나섰다. 학부모는 배터리도 없는 스마트워치를 소지만 하고 어떠한 부정행위도 하지 않았는데, 부정행위로 간주해 0점으로 처리한다는 것은 학생의 장래에 치명적인 손실을 입히는 것이라고 주장했다. 그러한 교육부 지침이나 규정을 이번 판결로 바꿔야 한다고도 했다. 9월, 11월 두 번의 변론을 거쳐 2024년 1월 선고심에서 학교가 승소했다. 학부모가 항소를 제기하지 않음으로써 소송은 더 이상 진행되지 않았다. 한 번도 이런 일을 경험하지 못한 나는 당혹감과 자괴감이 들었다. 학교를 상대로 행정소송이라니! 인간적인 측면에서 학부모의 입장이 이해되지 않는 것은 아니었다. 학교의 처리 절차에 문제를 제기할 수는 있지만, 그렇다고 학교 결정에 불복해 소송을 제기한다는 것은 도저히 납득할 수 없었다. 강남 지역의 학교 관리자를 언젠가부터 기피하는 것이 이해되었다. 학교폭력 사안에서는 이보다 훨씬 많은 소송 건이 진행되고 있으니까. 학교폭력 전문임을 자처하는 일부 변호사들이 소송을 부추기고 있는 실정이다.

공유캠퍼스 운영, 교육감 기관 표창

2024학년도 입시에서 서울대 의대 합격자가 나오면서 지역 주민과 학부모의 관심이 높아졌지만, 인근 중학교 학생과 학부모의 언남고에 대한 이미지는 좋은 편이 아니었다. Value up! 학교 가치를 높이고 이를 알리는 노력이 절실히 필요했다. 학교교육과정을 특성화하고 이를 홍보했다. 교감선생님을 비롯한 교사들의 노력이 컸다. 2024학년도 2학기부터 파이썬 거점학교를 운영했다. 교육청 승인과 지원을 받아 일반고 학생을 대상으로 알고리즘 컴퓨터 언어인 파이썬 수업을 주당 3시간씩 개설했다. 2025학년도에도 개설하여 우리 학교 학생과 외부 학생들이 수업을 받고 있다. 또 하나는 인근 학교와 협의 및 준비를 거쳐 2025년 3월부터 공유캠퍼스를 운영하고 있다. 경기여고, 개포고, 언남고가 각각 2개씩 6개 교과를 개설하여 방과 후에 운영하고 그 결과를 학생부에 기록한다. 경기여고가 데이터과학과 머신러닝, 매체 미술을, 개포고가 국제경제, 프랑스어 회화를, 언남고가 과학과제 연구, 세계문제와 미래사회를 개설·운영하고 있다. 파이썬 거점학교, 공유캠퍼스 운영 모두가 학교의 이미지를 개선하고 학생들의 다양한 진로와 미래 설계를 뒷받침하기 위한 노력이다. 언남고에 부임한 해부터 인근 중학교를 방문하여 학교 브로슈어와 기념품을 배포하고 학교 홍보와 안내를 하고 있다.

학교 홈페이지를 정비했다. 먼저 메인 화면의 사진을 최신 것으로 교체했다. 메뉴와 바를 정비하고 내용을 보강했다. 교사들은 학생, 학부모에게 교육정보와 자료를 공유하고 업무를 안내하는 리로스쿨 사용에 익숙해 있다. 반면 재학생 외에 다른 학생, 학부모를 대상으로 교육활동을 안내하고 홍보하는 매체인 학교 홈페이지 운영에는 조금 무신경한 편이었다. 개편과 더불어 홈페이지의 중요성과 학교 홍보 필요성을 강조하면서 관련 자료 탑재를 요청했다. 홈페이지 운영자에게 자료 탑재를 관리하도록 했다. 2024년 11월에는 학교 홍보 영상을 제작하여 학교 홈페이지에 탑재하고 각종 행사 전에 시청하도록 하고 있다.

언남고에서도 시설 환경을 꾸준히 개선하였다. 전임 교장은 정문과 중앙 현관 리모델링, 석면 제거, 학교 냉난방기 현대화 등의 시설공사를 했다. 교직원회의 등 각종 회의와 강연 장소로 사용하는 시청각실이 제대로 시설을 갖추고 있지 못했다. 재직하는 동안 이것 하나는 개선하고 가야겠다는 생각이었는데, 2023년 하반기에 관련 예산을 신청하라는 공문이 왔다. 담당 장학관에게 전화로 사정 설명을 하고 지원을 요청했다. 1억 원을 교부받아 2024년 여름 공사를 마쳤다. 좌석은 4단으로 구분하여 단별 10cm 정도의 높낮이 간격을 두어 극장식으로 78석을 설치했다. 필요하면 가운데 통로와 뒤편에 보조 의자를 놓을 수 있도록 공간을 확보했다.

중앙은 대형 전자칠판을 설치하고 30cm 높이의 무대를 만들고 벽면을 새롭게 구성했다. 2학기 개학 후 교직원회의를 할 때 교사들은 달라진 시청각실에 만족스러워했다. 교직원회의와 강연 등이 효과적으로 진행됐고, 학교 축제 때 동아리 연극이 공연됐다.

2024년 1~2월에는 강남서초교육지원청 주관으로 창호 교체와 내진공사가 이루어졌다. 외부 창호를 전면 교체함으로써 학교 미관이 크게 개선되었다. 외벽에 대형 H 빔을 설치하지 않고 실내의 두 군데 1, 2층 벽체에 철제 빔을 삽입하는 최신 공법의 내진공사가 깔끔하게 마무리됐다.

언남고에는 교사 건물과 연결된 언남문화체육센터(언문체로 약칭함)라는 복합시설이 있다. 2000년대 중반 서울시교육청과 서초구청이 협약을 맺어 주차 공간, 수영장 등 체육공간, 어린이집, 문화강좌, 교육시설로 사용할 수 있는 학교복합시설을 건립했다. 언문체는 서울시교육감 소유로 20년간 서초구청이 무상으로 사용하도록 하되, 일부 시설을 언남중학교와 우리 학교가 사용하도록 했다. 우리 학교는 2층의 급식실, 3층의 도서관과 자율학습실을, 언남중은 6층 대강당을 사용하고 있다. 5층과 7층 일부 공간을 우리 학교가 교실로 사용하고, 나머지는 서초구청이 위탁한 민간 업체가 강의실과 사무실로 사용하고 있다. 5층, 7층 교실에서 2023년까지 음악, 미술, 진로수업을 했다. 이 교실이 있는 층을 통해 외부로 나갈 수 있어 가끔 흡연하는 학생이 적발되기도 했다. 안전과 생활지도의 사각지대였다. 2024년에 학급 감축으로 교실 여유가 생겨 미술실, 진로실을 본관에 설치하고 5~7층 교실을 더 이상 사용하지 않고 폐쇄했다.

2024년 6월 고교학점제 시설공사 예산 신청을 했다. 선택과목을 이수하는 2026년에는 다양한 크기의 교실과 시설·기자재를 갖춘 특별실, 휴식 및 수납공간이 필요하다. 고교학점제 시설공사 예산 신청을 하면서 처음에는 교사 본관과 언문체 5층 전체를 사업 공간으로 설정했다. 이후 교육청 미래공간추진단(추진단으로 약칭함)에서 우리 학교가 사용 중인 2~3층과 연결된 4층을 사업 공간으로 하고 당초 계획한 5층을 4층과 교환하는 것이 좋겠다고 조언했다. 4층은 서초구청에서 위탁한 업체가 골프연습장으로 전체를 사용하고 있다. 학교에서 현재 사용하고 있는 3층 도서관과 바로 연결되어 훨씬 효과적이라고 판단했다. 이후 추진단, 학교, 서초구청 3자가 실무협의를 가졌다. 서초구청은 학교 측의 요청이 일리 있지만, 골프연습장을 이전하려면 5억 원 이상의 비용이 소요되므로 곤란하다고 말했다. 10월 서초구 부구청장을 면담하고 협조를 요청했으나, 같은 내용을 되풀이해 말했다. 양재동이 지역구인 서울시의회 최호정 의장과 통화한 계기에 이 문제를 얘기했더니 학교를 방문하겠다고 했다. 11월 대입 수능시험 직전 최 의장 방문 때 추진단, 강남서초교육지원청 관계자가 같이 왔다. 언문체 3~5층 현장을 둘러보고 지원을 약속했다.

12월 서초구청에 4층 골프장 이전을 위해 서울시 예산 5억 6,800만 원이 교부되었다. 이 소식을 듣고서 곧 골프연습장을 이전하고 2025년 상반기 고교학점제 예산을 받는 대로 공사에 착수할 수 있겠다고 기대했다. 그런데 서초구청에 지원된 서울시 예산은 구청 예산 확보를 전제로 한 매칭펀드 예산이었다. 12월 말 추진단, 학교, 서초구청 협의회에서 구청은 자체 예산 편성을 2025년 하반기에나 검토해 볼 수 있겠다고 했다. 나는 최호정 의장과 전성수 서초구청장 앞으로 학교의 사정을 설명하고 협조를 요청하는 손 편지를 보냈다. 2025년 2월 초 재개된 3자 협의회에서 서초구청은 상반기 추경 편성을 검토하겠다고 한발 물러섰다. 서초구청에서 4층 골프연습장을 5층으로 이전하고 학교가 원하는 대로 고교학점제 시설 환경 개선 공사가 진행되기를 희망한다.

12월 3일 밤 윤석열 대통령이 비상계엄령을 선포했다. 그동안의 민주화 성취와 민주주의를 짓밟는 충격적인 사건이었다. 절차적 하자와 위헌·불법성이 드러나 국회가 탄핵소추를 의결하고 2025년 4월 4일 헌법재판소 헌법재판관 8인의 만장일치로 파면되었다. 6월 3일 대통령 보궐선거를 통해 이재명 정부가 출범했다.

고등학교는 중학교와 달리 교과의 전문성이 높다 보니 교사의 자율성과 개성이 강한 편이다. 업무 협조와 소통이 원활하게 이루어지지 않는 경우도 있다. 이런 점들을 불식시키고 교직원 간 소통과 화합을 도모하기 위해 협의회를 활성화했다. 부임 첫해에는 학사·교육과정 운영, 인성·생활지도, 진로진학 등 4개 영역별로 교사협의체를 구성했다. 세 차례의 회의를 통해 기존의 교육활동을 비판적으로 분석하여 대안을 모색하고 새로운 아이디어를 도출하도록 했다. 이를 통해 체육복과 교복 착용 추진, 학기 말 자율적 교육과정 운영 등이 논의되었다. 고교학점제 시행을 앞두고 업무 부서를 재편했다. 복지상담부 업무를 다른 부서로 분산시키고 새로 교육과정부를 신설하였다. 2025년 업무 분장 때는 학년부 활성화가 필요하다는 의견이 많아 행정 업무 부서의 인원과 업무를 조정하여 학년부에 교사를 1명씩 늘렸다. 학년부 중심으로 기본적인 생활지도, 담임 간 업무 협조가 원활하게 이뤄지도록 했다.

교직원 전체가 참여하는 연수를 추진했다. 2024년 학교 예산에 소요 비용을 반영했다. 시기와 장소에 대한 의견 수렴을 거쳐 10월 중간고사 때 이천에 있는 화담숲을 방문하기로 했다. 일부 교사들은 교직원 전체보다는 교과나 부별로 가기를 희망했다. 특히 경력이 길지 않은 저연차 교사들은 전 교직원이 참여하는 연수 경험이 없어 더 그러했다. 이들을 설득하고 이해와 협조를 구했다. 단풍이 조금씩 드는 청명한 가을에 교직원 모두가 잘 가꾼 수목과 멋진 풍광을 보면서 여유를 즐겼다. 이른 저녁을 먹으면서 많은 대화를 나눴다. 교사들 간의 대화 주제는 늘 학생과 학교 일로 수렴된다. 경품 추첨도 했다. 경품 중에는 '수능 감독관 본부 요원'이란 것도 있었다. 수능시험 날 다른 학교로 수능 감독을 가는 것보다 근무하는 학교에서 본부 요원으로 일하는 것이 훨씬 낫기 때문이다. 기발한 아이디어였다. 당첨된 교사들은 너무나 좋아했고 모두의 박수갈채를 받았다.

2024년 12월 말 기쁜 선물을 받았다. 진로교육과 체육활동 우수학교로 선정되어 2개의 교육감 표창을 받은 것이다. 교육과정부를 신설하고 유능한 부장과 교사를 배치하여 학기 말 자율적 교육과정 운영, 공유캠퍼스 운영 준비, 최소 성취 수준 보장 지도 등을 내실 있게 추진한 공로를 인정받은 것이다. 2024년 5월에 교내 체육대회를 겸한 화합 한마당 행사를 개최했다. 전체 학년을 대상으로 운동장, 체육관 두 곳으로 나눠 모든 학생이 참여하는 프로그램을 진행했다. 소수의 학생이 참여한 프로그램은 릴레이 경주뿐이었다. 학교스포츠클럽 프로그램을 세 가지 운영했다. 이 중 여자 농구반이 서울시교육감배 고등학교 여자 농구 대회에서 예선과 본선 일곱 번의 시합 끝에 공동 3위에 입상하는 성과를 거뒀다. 담당 교사의 열정 어린 지도와 학생들의 노력 덕분이었다. 오랜만에 학교가 기관 표창을 받은 경사였다.

| 마지막 근무지 언남고등학교, 왼쪽 끝이 언남문화체육센터

4. 마무리 및 제언

2025년 2월 말로 중임 교장 임기가 끝났다. 정년퇴직까지 6개월이 남아 8월 말 퇴직할 때까지 후임 교장의 협조를 받아 원로교사로 언남고에 재직 중이다. 원로교사로 출근하는 첫날 해방감을 만끽했다. 교장의 무거운 책임과 부담에서 벗어났다는 생각에 마음이 가벼웠다. 시간과 마음의 여유가 생겨 내가 걸어온 길, 군 경력을 포함하여 40년 6개월의 교직 생활을 정리하고 기록하는 일을 시작했다. 글을 마무리하면서 내 삶에 도움을 준 친구들과 취미생활을 소개하고 학교교육에 관해 몇 가지 제언을 하고자 한다.

친구들과 100대 명산

진주 인근 농촌에서 태어나 개구쟁이 어린 시절을 보냈다. 미국에서 지원한 밀가루, 옥수수로 만든 빵을 먹고 싶어 한 해 먼저 초등학교에 들어갔다. 중학교, 고등학교를 진주에서 마치고 예비고사 점수에 맞춰 대학을 갔다. 대학을 졸업하면서 지리교육과 동기들끼리 지우동(地友同)이라는 모임을 만들었다. 졸업 후 교사를 하다가 군대를 간 친구도 있고 재학 중에 갔다 온 친구도 있었다. 전부 교직에 복귀한 기념으로 여름방학 때 2박 3일 구례 화엄사에서 시작해 산청 중산리로 내려오는 지리산 종주를 했다. 방학 때는 1박 2일 답사를, 학기 중에는 당일치기 답사를 다녔다. 결혼 이후에는 가족 답사 겸 여행을 정기적으로 다녔다. 제주도를 포함하여 여러 지역을 같이 다니면서 즐겁고 아름다운 추억을 쌓았다. 2004년 여름에는 지우동 전 가족이 11박 13일 일정으로 유럽 여행을 다녀왔다.

10명으로 모임을 시작했다. 지우동 친구들에게 늘 감사한 마음을 갖고 있다. 내가 갖지 못한 장점과 특기를 지녔다. 교과 전문성이 탁월해 수능시험마다 EBS에 해설하러 가는 친구, 모임의 좌장으로 힘든 일을 도맡아 하는 친구, 부적응 학생을 Color Therapy라는 대체의학으로 지도해 TV에까지 소개된 친구, 원칙을 고수하면서 우리가 놓치는 것을 놓치지 않는 친구, 정보화시대를 선도하며 사이클을 먼저 시작한 친구, 운동에 능하고 친화력을 토대로 교무부장으로 학교를 이끈 친구, 개방형 공모 교장을 하고 교사로 돌아와 아이들을 가르치다가 퇴직한 여행 전문가인 친구, 부적응 학생지도와 맞춤형 복지에 탁월한 경험과 식견을 갖고 지금도 강의하느라 바쁜 친구 등등.

  해당 분야에서 뛰어난 자질과 좋은 품성을 갖추고 있어 이들을 만날 때마다 한 가지씩 꼭 얻어갔다. 교사로서, 교육전문직원과 관리자로 일하면서 수업과 학생지도, 학교경영에 있어 많은 도움을 받았다. 10여 년 전 좌장 노릇을 하는 친구의 제안으로 부모님 찾아뵙기를 시작했다. 내 차례 때는 부모님이 모두 돌아가신 터라 함양에 계신 처가의 어르신을 찾아뵙게 했다. 3월 중순 부부 동반으로 육십령 고개를 넘어 화림동 계곡의 거연정, 농월정을 둘러보고 함양의 천연기념물인 상림을 같이 거닐었다. 함양의 옛 이름인 천령 태수였던 최치원 선생이 홍수를 방지하기 위해 읍내로 흐르던 위천 물길을 돌리고 제방을 쌓았다. 제방을 따라 삼림을 조성했는데, 하림은 없어지고 남은 것이 천연기념물로 지정된 상림(上林)이다. 장인과 장모님께 인사드리고 지리산 백무동 계곡에서 1박을 했다. 장인이 소개해 준 염소 요리 맛집에서 주물럭으로 포식했다. 다음 날 구례 산동마을로 가서 만개한 산수유로 둘러싸인 동네를 거닐며 봄의 정취를 즐겼다. 정말 보석 같은 친구들이다. 내가 퇴직하는 8월 말부터 9월 초순까지 흑해 연안의 조지아를 다 같이 여행할 계획이다.

  다른 모임은 중학교, 고등학교 친구들이다. 학교 다니면서 개구쟁이 짓들을 많이 해서 친해지게 되었다. 8명으로 시작했는데, 1명은 희귀 질병으로 20대 후반에 운명했다. 그 친구가 나의 중학교 때 절친이었다. 중학교 때부터 혼자 자취를 하면서 제대로 먹지 못하고 매운 음식을 너무 좋아했다. 배 밖으로 배변 주머니를 차고 있던 모습, 완연한 병색으로 진주의 내 고향 집을 찾아왔을 때의 모습을 잊을 수 없다. 장례를 치르고 무덤에서 그와 헤어질 때 다시 찾아오겠다고 한 약속을 아직까지 지키지 못했다. 퇴직하면 찾아갈 생각이다. 대학에 들어가면서 정기 모임은 크리스마스 때 1박 2일로 했다. 일찍 운명한 친구가 재수하면서 공부하던 독서실에서 밤새워 술 마시고 이야기했다. 나를 빼고는 전부 회사 생활을 했다. 대부분 임원으로 퇴직했는데, 계열사 사장으로 복귀한 친구도 있고 지금도 회사를 경영하는 친구도 있다. 매년 부부 모임을 한다. 팔공산 자락의 전원주택에 살고 있는 친구 집에서 자주 모인다. 이 친구는 10여 년 전 회사에서 희망퇴직하고 팔공산에서 살고 있는데, 정말 재주꾼이다. 손재주가 좋아 집 한편에 직접 황토 찜질방을 만들었다. 수준급의 미술 스케치 실력에 글재주가 있어 몇 년 전 시인으로 정식 등단까지 했다. 모이면 주로 중학교, 고등학교 학창 시절을 회상하면서 이야기꽃을 피운다.

등산이 취미이다. 10년 전부터 국립공원 등산을 시작했다. 그 이후 산림청과 블랙야크 지정 100대 명산 완등을 목표로 자주 산에 오른다. 처음에는 승용차로 아내와 같이 산에 오르고 서울로 돌아왔다. 해가 갈수록 피로감을 느꼈다. 재작년부터 안내 산악회를 이용하고 있다. 험하거나 아주 높지 않은 산을 갈 때는 아내와 같이 산악회 버스를 이용한다. 100대 명산 중 90여 개를 올랐다. 금년 말까지 완등을 목표로 하고 있는데, 하루에 다녀올 수 없는 울릉도 성인봉과 홍도 깃대봉이 관건이다. 산을 오를 때마다 인생의 이치와 삶의 지혜를 배운다. 완경사, 급경사를 만나고 험한 암릉 구간을 조심스레 걸으며, 낭떠러지를 우회하여 지나온 길들을 뒤돌아보고 회상에 젖는다. 지금까지 다닌 등산로 중 최고의 길은 설악산 공룡능선이다. 신선봉에 앉아 마등령을 출발해 지나왔던 나한봉, 1275봉 능선과 세존봉, 범봉을 보고 있노라면 말 그대로 신선이 살고 있는 세계에 있는 기분이다. 2021년 10월 둘째 아들과 다녀온 이후 금년 봄 학교 선생님들과 다시 공룡능선을 탔다. 다시 봐도 장엄한 풍광에 넋을 잃었다.

학교교육 발전 제언

대학 졸업 이후 삶의 대부분을 학교와 교육 분야에서 보낸 만큼 학교교육 발전을 위해 몇 가지를 제언한다. 먼저 교사가 교과 지도의 멀티플레이어가 되었으면 좋겠다. 초등과 달리 중등 교사는 사범대학이나 교직과목 이수를 통해 국어, 수학 등 교과별로 자격증을 취득한다. 요즘은 복수 전공을 통해 2개 교과나 과목의 교사 자격증 취득을 많이 한다. 교사 임용시험 때는 하나의 모집 교과에 응시하고 합격 후 학교에 해당 교과 교사로 임용된다. 다른 교과의 교사자격증이 있어도 임용 교과 외의 수업을 교사들은 기피하는 경우가 많다. 고교학점제 시행으로 학생들은 자신의 진로·적성에 따라 다양한 과목을 선택할 수 있게 되었다. 그런데, 학교에서 해당 과목을 가르칠 교사를 구하지 못하면 학생의 선택은 제한될 수밖에 없다. 이러한 문제점을 조금이라도 줄이는 방법은 교사가 2개 이상의 교과목을 가르칠 수 있는 멀티플레이어가 되는 것이다. 국어와 사회, 영어와 제2외국어, 수학과 물리, 역사와 지리, 화학과 생물을 같이 가르칠 수 있어야 한다. 교사 임용시험에서 2개 이상의 교사자격증을 소지한 지원자에게 가산점을 부여하여 채용 시 우대하고 학교에서 복수의 교과를 지도할 경우 그에 상응하는 수당을 지급해야 한다.

  두 번째는 교원의 직급을 바꾸고 교장 공모제를 확대 시행할 것을 제안한다. 현재 교원 직급은 교사, 교감, 교장이다. 이를 교사, 선임교사, 책임교사로 구분하고 교사 중 일정한 수업·학생지도 경력과 요건을 갖추면 연수 후 선임교사 자격을 부여한다. 선임교사 중 일정한 경력과 요건을 갖춘 교사에게 연수 후 책임교사 자격을 부여한다. 학교별로 선임교사와 책임교사 풀(Pool)을 구축한다. 교장은 책임교사를 대상으로 공모를 거쳐 교육감이 추천하고 대통령이 임용한다. 공모 교장 선출 시 교직원과 학부모의 의사가 균형 있게 반영되도록 하여 인기투표 방식으로 선출되는 것을 지양하도록 한다. 교감은 선임교사 중에서 학교운영위원회의 심의를 거쳐 학교장의 추천을 받아 교육감이 임명한다. 교장의 임기와 중임 횟수는 현재와 같이 4년, 한 번 중임하도록 한다. 임기를 마친 교장은 교사로 복귀하거나 퇴직한다. 이를 통해 학교 구성원의 자율과 책임을 바탕으로 수업·평가와 학생지도에 중점을 둔 학교교육이 실현될 수 있다. 교장 승진을 둘러싼 경쟁이 줄어들고 수업·평가, 학생지도에 역량을 갖춘 교사가 교장이 됨으로써 학교 구성원의 신뢰를 바탕으로 교육과정 중심의 학교 운영이 가능해진다. 또 교원의 열정을 이끌어 내고 사기를 북돋울 수 있다. 교육청은 지역 특성을 살린 교육정책을 수립하고 교원의 전문성 신장을 지원하며, 학교의 시설 환경을 안전하고 쾌적하게 관리하는 등 세심한 학교 지원 체제를 갖춰야 한다.

　세 번째로 공교육의 중심인 학교교육을 살려야 한다. 교사와 관리자의 노력만으로는 불가능하다. 우리의 학교교육에 가장 큰 영향을 주는 것은 입시 제도이며, 대학입시가 관건이다. 87년 민주화 이후 5년 단위로 정부가 바뀌면서 가장 많이 손을 댄 것이 교육제도였다. 그중에서도 큰돈 들이지 않고 교육정책과 제도를 단시간에 바꿀 수 있는 대표적인 것이 대학입시였다. 뭔가를 했다는 업적을 내세우며 국민들의 관심을 끌 수 있었다. 암기 위주의 주입식 교육을 지양하고 창의인성교육을 강화한다는 명분으로 대학입시를 다양화하면서 학교교육은 점점 위축되었다. 영어, 논술, 비교과 중심의 대학입시는 특정 영역에 해당되어 학교가 충분히 대응할 수 없다. 결국 사교육에 의존할 수밖에 없으며, 이는 지역,

계층별 차별을 유발한다. 학교가 제대로 해줄 수 없는 영역의 입시를 도입하고 확대할수록 학교교육은 설 자리를 잃게 되고 교사의 어깨는 처지며 공교육 붕괴는 가속화된다.

　초등학생 대상 학원 의대반이 생길 정도로 왜곡된 진로진학 풍토를 바로잡도록 경제사회구조를 개혁하면서 학교교육을 살려야 한다. 앞에서 얘기한 교사의 멀티플레이어 역할 확대와 관리자 임용 방식의 변화를 통해 학교의 자생력을 키우면서 충실한 학교교육이 이루어질 수 있는 다양한 방안을 모색해야 할 것이다. 그중의 하나가 사교육을 받지 않고 학교교육만으로 대학 진학을 할 수 있는 입시 제도를 확대해야 한다. 수능 성적만으로 학생을 선발하는 것은 불공정하고 불공평한 선발 방식이다. 수능 공부에만 전념할 수 있는 N수생, 양질의 학원이 가까이 있는 수도권 학생들에게 절대적으로 유리하다. 선호하는 대학과 학과의 입시에서 수능의 비중을 줄이고 학생의 학교생활이 충실히 반영될 수 있는 선발 방식을 늘려야 한다. 이를 위해 교과 성취도를 포함하여 학교생활기록부 세부 항목을 확충하고 다양화할 필요가 있다.

작은 선물

초판 1쇄 발행 2025. 8. 10.

지은이 이원오
펴낸이 김병호
펴낸곳 주식회사 바른북스

편집진행 김재영
디자인 김효나

등록 2019년 4월 3일 제2019-000040호
주소 서울시 성동구 연무장5길 9-16, 301호 (성수동2가, 블루스톤타워)
대표전화 070-7857-9719 | **경영지원** 02-3409-9719 | **팩스** 070-7610-9820

•바른북스는 여러분의 다양한 아이디어와 원고 투고를 설레는 마음으로 기다리고 있습니다.
이메일 barunbooks21@naver.com | **원고투고** barunbooks21@naver.com
홈페이지 www.barunbooks.com | **공식 블로그** blog.naver.com/barunbooks7
공식 포스트 post.naver.com/barunbooks | **페이스북** facebook.com/barunbooks7

ⓒ 이원오, 2025
ISBN 979-11-7263-521-3 03810

•파본이나 잘못된 책은 구입하신 곳에서 교환해드립니다.
•이 책은 저작권법에 따라 보호를 받는 저작물이므로 무단전재 및 복제를 금지하며,
이 책 내용의 전부 및 일부를 이용하려면 반드시 저작권자와 도서출판 바른북스의 서면동의를 받아야 합니다.